Linda Douty

Nicht leise, aber weise

Über die Autorin

Linda Douty ist Autorin und Rednerin zu Themen wie Älterwerden und geistliches Wachstum. Sie ist Seelsorgerin und christliche Lebensberaterin sowie Mitarbeiterin des Magazins „Presence", das über ganzheitliche Ansätze der Spiritualität informiert. Außerdem leitet sie Einkehrtage und ist als Dozentin tätig an einer christlichen Jüngerschaftsschule, der „Academy for spiritual formation" in Nashville/ USA. Sie lebt in Memphis,Tennessee.

Linda Douty

Nicht leise, aber weise

Überraschende Einsichten
von Junggebliebenen

Aus dem Englischen
von Ingmarie Flimm

GerthMedien

Für meine Schwestern Anita und Mickey,
die mich in allen Lebensphasen begleitet haben,
… ganz besonders in der letzten.

Integrität ist die Fähigkeit,
auf eine innere Stimme zu hören,
die immer dieselbe bleibt,
obwohl das Leben um sie herum sich verändert.

Jonathan Omer-Man

Inhaltsverzeichnis

Einleitung

Wie jeden Morgen saß ich in meinem geliebten Schaukelstuhl und öffnete die Post. An diesem Frühlingstag hatte der Briefträger zwei wichtige Umschläge gebracht und ich musste über diesen Zufall wirklich lachen.

Denn in der einen Hand hielt ich meine neue Krankenversicherungskarte, in deren Begleitschreiben mir mitgeteilt wurde, dass ich 65 Jahre alt war und somit den offiziellen Beginn des Rentenalters erreicht hatte.

In der anderen Hand hielt ich das überarbeitete Manuskript meines ersten Buches. Dieses Buch zu schreiben war ein lang gehegter Traum von mir und im reifen Alter von 64 Jahren hatte ich es nun endlich geschrieben. Das war doch paradox, darum lächelte ich vor mich hin: Meine eine Hand hielt den symbolischen „Anfang vom Ende", die andere jedoch den vielversprechenden „Beginn von etwas Neuem". Ich hatte immer geglaubt, dass man sich mit 65 unaufhaltsam in Bewegung setzt – in Richtung Friedhof. Das hier, in meiner anderen Hand, gab mir aber einen unverhofften Energieschub! Ich wollte mich nicht von äußeren Faktoren zum Altern verurteilen lassen, sondern diesen Lebensabschnitt als Abenteuer begreifen und aktiv mitgestalten.

Fünf Jahre sind seit diesem denkwürdigen Tag vergangen. Mittlerweile haben zahlreiche unerwartete Ereignisse mich vor körperliche, finanzielle, emotionale und geistliche Herausforderungen gestellt. Und ich habe eine Unmenge an Büchern über würdevolles Altern gelesen. Die meisten geben vor allem praktische Tipps, wie man Väterchen Zeit auf Abstand hält – nämlich durch gesunde Ernährung, Bewegung, hier und da eine kleine Schönheitsoperation, positives Denken und ein aktives Leben. Das mag ja alles die äußere Lebensqualität verbessern. Doch haben ältere Menschen nicht auch tiefe innere Bedürfnisse?

Da ich grundsätzlich ein positiver Typ bin, versuchte ich zunächst, den Übergang zu diesem neuen Lebensabschnitt mit einem Lächeln und einem Schulterzucken einfach wegzustecken. Mein Körper und mein Umfeld erzählten mir allerdings etwas anderes: „Du machst es dir zu leicht – hier hat dir niemand einen Rosengarten versprochen!" Also beschloss ich, den Tatsachen mutig ins Auge zu blicken und eine schonungslose Bestandsaufnahme zu wagen. Schließlich bietet das Alter eine ausgezeichnete Chance für einen ehrlichen Rundumschlag.

Wer genau hinsieht, entdeckt neben den Falten im Gesicht weitere Veränderungen, die zunächst weniger ins Auge springen. Unter den Äußerlichkeiten verbergen sich nämlich – unsichtbar – unausgesprochene Ängste, schmerzhafte Verlusterfahrungen, ausgeträumte Träume. Über allem schwebt die bange Frage: Wann und wie werde ich sterben? Wenn die Lebenszeit allmählich abläuft, drängen sich viele Ungewissheiten schonungslos immer mehr in den Vordergrund.

Andererseits gab es in meinem Stimmungsspektrum auch überraschende Gefühle der Befriedigung und unerwartet schöne Momente. Weitere Fragen tauchten bei mir auf, beispielsweise: Altern Männer und Frauen unterschiedlich? Verändert sich ihre Beziehung zu Gott? Wirkt sich das Bewusstsein des nahenden Todes auf unser Wertesystem aus? Und was macht dieses Bewusstsein mit unserer Selbstwahrnehmung und unseren mitmenschlichen Beziehungen?

Da ich selbst viele geführt habe, beschloss ich, mich auf eine abenteuerliche Erfahrungsreise zu begeben. Ich fing deshalb an mich umzuhören. *Wie denken andere ältere Leute über diese Dinge?* Mehr als fünfzig auskunftsfreudige Senioren erklärten sich bereit, mir über einen Zeitraum von mehreren Monaten folgende Fragen zu beantworten:

- Was hat Sie beim Älterwerden am meisten überrascht?
- Gibt es Dinge über das Altern, die Sie nie laut aussprechen würden?
- Hat das Altern Sie zu neuen Selbsterkenntnissen geführt?
- Hat sich Ihr Gottesbild verändert? Ihre Vorstellung von einem Leben nach dem Tod?
- Von welchen Träumen mussten Sie sich verabschieden?
- Wie kommen Sie mit körperlichen Einschränkungen zurecht – ohne deswegen schlecht gelaunt oder bitter zu werden?
- Was war im Alter bisher Ihre größte Herausforderung? Ihre größte Freude?
- Wie alt fühlen Sie sich *innerlich*? Wie alt werden Sie geschätzt?

Dabei legte ich großen Wert darauf, dass sie auf ihre *wahren* Gefühle hörten und nicht darauf, was *andere* von ihnen zu erwarten schienen. Die Fragen stießen intensive Diskussionen an, und am Ende führten sie zu derart verblüffenden Ergebnissen, dass ich meinen vorgefassten Schreibansatz wieder verwarf. Denn die Antworten dieser Senioren zwischen siebzig und fünfundneunzig entsprachen so gar nicht meinen Erwartungen. Bald wurde mir klar, dass ich sie nicht alle über einen Kamm scheren durfte, nicht einmal die Angehörigen eines Geschlechts, denn ihre Vorstellungen vom Altern waren so schillernd und vielfältig wie ihre Persönlichkeiten. Was für eine beachtliche Lebensweisheit aus ihren nachdenklichen Kommentaren sprach! Und so habe ich diesem Buch einfach bei der Entstehung zugesehen, ohne selbst allzu viel einzugreifen.

„Überrascht" bzw. *„Überraschung"* war dabei ein wiederkehrendes Schlüsselwort, das scheinbar unvermeidlich in unseren Gesprächen auftauchte. Während die interviewten Senioren Dinge nannten, mit denen sie nicht gerechnet hatten, kristallisierte sich auch für mich allmählich heraus, wovon ich mich im Alter angenehm überrascht oder auch überrumpelt fühlte. Denn das Wort *Überraschung* ist zunächst einmal wertneutral, kann aber zwei entgegengesetzte Bedeutungen annehmen. Gemeint ist nicht immer die „freudige Überraschung", die man normalerweise damit assoziiert, sondern lediglich „etwas Unerwartetes". Dabei kann es sich sowohl um eine Erbschaft handeln als auch um eine bösartige Krebsdiagnose bei einer Routineuntersuchung.

Ebenso unvorhersehbar gestaltet sich der Prozess unserer persönlichen Reife. Wie so oft im Leben hat jede Medaille zwei Seiten. Denn einerseits ist es ganz natürlich und unabwendbar, dass unser Körper allmählich abbaut. Andererseits verlieren Äußerlichkeiten durch unser wachsendes inneres Selbstbewusstsein an Bedeutung. Und es gibt noch mehr Entwicklungen, die von beiden Seiten betrachtet werden wollen: Es bedeutet eine große Verunsicherung, wenn wir unsere vertrauten Rollen nicht mehr so ausfüllen können wie bisher.

In diesem Buch will ich mir die beiden Seiten des Älterwerdens ansehen – die nüchterne Realität und die Chance, damit ausgesprochen optimistisch umzugehen!

Dieses Buch will Ihnen also keine Vorschriften darüber machen, *wie* Sie altern sollen, sondern es will Hilfestellungen anbieten und Sie zu einer ehrlichen Bestandsaufnahme des Älterwerdens ermutigen. Vielleicht sind auch für Sie neue Impulse dabei!

Linda Douty

1

Seien Sie bereit für Überraschungen

Jeden Morgen haben wir die Wahl. Wir stehen vor zwei Türen, auf einer steht „Widerstand", auf der anderen „Wachstum". Durch welche wir gehen, hängt davon ab, ob wir uns von Angst oder Glauben leiten lassen.

„Was ist Ihnen beim Umgang mit älteren Patienten aufgefallen?", fragte ich drei Ärzte für innere Medizin, die daraufhin in längeres Nachdenken verfielen. Es handelte sich um zwei Männer und eine Frau im Alter von vierzig bis siebzig Jahren, die regelmäßig mit älteren Patienten zu tun gehabt hatten und die ich aufgrund ihrer langjährigen Erfahrung zu einem Gespräch eingeladen hatte. Sowohl die Ärzte als auch ihre Patienten würden anonym bleiben, und sie versprachen im Gegenzug, nichts zu beschönigen oder zu verharmlosen.

Zwei Türen

Während des nun folgenden Austauschs tauchten bestimmte Beobachtungen immer wieder auf. Ein Arzt fasste sie schließlich knapp zusammen: „Eines steht fest", begann er. „Wenn Leute älter werden, teilen sie sich in zwei Gruppen. Es gibt die, die in der Vergangenheit leben, und die, die nach vorne schauen."

„Das vereinfacht es zu sehr", widersprach sein Kollege. „Ich würde eher sagen, dass die eine Hälfte am Status quo festhält und Gewohnheiten nicht aufgeben will. Die andere Hälfte hingegen hat gelernt loszulassen und Veränderungen zu akzeptieren, auch wenn noch unklar ist, was diese Veränderungen möglicherweise für Folgen nach sich ziehen."

Ich bat um Beispiele. „Wie sehen diese beiden Mentalitäten denn im Alltag der Leute aus? Woran erkennen Sie, ob jemand in die eine oder andere Kategorie gehört?"

Die nun folgenden Beschreibungen waren enthüllend und provozierend zugleich. Ich machte sofort eine kurze Analyse meiner selbst, um herauszufinden, vor welcher Tür ich stand. Natürlich ist bei den meisten von uns eine Mischung dieser beiden Mentalitäten anzutreffen. Wenn wir gut in Form sind, wachsen wir über uns hinaus, an einem schlechten Tag stehen wir uns selbst im Weg. Trotzdem haben die meisten Menschen in dieser grundsätzlichen inneren Einstellungsfrage eine eindeutige Tendenz, welche Tür sie wählen:

Die eine Tür – Widerstand gegen Veränderungen
- Jene, die immer von „der guten alten Zeit" reden
- Jene, die sich nur ungern mit Meinungen auseinandersetzen, die nicht ihre eigenen sind
- Jene, die Veränderungen kategorisch ablehnen und den Status quo verteidigen
- Jene, die jammern, klagen und immer Abhilfe für ihre Wehwehchen suchen – *Hauptsache schmerzfrei – aber schnell!*
- Jene, die alte Kommunikations- und Verhaltensmuster nicht hinterfragen wollen
- Jene, die ihre religiösen Überzeugungen fest in Stein

gemeißelt sehen und von einem vernünftigen Maß an Zweifeln nichts wissen wollen

- Jene, für die körperliche Einschränkungen eine Entschuldigung darstellen, dass kein Wachstum möglich ist
- Jene, die in ihrem Verhalten „festgefahren" sind

Die andere Tür – Wachstum durch Veränderungen

- Jene, die neugierig sind und dazulernen wollen
- Jene, die gerne herausfinden wollen, wer sie wirklich sind, unabhängig von den Erwartungen des sozialen Umfelds und der Gesellschaft
- Jene, die in ihren Beziehungen auf Ehrlichkeit bauen
- Jene, die alte Muster hinterfragen und ihre Gültigkeit für die Gegenwart überprüfen
- Jene, die Dinge akzeptieren, anstatt sich darüber zu beschweren
- Jene, die mit Verlusten umgehen können und bereit sind, ihr Leben den veränderten Umständen möglichst harmonisch anzupassen. Sie überprüfen ehrlich, woran sie festhalten wollen, und benennen die Hürden, die sie am Wachstum hindern
- Jene, die den Mut finden, loszulassen
- Jene, die von dem tyrannischen Zwang des „Müssens" zur Freiheit des „Wollens" finden

Die Ärzte waren sich einig, dass Gefühle von Verlust und Gewinn den gesamten Prozess des Älterwerdens begleiten und bewusst wahrgenommen werden sollten. In Studien wurde nachgewiesen, dass Menschen, die im Alter gesund bleiben, realistisch mit den fortschreitenden Verlusten umgehen – seien es kleinere Einschränkungen oder tragische Einbußen.

Sie achten ganz bewusst auf ihr seelisches Wohlbefinden und entwickeln neue Fähigkeiten, um mit den unvermeidlichen Veränderungen ehrlich umzugehen.

Die Bischöfin und Autorin Cynthia Bourgeault macht Mut, uns auf etwas Neues einlassen, ganz gleich ob uns dabei zunächst ängstlich zumute ist oder ob wir das von Anfang an als Chance begreifen:

„Sie werden feststellen, dass Ihre Reaktion so oder so aus-
fällt. Entweder Sie machen zu, verhärten sich und leisten
Widerstand. Oder Sie sind demgegenüber offen und geben
nach. Wenn für Sie Ersteres gilt, katapultieren Sie sich augen-
blicklich zurück in Ihr kleineres Ich mit seinen kreatür-
lichen Instinkten und dem angstgesteuerten Überlebenstrieb.
Die zweite Möglichkeit hingegen lässt uns unabhängig von
fremden Einflüssen den Einklang mit dem tiefsten Inneren
unseres Herzens zu suchen, und dadurch werden Sie für
Gott erreichbar. Geistliche Übungen fallen uns so viel leich-
ter, wenn wir gelernt haben, innere Widerstände selbst zu
erkennen und beiseitezuräumen. Es tut nie gut, sich zu ver-
schließen."[1]

Natürlich erscheint es oft sicherer, an den gewohnten Gedankengängen und Verhaltensweisen festzuhalten. Veränderungen bedeuten immer eine Reise ins Ungewisse. Ich möchte der Ungewissheit folgenden Satz der österreichischen Schriftstellerin Marie von Ebner-Eschenbach entgegensetzen: „Hohes Alter verwandelt oder versteinert den Menschen."[2] Wir haben die Wahl.

Glauben Sie nicht alles, was Sie hören

Eine ganz weit gefasste Definition von Religion lautet: „Sie beinhaltet alles, was uns wichtig erscheint." Wenn das stimmt, haben wir definitiv eine Religion daraus gemacht, jung zu bleiben. Und es ist keine leichte Sache, in einer Gesellschaft alt zu werden, die sich dem Kult der ewigen Jugend verschrieben hat.

Ist Ihnen schon einmal bewusst geworden, was für Botschaften über ältere Leute zur allgemein akzeptierten Norm geworden sind? In Gesprächen, bezeichnenderweise auch auf Grußkarten, werden wir oft mit herabsetzenden Klischees über das Altern konfrontiert. Obwohl es sicher Spaß machen kann, über die komischen Effekte dieses Prozesses auch einmal zu lachen, sagen die scheinbar harmlosen Witze mehr über unsere Haltung aus, als wir es wahrhaben wollen. Lassen Sie uns einige dieser allgegenwärtigen Behauptungen einmal genauer ansehen, um zu zeigen, wie sehr unser Denken davon geprägt wird.

Was Hänschen nicht lernt, lernt Hans nimmermehr

Aber ja doch, Hans lernt auch noch dazu! Die Studenten am *Zentrum für lebenslanges Lernen* am Rhodes College in Memphis haben das eindeutig bewiesen. Einer meiner Kommilitonen dort, ein feiner älterer Herr in seinen Neunzigern, hat über alles Mögliche geforscht, vom Leben Platos bis zum Leben auf dem Mars, und sein unersättlicher Wissensdurst hält sein Gehirn fit und beweglich. Ohne den Zwang, Seminararbeiten abgeben oder Prüfungen bestehen zu müssen, studieren Senioren an Bildungsinstituten oder Universitäten und können schlummernde Interessen wiederbeleben, denen sie aus verschiedensten Gründen wie beispielsweise Zeitmangel nie nachgegangen sind.

„Hans" kann durchaus noch lernen zu weben, Mandarin zu sprechen, Klavier zu spielen und sich in die faszinierende Welt der Quantenphysik einzuarbeiten … und das eben nicht unbedingt mit der Absicht, etwas zu „erreichen". Das Lernen selbst kann die reine Freude sein! Außerdem ist es unglaublich anregend, wenn man sich in der Gesellschaft Gleichgesinnter befindet, denen es genauso geht.

Das Alter ist nur eine Zahl

Erzählen Sie das mal der Arthritis in meinem rechten Knie! Die Vorstellung, dass das Alter lediglich eine von außen festgelegte Größe sei, provoziert alle möglichen Einwände. Manchmal drückt mich sogar die Erwartung nieder, dass man unbedingt eine positive Einstellung haben muss – trotzdem weiß ich, wie wichtig es im Alter ist, optimistisch zu bleiben. Man muss sich mit der Widersprüchlichkeit abfinden, alt zu werden und sich trotzdem jung zu fühlen. Der Zustand lässt sich weniger durch ein „Entweder-oder" beschreiben, sondern eher mit einem „Sowohl-als-auch".

Ja, innerlich bin ich dieselbe wie früher, ich platze vor Neugier und verfüge über einen erstaunlich jugendlichen Elan. Aber nach außen gibt es Tage, an denen die Zahl Siebzig erschreckend genau ins Schwarze trifft. Ich habe zwar meistens einen wachen und angeregten Geist und bringe auch die Energie auf, dementsprechend zu leben. Aber es gibt Augenblicke, in denen mein Körper nichts anderes will als ein heißes Bad zur Linderung meiner Gelenkschmerzen.

Es überrascht mich, wie meine Mitmenschen auf die Zahl Siebzig reagieren. Sie behandeln mich anders als früher, manchmal ein wenig gering schätzend, als sei ich bereits ausgemustert und nicht mehr aktives Mitglied der Gesellschaft.

Vor Jahren begann ich während eines Gesprächs mit einem fünfundzwanzigjährigen Mann zu ahnen, was auf mich zukommen sollte. Sein Gesicht habe ich vergessen, aber das Gefühl ist mir noch sehr lebhaft in Erinnerung geblieben. Es war nämlich das erste Mal, dass ich mich selber als eine alte Dame wahrnahm, und zwar als er mir während unseres vollkommen harmlosen Wortwechsels mit einem höflichen „verehrte Dame" antwortete. Das hatte vielleicht gesessen! Ein Teil von mir wusste natürlich, dass er damit nur seine guten Manieren unter Beweis stellte, aber ein anderer Teil von mir wollte ihm am liebsten eine reinhauen. Es fühlte sich an, als würde ich über eine Schwelle gezerrt, bevor ich dazu bereit war, sie freiwillig zu überschreiten. Gehörte ich etwa schon zum alten Eisen? Meine übertriebene Entrüstung war für mich sehr lehrreich. Ich habe ganz offensichtlich empfindlicher auf die versteckten Botschaften der Gesellschaft reagiert, als ich es wahrhaben wollte.

Zögernd habe ich mich an die zahlreichen Frauen erinnert, denen ich in meiner Jugend ein ähnliches Etikett aufgeklebt hatte, denn auch mir ist beigebracht worden, Frauen reiferen Alters mit „Dame" anzureden. Haben sie sich damals etwa ebenso beleidigt und in eine Ecke verbannt gefühlt wie ich?

Obwohl der junge Mann in keinster Weise unhöflich hatte erscheinen wollen (eher im Gegenteil), berührte mich seine Titulierung und machte mir meine Verletzlichkeit und auch meine Angst bewusst. Konnte es sein, dass ich die Diskriminierung älterer Menschen in unserer Gesellschaft schon verinnerlicht hatte und nur so tat, als hätte das gar nichts mit *mir* zu tun? Bevor ich die positiven Seiten des Alters für mich entdecken und die damit verbundenen Herausforderungen annehmen konnte, musste ich offensichtlich meinen Frieden mit einigen unangenehmen Wahrheiten schließen: Mutter Natur macht wegen mir keine Ausnahme. Auch ich würde alt werden und sterben …

Da meldete sich eine hoffnungsvolle Stimme in mir zu Wort: „Bestimmt wären wir nicht für so ein langes Leben geschaffen, wenn es nicht auch irgendeinen tieferen Sinn ergäbe?"

Meine Entrüstung über die Anrede „verehrte Dame" war für mich ein Auslöser, der mir half, mein Altern zu akzeptieren. Als „ältere Dame" wahrgenommen zu werden fällt mir nicht leicht, aber irgendwann ist es eben so. Am besten findet man sich damit ab, wenn alle Erfahrungen des Älterwerdens miteinander in Einklang gebracht werden können. Also heiße ich die Fünfunddreißigjährige, die in mir lebt, ebenso herzlich willkommen wie die Siebzigjährige, in deren Körper ich mich bewege!

Die Zeit wird knapp

Auch zu diesem Allgemeinsatz sind Vorbehalte anzumelden. Die von mir interviewten Senioren vertraten dazu sehr unterschiedliche Ansichten, je nachdem, welchen Blickwinkel sie gerade einnahmen.

Natürlich haben wir alle schon einmal unsere Geburtstagspost geöffnet und heimlich gedacht: „Ist mein letzter Geburtstag wirklich schon wieder ein Jahr her?" Die Tage vergehen so schnell, als wäre man in einem Auto ohne Bremsen unterwegs, in dem wir die Geschwindigkeit nicht kontrollieren können. Aber wie fühlt es sich für jemanden an, der chronische Beschwerden hat oder der sich zum ersten Mal ganz allein in einem leeren Haus aufhält? Einsamkeit und Krankheit können triste Momente zu einem endlosen Ticktack ausdehnen und dann scheint die Zeit stillzustehen. Trotzdem dürfen wir uns von ganzem Herzen der Hoffnung hingeben, die in dem folgenden Segen steckt:

„Das Leben ist kurz. Wir haben nicht viel Zeit, die Herzen unserer Mitmenschen froh zu machen. Sei also schnell im Bekenntnis deiner Liebe, verteile deine Freundlichkeit großzügig, damit der Segen Gottes, unseres Schöpfers, und des ihm innewohnenden Heiligen Geistes in dir ist, jetzt und für alle Zeit."

Der Tod ist eine Krankheit, die noch zu heilen ist

„Im Studium erzählen sie uns, der Tod sei unser Feind", beschwerte sich ein junger Medizinstudent, „aber manchmal ist er doch auch unser Freund. Warum können wir den Tod nicht als natürlichen Bestandteil unseres Lebens begreifen?" Seine Klage reflektiert die Meinung einer wachsenden Zahl von Ärzten, die für eine andere Einstellung zum Tod und zum Sterben plädieren. Wenn die Gesundheit nachlässt und Schwachstellen aufweist, sagen viele Senioren ungeduldig: „Ganz gleich, was Sie mit mir anstellen oder was ich auf mich nehmen muss, ich will einfach, dass mein Körper wieder *funktioniert!"*

Die Suche nach dem Jungbrunnen dauert nun schon Jahrhunderte. Unsere Angst vor dem Tod wirkt sich auf die Politik der Krankenhäuser aus, lässt die Kosten des Gesundheitssystems in die Höhe schnellen und stiftet in der öffentlichen Debatte eine Verwirrung, aus der nichts Gutes kommen kann. Es kann hilfreich sein, diese Denkweise einmal zu hinterfragen und unsere Energien eher darauf zu richten, einen guten Tod zu sterben, als vor dem Unvermeidlichen die Augen zu verschließen. Wäre es nicht schön, wenn wir das Alter eines

Tages nicht mehr als Krankheit mit tödlichem Ausgang erleben würden, sondern als Auszeichnung?

Sie sieht doch noch gut aus

Wann werden wir aufhören, den Spiegel als das Maß aller Dinge zu betrachten? Ganz gleich, für wie aufgeklärt wir uns halten, wir fühlen uns allzu schnell als Versager, wenn es heißt: „Er hat auch schon bessere Tage gesehen", oder wenn die gefürchtete Bemerkung fällt: „Sieh sie dir an ... wie sie sich gehen lässt ..."

Wir sollten der Gesellschaft die Stirn bieten und den Mut haben, so zu sein, wie wir sind – mit Hängebacken, Krähenfüßen und allem, was sonst noch dazugehört!

Carol, eine attraktive Frau von einundsiebzig, gab mir eine melancholische Antwort auf die Frage: „Was war im Alter Ihre größte Freude?" Sie lächelte traurig und sinnierte dann: „Das klingt vielleicht verrückt, aber ich finde es wunderbar, Falten zu haben und mein Alter als etwas zu betrachten, was nur *mir* gehört. Ich habe mein ganzes Leben lang versucht, gut auszusehen, mich schick zu kleiden und anderen zu gefallen, weil ich dachte, dass das von mir erwartet wird. Gott sei Dank muss ich das nun nicht mehr! Ich kann einfach ich *selbst* sein. Es steht mir frei, ein hübsches Kleid anzuziehen und mich zu schminken, aber ich habe es nicht mehr nötig, mich auf mein Aussehen hin beurteilen zu lassen."

Wenn Äußerlichkeiten an Bedeutung verlieren, dann können wir unser Altern in erster Linie als Reifungsprozess sehen und nicht als Verfall, eher als Erfüllung und weniger als ein Scheitern. Carol hat Kontakt zu einer tieferen Art von Schönheit bekommen, der das Alter nichts anhaben kann.

Niemand kann aus seiner Haut heraus
Doch, *wir* schon – sogar in unseren späteren Jahren. Die verbreitete Vorstellung, dass niemand seine einmal angenommenen Gewohnheiten mehr ändern kann, wird oft als Ausrede benutzt, und wir halten lieber an schlechten Verhaltensweisen fest, statt gesunde Änderungen anzugehen. Viele verstecken sich aus Selbstschutz hinter Aussagen wie „Ich bin damit aufgewachsen" oder der ultimativen Entschuldigung „So bin ich nun mal *gestrickt*". Eine Frau in ihren Siebzigern sah das anders. Sie sagte, das Erstaunlichste am Altern sei für sie, dass sie nicht mehr an überkommene Muster gebunden sei. Ihr ganzes Leben lang habe sie sich nach der Meinung anderer gerichtet, sodass ihr die Antwort auf manche Fragen immer schwergefallen sei, z. B.: „Was denkst du *wirklich* über dies oder jenes?", oder: „In welches Restaurant gehst *du* gerne?" Ihre „Wünsche" waren so lange definiert durch die Bedürfnisse anderer, dass sie Monate brauchte, um ihre eigene innere Stimme wahrzunehmen und auf sie zu hören. Aber schließlich brachte sie den Mut dazu auf.

Es ist nie zu spät, sein Verhalten zu ändern. Das bedeutet nicht, dass wir unsere Prinzipien aufgeben müssen. Im Gegenteil, eine gesunde Veränderung basiert oft auf unseren tiefen Wertvorstellungen, die lange Zeit von den Vorgaben der modernen Gesellschaft überlagert wurden.

Je näher wir dem Ende unseres Lebens kommen, desto klarer stehen uns diese Werte vor Augen. Einer der von mir interviewten Pensionäre, Eugene, hat diese Art von Kehrtwende vollzogen, nachdem er eine erfolgreiche medizinische Karriere hinter sich hatte. Er war intelligent, ehrgeizig, kompetent, ein begnadeter Redner mit einem besonderen Geschick im Umgang mit jungen Leuten. Seine Lebensleistung war beachtlich:

Er hatte eine gut gehende Praxis aufgebaut, ein Vermögen verdient, und er war ein exzellenter Golfspieler. Als er ins Rentenalter kam und immer weniger arbeitete, gab er immer mehr Verantwortung an die jüngeren Männer in seiner Praxis ab. Er empfand das allerdings als Identitätsverlust, vermisste seinen vollen Terminkalender und geriet in eine Sinnkrise. Der anfängliche Reiz, mehr Zeit vor dem Fernseher zu verbringen oder auf dem Golfplatz, verlor schnell seine Attraktivität. Dann wurde er überraschend selber in die Notaufnahme des Krankenhauses eingeliefert. Was sich als gut zu behandelnde Herzschwäche herausstellte, markierte für ihn einen wichtigen Einschnitt. Dieses und andere Aha-Erlebnisse führten dazu, dass er sein nunmehr schon mehr als siebzig Jahre dauerndes Leben Revue passieren ließ und dabei eine tröstende und klärende Eingebung hatte. Seine tiefsten Wünsche und Sehnsüchte wurden ihm bewusst. „Ich erkannte, dass ich keine Angst vor dem Sterben hatte – trotzdem war ich dazu noch nicht bereit", meinte er lächelnd. „Ich wollte gerne noch eine Weile da sein, diese Zeit aber besser nutzen als bisher. Es war mir ein inneres Bedürfnis, noch etwas für andere Menschen zu tun, genauso, wie ich es in meiner Arztpraxis getan hatte."

Ausgerüstet mit dem ihm eigenen Tatendrang und seiner langjährigen Erfahrung stellte er seine kommunikative Begabung in den Dienst einer Organisation für schwer erziehbare Jungen. Die gottgegebenen Talente, die ihm schon früher den Weg zum Erfolg geebnet hatten, pflasterten nun seine Suche nach Sinn. Selbstlos hilft er nun jungen Männern, die er unter seine Fittiche genommen hat, und macht sich gleichzeitig selbst das größte Geschenk damit.

Der amerikanische Nachrichtensprecher Tom Brokaw hat einmal gesagt: „Geld ist schnell verdient. Etwas grundlegend zu verändern braucht Ausdauer."[3]

Wer rastet, der rostet

Dieses Sprichwort dient vielen Leuten als Rechtfertigung. Manche sehen darin die Erlaubnis, „auf allen Hochzeiten gleichzeitig zu tanzen", andere wollen sich selber auf Trab bringen. Es ist einer dieser Allgemeinplätze, der einen Funken Wahrheit enthält, gerade genug, um uns aufhorchen zu lassen.

Wenn wir älter werden, entwickeln wir schnell die Neigung, es uns einfach im Schaukelstuhl bequem zu machen und auf der Terrasse sitzen zu bleiben. Manchmal fühlen wir uns ausgelaugt und die Ruhe tut uns tatsächlich gut. Trotzdem gibt es einen Unterschied zwischen einer angemessenen Pause und der Gefährdung unserer Gesundheit durch schlichte Faulheit.

Als ich Doris interviewte, eine Frau mit einer Vielzahl gesundheitlicher Beschwerden, erklärte sie mir ihre eigene Art, eine Balance zwischen Ruhe und Aktivität zu finden: „Ich muss meiner Arthritis Rechnung tragen und meinen Herzbeschwerden, und, ja, manchmal gehe ich buchstäblich am Stock. Gezwungenermaßen kümmere ich mich um meinen Körper, tue, was ich kann, und wende mich wieder erfreulicheren Dingen zu, sobald die Energie dazu da ist."

Doris hat übrigens gerade ihr Studium abgeschlossen, wobei ihr grauer Haarschopf und ihr triumphierendes Lächeln sie aus dem Meer junger Akademiker hervorstechen ließen. Sogar die Lokalpresse hat sie mit einer Titelgeschichte gewürdigt. Nun klemmt sie sich mit fünfundsiebzig erneut hinter die Bücher mit dem Ziel, einen Masterabschluss zu machen.

Ab jetzt geht sowieso alles den Bach herunter
Dieses Gefühl macht uns ohnmächtig und wird nicht selten zu einer selbsterfüllenden Prophezeiung: „Lächle und sei fröhlich, denn es könnte schlimmer kommen. Und es kam schlimmer!" Tatsächlich sind wir ausnahmslos hoffnungslose Fälle, wenn es um unsere Sterblichkeit geht – aber gibt es nicht immer auch Dinge, die *besser* werden?

Während unser Körper dem eingebauten Verschleiß anheimfällt, schreit die Seele förmlich auf: „Jetzt bin *ich* dran!" Dieser Protest von innen äußert sich auf vielfältige Weise – in Unruhe, Depression, Langeweile, unerklärlicher Angst, in körperlichen Symptomen oder auch nur in einer vagen Sehnsucht. Es scheint ein Naturgesetz zu sein, dass das Geistliche an Bedeutung gewinnt, wenn der Körper anfängt abzubauen.

Um diesen Gewinn auch als solchen wahrzunehmen, bedarf es allerdings einer bewussten Öffnung für den Ruf nach geistlichem Wachstum.

Unbewusst sabotieren wir dieses Bedürfnis unserer Seele nämlich auf verschiedenste Art und Weise, zum Beispiel indem wir in eine Märtyrerrolle schlüpfen und Sätze sagen wie: „Ich werde mein Päckchen tragen und mich nicht darüber beschweren, denn ich will niemandem zur Last fallen." Das klingt zunächst sehr selbstlos. Tatsächlich denken wir oft, dass Leute „in Würde" altern, wenn sie diese resignative Haltung zur Schau stellen. Aber verpassen wir auf diese Art nicht einiges von dem geistlichen Reichtum, dessen Entdeckung in späteren Jahren auf uns wartet?

Haben wir genügend Geld und Gelegenheit zur Ablenkung, können wir den Schrei unserer Seele nach mehr Aufmerksamkeit natürlich ignorieren. Wir können uns ein größeres Haus kaufen, häufiger in Urlaub fahren, noch einmal heiraten, den

Altersprozess mit Cremes und Schönheitsoperationen hinauszögern oder verzweifelt nach Beschäftigung suchen. Einige von uns leben nur für ihre Kinder und Enkelkinder, werden „von Beruf Großeltern", anstatt ihr eigenes Leben zu leben. Das mag seine Berechtigung haben, solange wir das nicht nur deshalb tun, um vor den großen Sinnfragen unseres Lebens davonzulaufen. Häufig treiben wir den Teufel mit dem Beelzebub aus, wenn all dies uns davon abhält, uns um die geistliche Gesundheit unserer Seelen zu kümmern. Permanente Beschäftigung kann uns von einer wahrhaftigen Lebensführung entfernen. Smartphones, Fernsehen und Unterhaltsames aus dem Internet sind Ablenkungen, die uns daran hindern, die tieferen Schichten unseres Lebens vorsichtig freizulegen und die darunter verborgenen Schätze zu entdecken.

Tatsächlich glaube ich, wir sind von unserem Schöpfer darauf programmiert, im Alter auf Sinnsuche zu gehen. Expertenmeinungen bestätigen, dass wir in unseren ersten fünfzig Jahren ein „aktives" Leben der Tat führen, während wir in der zweiten Lebenshälfte auf eher kontemplative Art mit unserem „(Da-)Sein" befasst sind. Wenn wir altern, verliert das Leben an Tempo, aber es gewinnt an Tiefe. Denjenigen, die keine Angst vor dieser absehbaren Entwicklung haben, fällt es wesentlich leichter, ihrem späteren Leben einen Sinn abzugewinnen, als jenen, die den beharrlichen Ruf der Seele ignorieren. Warum haben wir solche Angst vor einer Sinnsuche? In einem späteren Kapitel werden wir erforschen, wie man diesen geistlichen Hunger, der an uns allen nagt, stillen kann.

Das Alter macht klug

Auch das stimmt nicht zwangsläufig. Älter werden wir mit den Jahren automatisch; klüger aber nur, wenn wir uns bewusst dafür entscheiden. Harry sah plötzlich unglaublich verwirrt aus, als ich ihn fragte: „Hat das Alter Sie zu neuen Selbsterkenntnissen geführt?" Nach einer Weile meinte er, er hätte sich überhaupt nicht verändert. Und ganz sicher habe er nichts über sich erfahren, was ihm nicht schon immer klar gewesen sei. Ich war nicht sicher, ob das Problem darin bestand, dass er meine Frage nicht richtig verstanden hatte, oder ob ich mit seiner Antwort nichts anfangen konnte.

Erfahrungen zu sammeln gestaltet sich nicht immer angenehm, denn das Leben ist ein harter Lehrer. Meistens kommt die Prüfung zuerst und später folgt die Lektion, die wir lernen sollen. Deshalb wählen wir gerne den Weg des geringsten Widerstands und verbringen Zeit mit Leuten, die uns in unseren Vorurteilen bestätigen und unsere Weltsicht nicht ins Wanken bringen können. Aber ist das nicht eine bequeme und langweilige Einstellung? Nichts lässt uns so alt aussehen wie ein Stillstand, und die weisen Worte des französischen Moralisten Joseph Joubert lauten demgemäß: *„Der Abend des Lebens bringt seine Lampe mit."*

Weisheit definiert sich als „Wissen, das verstanden, erlebt und angewendet wird". Was wir in unseren Köpfen verstanden haben, sollte in unsere Herzen eindringen und schließlich auch eine praktische Relevanz für unser Leben haben. Um diese Art von Weisheit zu erlangen, müssen wir unsere Schutzhaltung aufgeben und unsere festgefahrenen Meinungen und Verhaltensweisen aufbrechen. Nur dadurch werden wir wieder zu Lernenden im Sinne von Sokrates, der den Satz prägte: *„Ein unerforschtes Leben ist nicht wert, gelebt zu werden."*

Ändern Sie Ihren Plan

„Manche Leute bleiben beweglich, andere sind in ihren Gewohnheiten festgefahren", sagte einer meiner „Beobachter" des eigenen Altersprozesses. Häufig ist das, was wir für Stabilität halten, nichts als Engstirnigkeit. Obwohl wir dazu neigen, unsere Werte und Meinungen für die „einzig wahren" zu halten, sollten wir immer bereit bleiben, uns für ein tieferes Verständnis zu öffnen und unsere Standpunkte neu zu definieren.

Leider gibt es eine weitverbreitete Neigung, an alten Denkmustern festzuhalten, auch wenn es unseren neueren Erkenntnissen gar nicht länger dienlich ist und unsere Argumentation an allen Ecken und Enden hinkt. So war das schon immer und so ist es in vielen Bereichen: Selbst als die Wissenschaft klar bewiesen hatte, dass die Erde eine Kugel ist, behielten viele den Glauben an die vertraute flache Scheibe. Ebenso gibt es Sportprofis, die trotz aller Warnsignale und wider besseres Wissen nicht damit aufhören können, ihren Körper bis an die Grenzen zu belasten, anstatt sich beruflich umzuorientieren.

Uns ältere Menschen überrascht das Leben manchmal mit Wendungen, die wir so nicht geplant haben, und verlangt, dass wir manches neu überdenken – und zwar nicht nur einmal, sondern immer wieder.

Ergreifen Sie Ihre Chancen
Der amerikanische Schriftsteller Elbert Hubbard warnt uns vor übermäßiger Ängstlichkeit: „Der größte *Fehler* im Leben ist die permanente Furcht davor, *Fehler* zu machen." Tatsächlich ist die Versagensangst ein Hemmschuh, der viele von uns am Status quo festhalten lässt. Wir verzichten lieber auf ein

Abenteuer, als dass wir riskieren, das Gesicht dabei zu verlieren. Es ist nicht einfach, im reifen Alter noch etwas aufs Spiel zu setzen, zumal der Ausgang keinesfalls garantiert ist. Aber abgesehen von der Angst versetzt es uns auch einen Energieschub, wenn wir etwas Neues ausprobieren – besonders, wenn jemand uns zu verstehen gibt, dass es dafür wohl jetzt zu spät ist. Dabei können wir nur gewinnen! Gott wird alles, was uns zustößt, dazu benutzen, unseren Charakter zu formen, ob es nun wunderbar ist oder schrecklich, ob wir Erfolge feiern oder Schiffbruch erleiden, ob etwas zufällig geschieht, von jemand anderem initiiert wird oder auf unser eigenes Konto geht. Wir dürfen nie aufhören, Risiken einzugehen, auch wenn wir zunächst im Dunkeln tappen, und das heißt in den Worten von Martin Luther King: *„Vertrauen bedeutet, den ersten Schritt zu tun, auch wenn du noch nicht den ganzen Weg sehen kannst.“*

Der Schatz, der unter diesen Möglichkeiten vergraben liegt, ist oft noch nicht zu sehen. Manchmal müssen wir tief graben, um ihn zu finden, viel emotionalen Ballast durchsieben und knietief im Morast waten, bis wir irgendwann auf etwas Wertvolles stoßen. Ob die Überraschung dann Jubel oder Frust zur Folge hat – es reicht, wenn sie intensive Gefühle in uns auslöst, denn dann hat sie das Potenzial, uns zu verändern. Das passiert natürlich nicht mit einem Wimpernschlag. Es gibt das Sprichwort: „Wer heilen will, muss zunächst den Schmerz fühlen.“ Die Euphorie oder die Verzweiflung, die auf eine Überraschung folgen, gehören also dazu.

Ich muss in meinem Leben nicht allzu weit zurückgehen, um diese Wahrheit aus eigener Anschauung zu bestätigen. Als meine Altersgenossen allmählich anfingen in Rente zu gehen, stellte ich alarmiert fest, dass ich weiterhin Geld verdienen musste, um meinen Lebensunterhalt zu finanzieren. Es gab zwar durchaus Jobs, die Frauen über 65 noch gut machen können, aber ich hatte eher gedämpfte Erwartungen an die mir zur Verfügung stehenden Optionen. Wie konnte ich Geld verdienen, indem ich etwas tat, was meinen Neigungen entsprach? Wozu fühlte ich mich berufen? Ließ sich mein Sicherheitsbedürfnis mit meinem Wunsch nach Wahrhaftigkeit in Einklang bringen?

Etwas zu tun, das auch wichtig für mein Leben ist, stand mir vor Augen. Nach meiner theologischen Ausbildung wollte ich mich nun der Aufgabe widmen, die Lücke zwischen Theologie und der praktischen Umsetzung im Alltag zu schließen. Ich war davon überzeugt, dass ich meine Wertvorstellungen lebensnah umsetzen und den vielen Worten endlich Taten folgen lassen sollte. Aber wie? Ich berief ein kleines Komitee ein, das mir helfen sollte, klarer zu sehen – dabei handelt es sich um eine altbewährte Erkenntnismethode, die von den Quäkern stammt. Man versammelt fünf oder sechs gute Freunde und bittet sie, gemeinsam zu beten und Fragen zu stellen, die den eigenen, tiefen Willen der unentschlossenen Person zum Vorschein bringen sollen.

Obwohl sie keine unmittelbaren Lösungsvorschläge machen, helfen die Fragenden der Person, das heilige Flüstern Gottes in ihrem Inneren zu entschlüsseln.

Es war eine schöne und ermutigende Erfahrung, aber danach sah ich immer noch nicht klarer. Einerseits war ich willens, mich einfach treiben zu lassen – aber wo und wie sollte ich beginnen? Für die wenigen Berufsbilder, die den erwünschten Profit bringen würden, konnte ich mich nicht begeistern, und beschloss, weiterhin geduldig abzuwarten.

Einige Wochen später wurde ich durch einen seltsamen Telefonanruf überrascht: „Hallo, spreche ich mit Linda Douty?", fragte die Anruferin. „Ich bin als Lektorin für die Akquise neuer Autoren zuständig, und wir hätten gerne, dass Sie ein Buch für uns schreiben. Darf ich fragen, woran Sie gerade arbeiten?"

Fassungslos antwortete ich so etwas wie: „Ich arbeite an gar nichts." (Ich konnte unmöglich zugeben, dass ich gerade den Geschirrspüler ausräumte!) Während wir darüber redeten, wer ich war und was ich tat, zeigte sich eine erstaunliche Abfolge von Ereignissen. Jemand in diesem Verlag war bei einer Zufallssuche im Internet auf die Website eines Verlegers gestoßen, der einige Einträge über meine Glaubenskurse auf die Homepage der Kirche gestellt hatte, und das hatte das Interesse an mir geweckt.

Wir einigten uns darauf, einige Tage später noch einmal zu telefonieren, und ich legte den Hörer auf. Meine ungläubige Aufregung wurde bald von Angst und Zweifeln abgelöst, die in meinem Kopf wild durcheinanderschrien. Wie sollte ich das schaffen? War ich nicht viel zu alt? Ich fühlte mich auf keinem Gebiet wirklich als Expertin, über was sollte ich schon mit Gewissheit schreiben können? Was, wenn ich nicht nur mich selbst lächerlich machen sollte, sondern auch meine Kinder und Familie? Als ich mich wieder einigermaßen beruhigt hatte, fragte ich mich selbst: „Wie werde ich auf meinem Sterbebett über diese Chance denken?"

Die Antwort wusste ich prompt. Ein Buch zu schreiben war ein lang gehegter Traum von mir, den ich vor so langer Zeit begraben hatte, dass ich ihn beinahe vergessen hatte. Obwohl der Zeitpunkt mir nicht günstig schien, hatte ich immerhin vierundsechzig Jahre Lebenserfahrung vorzuweisen, über die es vielleicht doch etwas Lesenswertes zu sagen gab. Außerdem gab ich in seelsorgerlichen Gesprächen häufig selber den Ratschlag, Risiken einzugehen und vertrauensvoll nach vorne zu blicken, auch wenn der Ausgang ungewiss war. Wer sollte meinen hochtrabenden Behauptungen noch Glauben schenken, wenn ich selbst nicht nach ihnen handelte? Und was das Scheitern anging – selbst wenn ich am Ende mit faulen Eiern beworfen würde, hätte ich es immerhin *versucht*. Ich musste diese unerhörte, unvorhersehbare, göttliche Einladung annehmen. Also atmete ich tief durch, wählte die Nummer des Verlegers und gab meine Zustimmung.

Am Ende bin ich mit meiner Suche nach finanzieller Absicherung nicht sehr erfolgreich gewesen. Aber obwohl kein warmer Geldregen über mich niederging, hatte ich definitiv einen Zuwachs an Sinn und Beschäftigung, der mir ein unglaubliches Gefühl von Lebendigkeit schenkt. Ich habe mich oft gefragt, ob ich das Risiko des Scheiterns so spät im Leben auf mich genommen hätte, wenn ich mich nicht in dieser finanziellen Zwangslage befunden hätte. Ich bezweifele es.

Ronald Reagan hat einmal gesagt: *„Kommen Sie erst mal in mein Alter. Man macht so viele Fehler, wenn man richtig lebt."*[4]

Lassen Sie sich Ihre Chance nicht entgehen. Wenn nicht jetzt, wann dann?

Seien Sie offen, Ihre Meinung zu ändern

Ich denke, die drei am meisten gefürchteten Sätze in unserer Kultur sind: „Es tut mir leid", „Ich habe meine Meinung dazu geändert" und „Ich weiß nicht". Sagen das nicht nur schwache, feige Menschen? Solche, denen wir nicht zutrauen, dass sie für etwas geradestehen oder etwas konsequent durchziehen? Wir halten Politiker für unzuverlässig und urteilen hart über

Leute, die Kompromisse eingehen. Aber in meinen Augen täte es der Welt gar nicht so schlecht, wenn mehr Menschen ihre Meinungen auch einmal ändern würden, anstatt so lange daran festzuhalten, bis sie überhaupt nicht mehr tragbar sind.

Am schwersten fällt es uns wohl, unseren Glauben zu hinterfragen. Es bedarf eines enormen Mutes, in unserem Inneren Umwälzungen vorzunehmen und zuzulassen, dass unsere Grundsätze ins Wanken geraten. Wir müssen uns bewusst dazu entscheiden, wenn wir gedanklich neue Wege ausprobieren wollen, und dahin gehen, wo das Leben uns hinträgt, anstatt dagegen anzukämpfen.

Im Laufe meiner 70 Lebensjahre habe ich eine ganze Anzahl christlicher Glaubenssätze auf den Prüfstand gestellt, analysiert und immer wieder neu aufgebaut. Und obwohl es nicht immer so aussah, ist mein Glaube durch diese intellektuellen Auseinandersetzungen stärker geworden, nicht schwächer. Das mag daran liegen, dass ich mich immer wieder auf ein Bibelzitat besonnen habe, das für mich wie ein Fels ist: *„Wer Gott liebt, dem dient alles, was geschieht, zum Guten"* (Römer 8,28). Für mich bedeutet das, dass Gott meine Fehler und Zweifel dazu benutzen kann, meinen Glauben wachsen zu lassen.

Dinge aus verschiedenen Blickwinkeln zu sehen ist eine besondere Gabe, keine Schwäche. Ebenso zeigt die Fähigkeit, unsere Meinung zu ändern, vor allem, dass wir bescheiden sind und auf intelligente Art die Wahrheit zu ergründen suchen; während die, die in ihre Meinung verbissen sind wie ein Hund in den Knochen, mich immer an den Satz erinnern: „Verwirren Sie mich nicht mit Tatsachen; meine Meinung steht fest." Denken Sie daran: Niemand hat die Wahrheit für sich gepachtet!

Ich glaube, dass wir eingeladen sind, unsere Meinungen immer wieder anzupassen. Denn falls der Begriff von Gottes Wort als „lebendigem Wort" eine Gültigkeit hat, dann ist damit diese Lebendigkeit gemeint – dass wir in unserer Zeit im Fluss bleiben, beweglich im Kopf und gegründet in Christus.

Seien Sie barmherzig mit sich selbst und anderen

„Ich kann nur dann weitermachen", sagte sie, „wenn ich jemanden vor Augen habe, der auch weitermacht." Diese einfachen Worte von Lora drücken etwas sehr Tiefes aus. Denn kein vermeintlicher Lebenskünstler, der die ganze Zeit nur in einem goldenen Turm gesessen hat, kann es mit denjenigen aufnehmen, die im Boot des Lebens gesessen haben, mitten im Seegang und den Stürmen. Er ist einfach nicht glaubwürdig. Wer aber schwierige Zeiten durchlebt, verdient einen Doktortitel in Lebenserfahrung, und anschließend ist er dazu aufgefordert, die Lektionen, die er gelernt hat, weiterzugeben.

Sorgen beispielsweise wünscht sich niemand, trotzdem suchen sie uns heim, wie dieses Gedicht es ausdrückt:

Sorgen sind Überraschungsgäste,
ungebeten,
unsichtbar,
unerwartet
erscheinen sie vor der Tür meines Herzens,
klopfen nicht an,
fragen nicht, ob sie eintreten dürfen,
sondern lassen sich
mit ihrem eigenen Schlüssel
lautlos herein,
um es mit mir auszusitzen.[5]

Herzinfarkte. Selbstmord. Flugzeugabstürze. Der Verlust eines Kindes. – All diese Tragödien sind Besucher, die keinen Unterschied machen, welcher Nationalität, welchem Glauben, welcher Hautfarbe oder welcher sozialen Schicht jemand angehört. Und selbst geteiltes Leid tut noch weh, der Schmerz wird dadurch allerdings nur etwas erträglicher. Warum? Weil man jemandem in die Augen schauen kann, der sich auch schon einmal so gefühlt hat und heute davon erzählen kann.

Marsha war vom Schicksal geschlagen. Nachdem sie 1973 bereits ihren ersten Ehemann beerdigen musste, erfuhr sie wenig später, dass einer ihrer Söhne sich das Leben genommen hatte, zu einer Zeit, als sie ihren unheilbar kranken zweiten Ehemann pflegte. Drei Monate später war auch er tot. Sie musste in ihrem Leben noch weitere Verluste verkraften, als eine Tochter siebenhundert Meilen weit weg zog und ein anderer Sohn sich von seiner Frau scheiden ließ. Schließlich gab sie ihre Stelle als Pfarrerin auf, nahm eine zweimonatige Auszeit und betete in dieser Zeit viel. Lange fühlte sie sich durch ihre Trauer wie gelähmt, wusste aber tief in ihrem Inneren, dass sie mit ganzem Herzen auf Gottes heilende Kraft vertrauen durfte.

Sie versuchte gar nicht erst, dem unaussprechlichen Schmerz auszuweichen. Wenn sie am Strand spazieren ging, warf sie voller Wut Treibholz in die Brandung, drohte Gott mit der Faust und durchlebte heftigen Zorn – Gefühle, die bei derartigen Verlusten ganz normal auftreten können. Für sie war das bereits ein erster Schritt zur Heilung: „Ich hatte nicht gewusst, dass Trauer so viel Energie verbraucht. Ich war zu erschöpft, um zu beten. Immer wieder ruhte und schlief ich stundenlang. Es fühlte sich an, als würde ich Teil meiner ärgerlichen Verwirrung, von der im Buch Hiob die Rede ist. Ich war mir sicher, dass Gott das, was ich nicht im Innersten gefühlt hatte, auch nicht heilen konnte. Der Schmerz war schlimm, aber notwendig, denn ich musste Gott wahrhaftig gegenübertreten, wenn ich wollte, dass er dasselbe mit mir machte."

Einige Jahre nach dieser Zeit, die ihr Leben veränderte, bat ich sie, über ihre Erfahrungen zu sprechen. Ihre Ratschläge waren ganz pragmatisch:

- Es bringt nichts, dem Schmerz auszuweichen oder sich davon abzulenken.
- Man sollte versuchen, genug Ruhe und Schlaf zu finden.
- Lassen Sie es zu, dass andere Ihnen helfen wollen, sich aber häufig vermutlich hilflos fühlen. Seien Sie deshalb möglichst klar in dem, was Sie wollen und brauchen, und kommunizieren Sie es, denn niemand kann erraten, was Ihr Bedürfnis in dem Moment ist. Vielleicht wünschen Sie sich, dass einfach jemand still bei Ihnen sitzt. Dann sagen Sie das.
- Haben Sie Vertrauen in kirchliche Trauerrituale, insbesondere bei einem Todesfall.
- Lesen Sie täglich in den Psalmen.
- Zwingen Sie sich nicht zum Beten. Lassen Sie andere für sich beten und halten Sie sich an den Spruch im Römerbrief 8,26: *„Dabei hilft uns der Geist Gottes in all unseren Schwächen und Nöten. Wissen wir doch nicht einmal, wie wir beten sollen, damit es Gott gefällt! Deshalb tritt der Geist Gottes für uns ein, er bittet für uns mit einem Seufzen, wie es sich nicht in Worte fassen lässt."*

Marsha münzte ihre Energie und ihre Erfahrungen schließlich um, gründete eine Hilfsorganisation für Selbstmord-Überlebende und ging mit ihrer hoffnungsfrohen und heilenden Botschaft auf Reisen. Sie ist auch eine begabte Seelsorgerin, die sich besonders auf die Beratung in Trauerfällen versteht. Ihre eigenen Sorgen haben sie nicht erdrückt, sondern sie hat zugelassen, dass Gott sie benutzt, um anderen Trost zu spenden. Dabei hat sie selbst erstaunlich viel Sinn in ihr eigenes Leben gebracht.

Darin besteht die Herausforderung: die eigenen leidvollen Erfahrungen zur Verfügung zu stellen, damit Gott andere damit heilen kann – man kann einfach dabei zusehen, wie das passiert. Menschen, die Unterstützung und Trost brauchen, werden unvermeidlich in Ihrem Leben auftauchen. Ganz gleich, wie viele helfende Hände sich nach den Bedürftigen ausstrecken – sie werden am ehesten diejenige ergreifen, die sich mitfühlend und Trost spendend anbietet, weil sie das Leid aus eigener Erfahrung kennt – und es überlebt hat.

Akzeptieren Sie ungeplante Ereignisse

Als ich neulich in einem Buchladen stöberte, fiel mir auf, wie viele Titel uns weismachen wollen, dass wir eine unumstößliche Gewissheit erlangen können: „Gottes Plan für dich", „Entdecke den Sinn deines Lebens" und „Wie weiß man, was Gottes Wille ist?". Solche Formulierungen sind nicht nur irreführend, sondern sie lenken uns auch davon ab, wie wohltuend es sein kann, wenn man sich mit den Unsicherheiten des Lebens anfreundet.

Teresas Leben war ziemlich planmäßig verlaufen – sie hatte einen liebevollen Mann, drei wohlgeratene Kinder, sogar zwei Paar Großeltern, die noch lebten und bis in ihre Achtziger aktiv waren. Da sie sich gesund und reiselustig fühlten, freuten sie und ihr Mann sich auf die wiedergewonnene Freiheit und Gemütlichkeit im leeren Nest.

Doch dann nahm ihr Leben eine überraschende Wendung. Ihre Tochter kehrte nach einem schweren Unfall wieder zurück, um bei ihnen zu wohnen. Ihre Eltern wurden pflegebedürftig – alle vier auf einmal – und die beiden anderen Kinder machten die schmerzhafte Erfahrung einer Scheidung. Teresa und Ted wurde klar, dass das aufregende Leben, das sie sich vorgestellt hatten, ihnen zu entgleiten drohte. Die sorgenfreien Stunden, auf die sie sich so gefreut hatten, verbrachten sie mit Krankenhausbesuchen und bei Ärzten, sie mussten spontan als Babysitter für die Enkel einspringen und finanzielle Hilfe für ihre erwachsenen Kinder leisten. Ganz bewusst beschlossen sie, einen Gang herunterzuschalten, ihre eigenen Erwartungen zurückzustellen und als wichtige Mitglieder der „Sandwich-Generation" zu fungieren. Sie passten sich den ungeplanten Herausforderungen an und nahmen ihr *Dasein* wichtiger als all die *Aktivitäten*, die sie geplant hatten.

Manchmal müssen wir unsere Hände vom Steuer nehmen und auf unserem Lebensweg dem Heiligen Geist die Führung überlassen, sonst ist der Weg irgendwann von Frustrationen gepflastert. Vieles wird uns ohne unser Zutun in den Weg gelegt, während das meiste, was wir geplant haben, sowieso in die Brüche geht.

Was können wir also tun? Wir können aufmerksam bleiben und unser Herz bereithalten und uns dabei mit einem radikalen Vertrauen rüsten. Es gibt keine fertige Schablone für unsere Zukunft. Wir können lediglich die Chancen ergreifen, die sich bieten, unsere Begabungen einbringen, echten Interessen folgen und uns bewusster machen, *wer* wir sind, damit wir dort, *wo* wir uns befinden, auch das Richtige tun. Der Autor und Seelsorger David Steindl-Rast erinnert uns daran, dass „lebensspendendes Wasser [dort fließt], wo wir unser Herz öffnen und es trinken".[6]

Machen Sie Musik mit dem, was Sie haben.

„Es ist zwar schlimm, dass ich das sage, aber unsere Mutter ist so anstrengend geworden, dass niemand es mehr mit ihr aushält", sagte meine junge Freundin Carla. „Wir verstehen zwar, dass es ihr nicht gut geht. Aber sie hört nicht auf zu klagen. Ihre Gesundheit verschlechtert sich zusehends, sie kann bei Familientreffen weder zur Versorgung beitragen noch auf die Enkel aufpassen, dafür haben alle Verständnis. Nur sie *selbst* macht ein derartiges Problem daraus …"

Carlas Mutter machte sich nicht deshalb unbeliebt, weil sie sich nicht mehr „nützlich machen" konnte, sondern weil ihre permanenten Klagen allen auf die Nerven gingen. „Ich würde ja helfen, wenn ich könnte", jammerte sie. „Ich fühle mich schrecklich und falle euch nur noch zur Last." Carla beendete unsere Unterhaltung beim Mittagessen mit einer klugen Bemerkung: „Ich wünschte, sie würde sich darauf konzentrieren, was sie noch tun *kann*", beschwerte sie sich, „und nicht ständig davon reden, was alles *nicht* mehr geht."

Das klingt doch einleuchtend, oder? Aber diese Mutter sabotierte ihre eigene Zufriedenheit und die ihres familiären Umfelds, indem sie ständig ihre Handicaps aufzählte. Carla wünschte sich von ihrer Mutter, dass sie den Kindern vorlas, das Baby wiegte, Geschichten aus ihrer Kindheit erzählte oder Anweisungen für die Zubereitung ihres Kartoffelpürees gab. Die Familie schätzte ihr Dasein, nicht ihre Opferrolle.

Im diesem späten Lebensabschnitt wird eine Anpassungsfähigkeit von uns erwartet, die uns erlaubt, auch mal etwas kürzerzutreten und uns darauf zu konzentrieren, was wir noch tun können. Ein bewegendes Beispiel dafür ist die wahre Geschichte einer Aufführung des berühmten Geigenvirtuosen Itzhak Perlman. Wenn man ihn spielen hört, kann man sich nicht vorstellen, dass er als Kind Kinderlähmung hatte. Aber er läuft bis heute schwerfällig und hinkend auf die Bühne, muss sich dabei auf zwei Krücken stützen und trägt schwere Bandagen an den Beinen. Seine Zuhörer wissen schon, dass er immer einige Minuten braucht, um die Gehhilfen abzulegen und die Violine unter das Kinn zu klemmen.

Während eines Konzerts am Lincoln Center passierte das Unvorstellbare: Während er spielte, riss eine seiner Geigensaiten – und alles verstummte. Sein Publikum machte sich auf eine längere Unterbrechung gefasst – sicher würde er seine Gehilfen aufnehmen und hinaushumpeln, um das Problem zu beheben. Aber mit dem, was nun passierte, hatte niemand gerechnet. Er wartete nur einen kurzen Augenblick ab und deutete dem Dirigenten an, dass es weitergehen könnte. Anschließend spielte er die Symphonie auf *nur drei Saiten* zu Ende, und zwar mit einer derartigen Leidenschaft und Entschlossenheit, dass die Menschen von den Stühlen aufsprangen, um ihm zu applaudieren. Perlman bat um Ruhe und sagte mit einem sanften Lächeln: *„Manchmal ist es die Aufgabe des Künstlers, herauszufinden, wie viel Musik Sie noch machen können mit dem, was Ihnen übrig bleibt."*[7]

Was für eine Stärke in dieser Aussage steckt! Und wer weiß – vielleicht geht es im Leben *genau darum*, nicht nur für die Künstler, sondern für uns alle. Vielleicht ist es in dieser unsicheren, schnelllebigen und verwirrenden Welt unsere Aufgabe, Musik zu machen, zunächst mit allem, was wir haben, und dann, wenn das nicht länger möglich ist, mit dem, was uns noch übrig bleibt.

Eines ist doch offensichtlich: Ob eine Überraschung als Unglück über uns hereinbricht oder uns als unverhofftes Glück in den Schoß fällt, sie bietet uns immer eine Chance. Wenn wir uns darauf einlassen, überschreiten wir eine Schwelle und betreten Neuland, ob es sich dabei nun um ein neues Projekt handelt, um einen neuen Gedanken oder eine neue Idee für die Zukunft. Es bedarf eines nicht zu unterschätzenden Mutes, ohne Garantien durch diese Tür zu gehen. Die geheimnisvolle Kraft, die uns vorantreibt, ist jedoch dieselbe, die auf der anderen Seite auf uns wartet.

Wir neigen dazu, das fortgeschrittene Alter als eine Zeit zu betrachten, in der man alles für den letzten Abgang regelt und abschließend die losen Fäden miteinander verknüpft. Das stellt jedoch das geringste Problem dar. Wenn wir uns für all das Neue öffnen, das noch kommt, werden wir überrascht von der Einladung, die geistliche Bedeutung dessen zu erkunden, wer wir sind und was wir tun.

Vor Jahren hat der französische Philosoph und Jesuit Pierre Teilhard de Chardin beobachtet, dass „wir nicht etwa Menschen sind, die eine geistliche Erfahrung machen. Wir sind geistliche Wesen, die menschliche Erfahrungen machen.“[8] – Eine dieser geistlichen Überraschungen ist, diese Wirklichkeit besser zu verstehen.

Wir haben dieses Kapitel mit der Betrachtung von zwei Türen begonnen – die eine führt zu Widerstand und Stagnation, die andere zu Wachstum und Weiterentwicklung. Wenn Sie bereit sind, durch die zweite Tür zu gehen und die Herausforderungen anzunehmen, denken Sie daran, dass Ihre innere Bereitschaft der Schlüssel ist, der Ihnen diese Tür öffnet.

Fragen

1. Den „Widerständlern" und den „Wachsenden" habe ich verschiedene Eigenschaften zugeordnet. Welche stimmen mit Ihren aktuellen Gefühlen und Einstellungen überein?
2. Glauben Sie, dass Menschen sich wirklich von Grund auf verändern können? Kennen Sie jemanden, der es geschafft hat, über seinen Schatten zu springen?
3. Bestimmt haben Sie sich schon Gedanken über den Tod gemacht. Welche Ängste und Hoffnungen haben Sie?
4. Was hat schon immer Ihr Interesse geweckt, ohne dass Sie jemals Gelegenheit hatten, sich damit zu beschäftigen? Sehen Sie dafür noch eine Chance?
5. Welche verbalen oder inneren Blockaden müssten Sie überwinden, wenn Sie sich im fortgeschrittenen Alter noch frei entfalten wollten?

2

Überrascht über sich selbst

„Sei du selbst! Alle anderen Rollen sind bereits vergeben."
Oscar Wilde

„Gibt es im Alter Dinge, mit denen Sie überhaupt nicht gerechnet haben?", erkundigte ich mich. „Etwas, worüber niemand so richtig spricht?"

Shirley überlegte eine Weile, bevor sie antwortete: „Niemand hat mir gesagt, dass ich mich in meiner Haut endlich wohlfühlen würde. Es kommt mir so vor, als wäre ich ganz und gar ich *selbst* geworden, mehr als je zuvor in meinem Leben. Und das fühlt sich richtig gut an."

Harald fand einen anderen Aspekt wichtiger: „Ich wusste nicht, dass diese Jahre so erfüllend sein würden. Da herrscht dieses überraschende Freiheitsgefühl – trotz meines schwachen Herzens. Ich muss nicht mehr konkurrieren, nicht mehr recht haben, nicht mehr um jeden Preis *gewinnen*. Und ich habe in mir etwas entdeckt, von dem ich gar nicht wusste, dass es da ist."

„Können Sie das etwas genauer beschreiben?", fragte ich nach.

„Es handelt sich um etwas sehr *Geheimnisvolles* – etwas in mir, das mich ganz still werden und lauschen lässt und dabei nach dem tieferen Sinn fragt. Ich bin immer extrovertiert gewesen, bin stets aus mir herausgegangen und habe viel geredet. Mir war selber nicht bewusst, dass sich auch diese introvertierte Seite in mir verbirgt."

Der Dichter und Philosoph Mark Nepo beschreibt dieses „gewisse Etwas" als ein geistliches Grundbedürfnis: „Jeder Mensch wird mit einem unbelasteten Fleck geboren – frei von Erwartungen und Bedauern, frei von Ehrgeiz und Schamgefühl, frei von Angst und Sorgen –, ein Punkt der Gnade, wie ein Bauchnabel, an dem wir zuerst von Gott berührt wurden."[9]

Dieser Ort hat viele Namen. Für Psychologen handelt es sich dabei um unsere Psyche, Jung hat es das authentische Selbst genannt, die Meister des Hinduismus sprechen vom Atman, die Buddhisten vom Dharma, die Sufis vom Herzen, und für die Theologen handelt es sich schlicht und ergreifend um unsere Seele, die Jesus als den Mittelpunkt und die Quelle unserer Liebe bezeichnet. Der Pastor Steve Garnaas-Holmes schrieb dazu:

„Das wahre Selbst ist nichts, was wir aus eigener Kraft erreichen können, es ist ein Geschenk. Es ist eine innere, gnadenreiche, göttliche Erfahrung, wenn wir uns ganz dem Augenblick hingeben und darauf hören, was in uns vor sich geht, wenn wir uns ganz und gar als von Gott geschaffene Wesen fühlen können ... Je öfter es uns gelingt, diese intensive Wahrnehmung des gegenwärtigen Augenblicks zu erreichen, umso eher können wir unseren weltlichen Sorgen und angstgesteuerten Ablenkungen widerstehen und das Reich Gottes verkünden. Wenn wir vor Gott auf unser wahres Selbst vertrauen, leisten wir einen Beitrag zur Heilung der ganzen Welt."[10]

Im fortgeschrittenen Alter steigen viele von uns aus der Tretmühle des Alltags aus und wollen mit diesem zeitlosen, gnadenvollen Ort Kontakt aufnehmen, wo Gott in unsere Seelen wispert und uns zeigt, wer wir wirklich sind. Die Bewegung von einem angepassten Selbst zu einem authentischen Selbst ist weniger eine Verwandlung als vielmehr das Ergebnis eines Wachstumsprozesses. Allmählich lernen wir unser ureigenstes Wesen kennen. Es ist ein bisschen, als würde man eine blinde Fensterscheibe mit Glasreiniger abreiben und so lange wischen, bis endlich Klarheit herrscht.

In unserer Kultur werden Leistung und Extravertiertheit belohnt, während unser Bedürfnis nach Reflexion manchmal jahrzehntelang ungestillt bleibt. Unser Innenleben verödet und liegt brach. Die älteren Zeitgenossen, die ich interviewt habe, hatten viel zu erzählen, sobald sie den Mut fanden, zu dieser inneren Safari aufzubrechen. Sie hoben alle möglichen verschütteten Schätze, sprachen über versteckte Ängste und nie realisierte Träume.

Annas innere Reise führte sie allerdings eher durch albtraumartige Landschaften. Ihr Leben war der Musik gewidmet, seit sie neun Jahre alt war, und sie hatte ihre Zeit in der Welt der Tastaturen und Melodien zugebracht. Musik war ihr Lebensinhalt gewesen, ihre ganze Identität beruhte darauf, zu konzertieren und zu unterrichten – und zwar viel grundlegender, als ihr das jemals bewusst gewesen war. Als sie über sechzig Jahre alt war und die Arthritis ihre Hände zu lähmen begann, fing sie plötzlich an zu verblassen, und das nicht nur als Musikerin.

„Ich geriet in Panik", erklärte sie. „Es war, als würde ich an die Tür zu meinem eigenen Herzen klopfen, und niemand öffnete. Ohne Musik hatte ich jeglichen Lebensinhalt verloren." Anna musste sich selbst neu entdecken, unabhängig von dieser lebenslangen Rolle. Das war alles andere als einfach.

Es braucht Zeit, den Ruf der Seele zu hören – man darf nichts überstürzen. Schnelle Lösungen sind selten ein guter Weg. Stattdessen sollten wir unsere Verwirrung zunächst einmal aushalten und uns während unserer Suche das Gefühl erlauben, eben nicht alles im Griff zu haben. Vertrauensvoll und mutig können wir uns in diese Unsicherheit hineinbegeben. Ist es nicht ganz normal, dass wir gemischte Gefühle haben, wenn die klassischen Rollen, die wir in der ersten Hälfte unseres Lebens ausgefüllt haben, nicht mehr zu uns passen? Natürlich haben wir Angst – aber auch Lust auf etwas Neues.

„Als ich in Rente ging", gestand Clifford, „fühlte ich mich rastlos, haltlos, bodenlos, reduziert. Es dauerte eine Weile, ehe mir klar wurde, wie sehr mein Selbstwertgefühl von meiner Arbeit abgehangen hatte." Antworten wie die von Clifford und Anna haben nichts mit dem jeweiligen Geschlecht zu tun. Frauen und Männer beschreiben dieselbe Art emotionaler Leere in diesem Lebensabschnitt, obwohl sie es unterschiedlich ausdrücken. Ganz gleich, ob man Mutter ist, Mechaniker oder Vorstandsvorsitzender, ob man sein Leben in der Chefetage oder zu Hause verbracht hat – die Herausforderung, Veränderungen auszuhalten, ist immer gleich beunruhigend:

„In den meisten Fällen erleben wir an diesem Punkt unseres Lebens eine Minderung unseres Selbstwertgefühls. Wie Jung einmal humorvoll bemerkte, laufen wir alle in Schuhen, die zu klein für uns sind … Wir sehen uns die Tagesordnung unserer Seele an, und dazu braucht es Bescheidenheit und Achtsamkeit. Wir müssen verstehen, dass unser Leben sich immer von innen heraus entwickelt, auch wenn es mit zahlreichen äußeren Problemen beladen ist."[11]

Wer glaubt, dass man sich im fortgeschrittenen Alter lediglich einen neuen *Zeitvertreib* suchen muss, der hat die Hälfte verpasst. Stattdessen haben wir jetzt die Gelegenheit, endlich herauszufinden, wer wir wirklich *sind*!

Ich habe mich überhaupt nicht verändert!

Gina ist sechsundachtzig und stolz darauf. Wir saßen gemütlich in ihrem Apartment und tranken eine Tasse Tee. Sie genoss ganz offensichtlich die Gelegenheit, ihr Leben Revue passieren zu lassen. Als das Stichwort „Überraschung" fiel, sagte sie, ohne zu zögern: „Oh, meine Liebe, die größte Überraschung ist sicherlich, dass ich immer noch *dieselbe* bin!"

Sie war nicht die Einzige, die dies antwortete. Ich begann mich zu fragen, was diese Wahrnehmung unseres „Selbst" eigentlich beinhaltet, das uns durch alle Lebensphasen, Jahr für Jahr, begleitet. Während unsere äußere Hülle immer faltiger und weiser wird, steckt in uns offensichtlich ein altersunabhängiger, unverwechselbarer Kern – das wahre *Ich*. Das Leben mag uns Lektionen lehren und Ansichten verändern, aber es gibt etwas, das mit uns zieht und uns treu bleibt – durch alle äußeren Veränderungen unserer Lebensumstände hindurch. Es folgt uns unangefochten von den Stürmen der Zeit und dennoch ändert es sich irgendwie ein wenig angesichts unserer zunehmenden Lebenserfahrungen und wird immer klarer.

Manchmal scheint uns dieses „Ich" in chaotischen Zeiten auch abhandenzukommen. Als wir jünger waren und noch damit beschäftigt, Geld zu verdienen und auszugeben, auf die Erwartungen von anderen Menschen zu reagieren und ihnen zu entsprechen, lag eine Art „Film" über diesem wesentlichen Kern. Vielleicht kann man sich das so ähnlich vorstellen wie Seepocken auf einer Muschelschale. Irgendwie war das Wesentliche in unserem Leben nicht sichtbar.

Mit dem Alter wird dieser Film weggespült, die Seepocken lösen sich und die Dinge, die da gar nicht hingehören, verschwinden. Und nach Jahrzehnten, die sich mit einem Mal abblättern, wird das Geschenk des Alters deutlich. Es beginnt dann die Zeit, sich mit dem vernachlässigten, wahren Ich anzufreunden.

Was gehört zu mir und was nicht?

Roland, von Natur aus ein „Machertyp", sagte diesbezüglich: „Ich muss niemandem mehr etwas beweisen und brauche den ganzen Trubel um mich herum nicht mehr. Ich muss das Gaspedal nicht mehr voll durchtreten und will auch gar nicht mehr auf der Überholspur unterwegs sein." Trotzdem gab es einiges, was Roland sich bewahren wollte: seine Abenteuerlust, seine Neugier und seinen Tatendrang. Das wollte er mitnehmen in eine andere Arena – und dort seine Nachdenklichkeit neu entdecken, sein ruhigeres Ich und das wunderbare Gefühl, einfach still dazusitzen.

Stella hingegen hatte immer die traditionelle Frauenrolle ausgefüllt. Sie versuchte dementsprechend, sich von dem zu verabschieden, was sie ihr „Cinderella-Ich" nannte. Endlich wollte sie nun unabhängig sein, statt immer auf den neuen Traumprinzen zu warten, der ihr den passenden Glasschuh über den Fuß streifen sollte. Zudem hatte sie immer nach dem Prinzip gelebt: „Sag du mir, wer ich bin", was dazu geführt hatte, dass sie sich stets nur angepasst hatte. Sie verhielt sich so, wie sie dachte, dass der jeweilige Mann sie gerne hätte.

Aber dann ging sie auf die Suche nach ihrem wahren Ich, das sich unter all dieser vermeintlichen Formbarkeit verbarg. Etwas unbeholfen sagte sie schließlich zu mir: „Wissen Sie, was mir klar geworden ist? Ich komme wunderbar alleine zurecht. Ich brauche gar niemanden. Mein Gott, ich habe gar nicht gewusst, was ich alles kann!" Sie war so lange nach der Pfeife anderer Leute getanzt, dass es eine Weile dauerte, ehe sie ihre eigene Stimme gefunden hatte.

Mit zunehmendem Alter fällt es uns immer schwerer, eine Maske aufzusetzen. Das Bedürfnis nach Authentizität bricht aus unserem Innersten hervor und drängt alles andere beiseite. Wie gehen wir damit um? Welche Teile unserer Persönlichkeit können wir loslassen, woran wollen wir im Alter festhalten?

„Sei einfach du selbst!" – diesen allseits bekannten Spruch bringen wir dann gerne ins Spiel, so als wäre er einfach ein Schalter, den man umlegen kann. Dabei erfordert es Geduld, Ausdauer und eine erhöhte Aufmerksamkeit, sich selbst zu finden. Es ist harte Arbeit, das, was gar nicht wirklich zu uns gehört, abzustoßen. All die Dinge, die wir nur zur Dekoration ins Schaufenster unserer Persönlichkeit gestellt haben. Allerdings sollte man der Versuchung widerstehen, diese Dinge als „gut" oder „schlecht" zu bewerten. Es bringt nichts, sich selbst zu verurteilen und zu lamentieren: „Wie konnte ich nur so *dumm* sein, das zu tun." Denken Sie daran, dass vor Gott nichts umsonst ist. Unser Scheitern und unsere Stärken, unsere Erfolge und Schwächen gehören zu uns und unserem Leben dazu.

Und obwohl wir den Wunsch verspüren, unser Innerstes an den Tag zu legen, stellen wir fest, dass das gar nicht so einfach geht. Der amerikanische Schriftsteller Parker Palmer vergleicht unsere scheue Seele daher mit einem Tier in freier Wildbahn:

> *„Wie ein wildes Tier ist auch die Seele zäh … sie weiß, wie man schlechte Zeiten überlebt … Aber trotz ihrer Zähigkeit ist die Seele schüchtern … Wenn wir ein wildes Tier zu Gesicht bekommen wollen, dürfen wir nicht laut durchs Gehölz brechen und es mit Schreien erschrecken. Wir schleichen uns leise an, sitzen geduldig auf einem Baumstumpf … nun kann das Wesen, nach dem wir suchen, in Erscheinung treten."*[12]

Wollen wir in unsere Seele hineinhören, haben wir zu lernen, ganz ruhig zu sein. Denn durch die einzigartige Stimme, die dann leise zu sprechen beginnt, werden wir damit vertraut gemacht, wie Gott unser innerstes Wesen geschaffen hat. Wir erfahren alles, was wichtig ist, was unsere Persönlichkeit ausmacht, worin unsere Begabungen und Vorlieben bestehen. Und uns gelingt dann auch, besser zu unterscheiden, welche Erwartungen von außen an uns herangetragen werden und was wir wirklich empfinden.

Wie stellt man das an? Achten Sie einfach darauf, wann Sie sich besonders lebendig fühlen. Worüber müssen Sie lächeln? Was rührt Sie zu Tränen? Wann vergessen Sie die Zeit? Woraus schöpfen Sie Kraft? Was gibt Ihnen einen unerwarteten Energieschub? Oder ein Gefühl von Ruhe und Frieden? Schreiben Sie all dies einmal auf und notieren Sie sich die jeweiligen Umstände. Waren Sie allein oder in Gesellschaft? Welche Freunde haben diese Erfahrung geteilt oder dazu beigetragen? All diese Gefühle gehören per se zu unserem Alltag, nur die meisten von uns wissen gar nicht, dass sie wichtige Botschaften enthalten.

Und eine Warnung vorab: Machen Sie nicht den Fehler, Langeweile mit Traurigkeit zu verwechseln! Echter Schmerz und herzzerreißende Trauer gehören genauso zu unserem Leben wie Freude und Jubel. Was unserer Seele hingegen schadet, ist dieses Gefühl der Leere. Und dieser Zustand hat viele Namen: Lethargie, Langeweile, Trägheit, Überdruss oder Acedia – ein von Mönchen vor Jahrhunderten geprägter Begriff, den auch die Schriftstellerin Kathleen Norris gerne verwendet:

„Der Begriff Acedia ist denen, die sich nicht zufällig in der Geschichte der Mönchsorden oder des Mittelalters auskennen, vermutlich nicht geläufig. Das bedeutet aber nicht, dass er für zeitgenössische Leser keine Relevanz mehr hätte ... Sprachen haben ein eigenes Leben und ihre eigene Weisheit, und das neuerliche Auftauchen des Wortes im Sprachgebrauch scheint mir nahezulegen, dass es sich bei der Acedia um eine Art lexikalischen Maulwurf handelt, der unsichtbar in uns am Werke ist ... Auch wenn wir es gerne als primitiven Ausdruck dafür sehen wollen, was wir heute als Depression bezeichnen, ist der Zusammenhang in Wahrheit viel komplexer ... Ich glaube, dass viel von dem rastlosen Zeitvertreib, der hektischen Schnelllebigkeit, der Bindungsangst und verzweifelten Anstrengung, die uns heute zu schaffen macht, in dem altertümlichen Dämon der Acedia vorhanden war und uns nur im modernen Kleid erscheint ... Meiner Meinung nach lässt sich eine Depression durch Therapeuten und Medikamente als Krankheit behandeln, der Acedia hingegen ... begegnet man am besten mit geistlichen Übungen und Gebeten."[13]

In einem Interview definierte sie die Acedia als eine „geistliche Trägheit des Herzens" – eine gefährliche Gleichgültigkeit und Unfähigkeit, etwas wichtig zu finden, was schließlich dazu führen kann, dass man diese innere Leere selbst gar nicht mehr ernst nimmt. Sie nennt das ein geistliches Morphium, das nicht nur unser Schmerzempfinden dämpft, sondern auch einen Vertrauensverlust in uns selbst und in unsere Beziehung zu Gott zur Folge hat. In einer säkularisierten Gesellschaft interpretieren wir unsere geistlichen Bedürfnisse häufig nur als psychologische Symptome, behandeln sie entsprechend und sind dann enttäuscht, wenn unsere wunden Seelen nicht heilen können.

Eine Reihe weiterer, spannender Fragen nach unserem wahren Ich kreist um unsere Kindheitserinnerungen. Was haben Sie als Kind gemacht, wenn Sie sich selbst überlassen waren? Was waren Ihre natürlichen Neigungen, wenn Sie nicht von Ihren Eltern gelenkt und beeinflusst wurden?

Besorgen Sie sich ein kleines Notizheft oder Tagebuch, in dem Sie die Antworten auf diese Fragen und die Suche nach Ihrem eigenen Inneren dokumentieren können. Machen Sie eine ehrliche Bestandsaufnahme – ohne sich irgendwelche Zwänge aufzuerlegen. Wichtig sind dabei nicht die Dinge, die jemand anders gerne über Sie lesen würde oder die Sie sich für sich selbst wünschen, sondern die unverfälschten Reaktionen Ihrer Seele. Diese kommen aus Ihrem Inneren, in dem Gott Ihnen zeigt, wie Sie geschaffen wurden. Haben Sie das einige Wochen lang verfolgt, wird sich ein Muster herauskristallisieren – aus ganz einfachen Dingen wie beispielsweise der einfachen Freude, einen Grünfinken am Futterhäuschen zu beobachten, bis hin zu komplexen Vorstellungen wie dem

Wunsch, ein Obdachlosenheim zu errichten. Schärfen Sie Ihre Sinne für das, was Gott Ihnen über Ihr Wesen und Ihre Begabungen sagt.

Nicht immer wird es angenehm sein, diesem wahren Ich ins Auge zu blicken. Denn bei der Auseinandersetzung mit dem, was uns Freude oder Verdruss bereitet, gibt es sicher auch Dinge, die uns oder anderen schaden. Meine schärfsten Kritiker sind beispielsweise meine beiden Söhne. Sie helfen mir schon seit vielen Jahren, mich selbst zu reflektieren, aber ich habe ihnen dafür wenig Dank gezollt – weder für ihre Bestätigung noch für die Lektionen, die mir den Boden unter den Füßen weggezogen haben. Als Jugendliche und jetzt als erwachsene Männer scheinen sie meinen „Ballast" wesentlich deutlicher und klarer zu sehen als ich selbst, und sie haben keine Hemmungen, mir ihre Meinung dazu zu sagen. In einem meiner anderen Bücher habe ich eine der Konfrontationen mit ihnen im Detail beschrieben:

„Es war einer dieser typischen Abende inmitten unseres hektischen Familienalltags: Gegen 17 Uhr versammelten sich alle in der Küche. Ich war am Kochen, die Jungs machten Hausaufgaben und der Stress einer ganzen Reihe von Veranstaltungen und Verabredungen, die für 19 Uhr geplant waren, lag bereits in der Luft. Während ich herumwirbelte (höchste Effizienzstufe), Schranktüren zuknallte und meiner Familie Anweisungen zurief, boxte Harrison David leicht in die Seite und flüsterte vielsagend: ,Jetzt flippt sie gleich wieder komplett aus.'

Ich hatte sein Getuschel kaum verstanden, wollte aber wissen, was er gesagt hatte … Schließlich erklärte Harrison seufzend: ,Mama, immer wenn es dir zu viel wird und du dich so in etwas hineinsteigerst, dann kriegen alle um dich herum etwas ab!'

Ich war bereits ziemlich geladen, bremste mich aber plötzlich, weil ich ahnte, dass das, was er da sagte, wichtig war. ,Ich weiß nicht, was du meinst', erwiderte ich also, mich mühsam beherrschend. ,Könntest du es mir bitte erklären?' Und das taten sie. Sie spielten meine ruckartige Körpersprache nach, imitierten den Ton meiner Stimme und vermittelten sehr glaubhaft das Bild einer gestressten Mutter, die völlig lustlos ihre Pflicht erfüllte ... Ich sagte: ,Aber so will ich doch gar nicht sein ... bitte helft mir, damit sich das ändert.'

Die Jungs erklärten, dass sie lange vor dem Ausbruch an den ersten Anzeichen erkennen konnten, wie sich dieser Zustand bei mir ankündigte. Es war so alltäglich, dass es mir selbst gar nicht mehr auffiel. Nachdem wir eine Weile miteinander diskutiert hatten, machten wir einen Plan, wie wir verbale Auseinandersetzungen zukünftig vermeiden wollten. Wenn einer der beiden meine drohende Hektik am Horizont heraufziehen sah, würde er mir einfach eine Hand vor das Gesicht halten und mich dadurch vor der Situation warnen, ohne dass einer von uns ein Wort darüber verlieren musste.

In den folgenden Wochen war ich erschüttert von dem Ausmaß, in dem ich unbewusst meinem eigenen Verhalten ausgeliefert war. Immer wieder wurde ich von einer Hand überrascht, die vor meinem Gesicht auftauchte, und ich lernte langsam, auf mich zu achten. Ich konnte meine eingeschliffene Gereiztheit nur dadurch loswerden, indem ich ehrlich und entschieden bereit war, etwas dagegen zu unternehmen."[14]

Ist es nicht so, dass, wenn wir einen Spiegel vorgehalten bekommen, es meist ganz dicke kommt? – Dinge, die uns gefallen, und andere, die uns weniger angenehm sind. Und alles, was wir nicht bewusst leben und erkennen, lauert letztlich in unserem Unterbewusstsein. Manche dieser Neigungen und Charakterzüge sind positiv. Wir freuen uns, wenn diese anderen auffallen. Andere verborgene Motive hingegen machen uns weniger stolz. Leider sind auch diese Schattenseiten unserer „guten" Anlagen für andere oft besser sichtbar als für uns. Ganz gleich, wie positiv eine Eigenschaft auch sein mag, wird sie überstrapaziert, kann sie leicht ins Negative kippen.

- Zielstrebiges, auf Effizienz bedachtes Handeln kann die Bemühungen anderer ungewollt in den Schatten stellen, wenn man übertrieben und rücksichtslos unterwegs ist. Wie meine Söhne bestätigen werden, entsteht dadurch eine ungute und angespannte Atmosphäre.
- Güte kann leicht in eine Art geistlichen Stolz umkippen (Hochmut, vor dem die Bibel explizit warnt).
- Weisheit kann andere gängeln, wenn sie ihre Überlegenheit ausspielt.
- Schönheit bringt schnell Eitelkeit mit sich.
- Liebe kann mit Eifersucht und Besitzansprüchen einhergehen.
- Vermeintliche Loyalität kann zu blindem Vertrauen werden.
- Toleranz ist nicht zu verwechseln mit Gleichgültigkeit.
- Selbstbewusstsein äußert sich schnell in arrogantem Verhalten.
- Gerade gläubige Menschen sind manchmal besonders anfällig für Rechthaberei.

Wer sich wirklich selber kennenlernen will, sucht natürlich nicht nur nach Fehlern im Charakter. Nichtsdestotrotz gehört eine ehrliche Bestandsaufnahme dazu, wenn Sie innere

Schätze heben wollen. Nur wenn wir uns selbst mit unseren bunt gemischten Eigenschaften annehmen, die alle zusammen unsere Persönlichkeit ausmachen, können wir klug werden und weise Entscheidungen treffen. Schließlich können wir ja nicht das ablegen, was uns nicht selbst bewusst ist. Daher ist der erste Schritt eine gründliche Bestandsaufnahme. Denn nachdem wir die Dinge, die unser Wachstum sabotieren, ausfindig gemacht und schonungslos benannt haben, steht uns der herausfordernde Teil ja noch bevor: das Abgewöhnen.

Oft versuchen wir, diese Last auf Gott abzuwälzen, und beten darum, dass er Dinge einfach *„von uns nimmt"*, ohne dass wir uns weiter damit befassen wollen. So einfach dürfen wir es uns aber nicht machen. *Gott wird nichts von uns nehmen, was wir nicht ganz bewusst bereit sind aufzugeben* – ganz gleich, wie inbrünstig wir beten. Wenn wir ihn zum Beispiel bitten: „Herr, bitte lass mich keine vorschnellen Urteile mehr über andere fällen", müssen wir unsere harten Worte und die kritische Einstellung, die dahinter steht, auch hinterfragen. Nur wenn wir kontinuierlich an uns arbeiten, ist Wachstum möglich.

Ist Ihre Kreativität verwaist?

Steve war 82 Jahre alt, als er zum ersten Mal Palette und Pinsel in die Hand nahm. Er hatte sein Leben lang mit Zahlen hantiert statt mit Farben. Erst das Rentnerdasein erlaubte es ihm, zu seiner ersten Liebe zurückzukehren – ans Meer. Während er Stunden in einem Segelboot zubrachte, wurde ihm bewusst, dass es viel mehr Blauschattierungen gab, als er für möglich gehalten hatte. Die Farben brachten ihn letztlich zum Malen. Sein erstes Seebild entstand, dann ein weiteres und immer mehr. Bald trat eine verborgene Künstlernatur aus ihm hervor, die seit Jahrzehnten geduldig hinter den Kulissen gewartet hatte.

Bevor Sie sagen: „Aber ich kann doch gar nicht malen", und zum nächsten Kapitel weiterblättern, lassen Sie uns die Frage nach der Kreativität ein wenig anders beleuchten. In der Schöpfungsgeschichte ist die Rede davon, dass wir „nach dem Ebenbild Gottes" erschaffen wurden. Ist dann nicht die Annahme berechtigt, dass unser Schöpfer in jedem von uns einen kreativen Funken versteckt hat, zumindest die Anlage dafür? Liegt es dann nicht in unserer Natur, diese eingepflanzten Möglichkeiten zu entwickeln und zu entfalten? Bedauerlicherweise ist diese kreative Ader bei vielen von uns stiefmütterlich behandelt worden. Wir haben sie vernachlässigt, links liegen gelassen, klein gehalten und vielleicht sogar verleugnet.

Um diesen Teil unseres Selbst wiederzuentdecken, müssen wir nicht die *Mona Lisa* malen oder ein literarisches Meisterwerk wie *Krieg und Frieden* schreiben. Es genügt, wenn Kreativität in unser Leben Einzug halten darf, in der Form, wie sie unserer Persönlichkeit entspricht. Vielleicht liegt es uns, künstlerische Lösungen für Probleme finden, die greifbar nah vor uns liegen – zum Beispiel, wenn wir das Werkzeug in der Garage neu sortieren oder einen großen Topf Suppe kochen. Oder wenn wir einen tollen Ausflug für unsere Enkelkinder planen und uns dabei von der Erinnerung an unsere eigene Kindheit inspirieren lassen. Rufen Sie sich all diese originellen Ideen und Impulse ins Gedächtnis und bringen Sie sie neu zum Ausdruck!

Kim versuchte ganz gezielt, ihre kreative Ader zu neuem Leben zu erwecken. Als sie nach einer erfolgreichen Karriere im Einzelhandel in den Ruhestand ging, hatte sie monatelang keine Idee, was sie tun und wie sie die Jahre, die vor ihr lagen, sinnvoll ausfüllen sollte. Dann meldete sie sich für einen Kurs zur Förderung der eigenen künstlerischen Wahrnehmung an. Sie hatte ein Auge für schöne Dinge sowie handwerkliches Geschick, aber ihr Potenzial an kreativer Energie, das in ihr steckte, war weitaus größer, als sie bisher geahnt hatte. Und diese Energie bahnte sich nun ihren Weg.

Je mehr Freiraum sie ihrer Kreativität zugestand, umso mehr entwickelte und entfaltete sie sich. Sie fing einfach an, alles auszuprobieren. Sie webte und filzte, färbte, erstellte Collagen, Alben und Bücher, strickte – sie versuchte sich an fast allen Techniken des textilen Gestaltens.

Eines Tages wurde ihr bewusst, dass diese Energie schon immer in ihr gesteckt hatte und sie dazu drängte, Ordnung in das Chaos zu bringen und Schönheit aus Banalitäten zu schaffen. Bereits als junge Frau eines Pastors hatte sie so manches triste Pfarrhaus in ein gemütliches Zuhause für ihre Familie verwandelt. Später, nachdem sie sich zuerst am New Yorker Institut für Design hatte ausbilden lassen, wechselte sie in die Wirtschaft. Aber Möglichkeiten zu entwickeln, etwas harmonisch zu gestalten und in die Tat umzusetzen, war ihr stets ein natürliches Bedürfnis. Nur hatte sie das in all den Jahren nicht als Kreativität wahrgenommen. Je mehr sie sich aber nun damit beschäftigte, umso mehr entwickelten sich ihre Fähigkeiten weiter. Anstatt daraus ihren Lebensunterhalt zu bestreiten, nutzte sie diese erst später als Rentnerin, um sich daraus ein neues Leben aufzubauen.

Martha ist intelligent, direkt, pragmatisch, entscheidungsfreudig, organisiert und sehr genau. Wesentliche Merkmale, die Wissenschaftler allesamt in der linken Gehirnhälfte ansiedeln. Als ich sie nach der größten Überraschung im fortgeschrittenen Alter fragte, antwortete sie, ohne zu zögern: „Ich habe entdeckt, dass ausgerechnet ich ein kreatives Talent besitze." Aus reiner Neugier hatte sie sich in einen Anfänger-Malkurs für ältere Interessenten gesetzt – aber dabei blieb es nicht. Bald darauf verwandelte sie eines der leer stehenden Kinderzimmer in ihrem Haus in ein Künstleratelier und verliert sich nun dort in Farben und Formen.

Als ich sie fragte, ob sie anderen Senioren einen Ratschlag geben könnte, antwortete sie schnell und entschlossen: „Sagen Sie den Menschen, dass sie ihre Kreativität entdecken sollen – jeder hat so etwas. Jeder hat ein Talent, das wertvoll ist. Das sollte man ausleben." Da Marsha gläubig ist, stellt sie ihre kreative Energie auch in den Dienst der Kirche. Sie arbeitet jede Woche mit sozial unterprivilegierten Kindern in einem Projekt und ist trotz einiger gesundheitlicher Rückschläge ein Beispiel dafür, wie gut es einem Menschen tut, wenn er sich für etwas engagiert. In jungen Jahren hatte Martha nämlich einen schweren Autounfall erlitten und lebt seitdem mit einem künstlichen Knie, außerdem wurde sie am Knöchel operiert und hinkt. Trotzdem findet sie immer Wege, der Gesellschaft nützlich zu sein.

Auch James ist ein kopfgesteuerter Zeitgenosse. Sein Intellekt trug wohl dazu bei, dass er eine erfolgreiche Karriere als Psychiater hinter sich brachte. Sein Leben lang erstellte er Diagnosen, untersuchte und behandelte schwere Fälle mentaler Störungen. Als er in Rente ging, war es, als würde es ihm das Herz zerreißen, und in seinen Händen hörte es nicht auf, ihn zu jucken. Bald darauf saß er zum ersten Mal an einer Töpferscheibe und fand das größte Glück seines Lebens. Obwohl er keine Meisterwerke hervorbrachte, begegnete er dort seiner vernachlässigten inneren Begabung und konnte sich ihr endlich widmen.

Aber nicht nur die, die geschickt mit ihren Händen sind, können ihre Talente entdecken. Edith habe ich vor fast zwanzig Jahren zum ersten Mal getroffen und sie hat mir gezeigt, dass Kreativität viel mehr umfasst. Wir waren Nachbarn in einem Vorort von Dallas, und in dieser Zeit erfuhr ich von Edith einige Geheimnisse über ihre Art von Kreativität, von denen ich selbst heute noch zehre. Als Ehefrau eines erfolgreichen Geschäftsführers musste sie häufig umziehen, immer von einer Stadt in die nächste – mit drei Kindern und allem, was dazugehört.

Nachdem wir uns miteinander angefreundet hatten, fragte ich sie eines Tages, wie sie sich mit diesem anstrengenden Nomadenleben abgefunden hatte. Nie werde ich ihre nachdenkliche Antwort vergessen: „Ich sehe das so: Alle paar Jahre habe ich die Chance, mein Leben und das meiner Familie neu zu gestalten. Dazu packe ich alles, was uns an einem Ort besonders gut gefallen hat, ein und nehme es mit. Immer haben wir etwas gelernt, jeder von uns und wir alle gemeinsam als Familie. Welche Freunde haben uns gutgetan? Was an unserem Leben hier war wirklich wichtig für uns? All das nehmen wir mit, den Rest lassen wir einfach zurück." Ihr ganzes Leben bestand demnach aus einem Prozess anhaltender Kreativität.

Wie Sie sehen, haben manche Leute aus ihrer schöpferischen Energie etwas vollkommen Neues und anderes gemacht. Manche haben das, was in ihren Berufen bereits ausgebildet war, weiterentwickelt und dabei nur eine etwas andere Richtung eingeschlagen. Andere haben ihr Leben grundsätzlich in kreativere Bahnen gelenkt. Aber eines haben sie gemeinsam: Sie haben aufgehört, Entschuldigungen dafür zu suchen, warum sie nicht schreiben oder malen oder Gitarre spielen oder irgendeine andere Gelegenheit ergreifen konnten, etwas zu tun, auch wenn sie nicht perfekt waren. Sie haben aufgehört zu sagen: „Ja, aber …" Für diesen Satz gibt es nämlich zahlreiche Variationen:

- *Ja, aber* ich habe gar keine Begabung.
- *Ja, aber* ich habe keine Zeit für so etwas.
- *Ja, aber* ich will mich nicht lächerlich machen.
- *Ja, aber* er lässt mich nicht.
- *Ja, aber* sie braucht mich doch.
- *Ja, aber* dann sind das nicht mehr meine Freunde.
- *Ja, aber* das ist mir zu anstrengend.

Vermutlich hätte jeder von uns gerne einen wunderbaren Garten, der von jemand anderem gepflegt wird. Dann könnten wir einfach Blumen pflücken gehen, ohne uns im Geringsten dafür anzustrengen. Leider funktioniert das nicht für unseren ganz eigenen und persönlichen inneren Garten und das, was in uns wächst und gedeiht. Wir müssen das Beet der Kreativität in uns düngen, es anreichern und pflegen, damit der gottgegebene Funke darin keimen kann. Und wir haben es zu bewässern!

Verabschieden Sie sich davon, es allen recht machen zu wollen

Obwohl ich in Bezug auf das eigene Selbst so viel von Harmonie und Übereinstimmungen rede, muss ich zugeben, dass wir unsere inneren Widersprüche nie ganz hinter uns lassen. Wir tun gut daran, die eigenen Ecken und Kanten zu akzeptieren, damit wir gesund und realistisch bleiben.

Als Klara mir die Frage nach den Selbsterkenntnissen in ihrem Alter beantwortete, wurde mir klar, dass es für uns alle eine Art soziales Gewissen gibt, ein Über-Ich, das das, was wir sagen und tun, beeinflusst.

„Ich wollte es immer allen um mich herum recht machen, alle sollten sich wohlfühlen, ich habe mich immer bemüht, die richtigen Worte zu finden und eine *freundliche* Person zu sein", erklärte sie. „Als ich jung war, wurde uns beigebracht, dass man nur durch Freundlichkeit etwas erreicht, nie durch forderndes Verhalten. Alles wurde daher von mir unbewusst einem Test unterzogen: Was soll ich jetzt sagen? Was denken die von mir? Wie kann ich all diese Bälle in der Luft halten und jede Person glücklich machen? Jetzt bin ich 75 und mir reicht es allmählich. Mein soziales Gewissen verabschiedet sich definitiv!" Natürlich reagierte Claire weiterhin freundlich und angemessen auf andere Menschen, aber sie wollte ehrlich sein, vor allem gegenüber sich selbst.

Ist es nicht seltsam, dass je deutlicher sich unser wahres Selbst zeigt und uns daran hindert, etwas sein zu wollen, was wir gar nicht sind, es desto wahrscheinlicher wird, dass wir ab und zu auch eigenbrötlerisch reagieren? Dass da aber auch die Bibel voll ist mit Beispielen von ziemlich eigenwilligen Gestalten, die Gott geliebt, geschätzt und benutzt hat, finde ich sehr tröstlich für mich. Nimmt das nicht eine große Last von unseren Schultern?

Joseph beispielsweise war ein gewiefter Strippenzieher und Mose kein großer Redner, obwohl er diesbezüglich eine Aufgabe zu erfüllen hatte, und David tötete den Ehemann seiner

Geliebten. Trotz ihrer teilweise krassen Unzulänglichkeiten haben am Ende alle etwas Gutes für die Menschheit bewirkt.

Die älteren Menschen, die mir ihre Meinungen und Geschichten mitgeteilt haben, nannten viele Beispiele dafür, dass sie sich nicht ganz konform mit den um sie herum geltenden Normen fühlten. Susanne gestand mir: „Ich habe einen tiefen Glauben und feste religiöse Überzeugungen. Ich liebe Zeiten der Stille, aber ich trinke auch gelegentlich Cocktails. Wenn ich in einer Cocktailbar unterwegs bin, lässt mich das ziemlich fromm erscheinen, während ich dafür innerhalb der Gemeinde etwas zu ‚weltlich‘ angesehen werde. Gott sei Dank kenne ich andere ‚Außenseiter‘, die gern ihre Zeit mit mir verbringen!“ Dann fügte sie hinzu: „Ein Cocktail in Ehren ist vermutlich weniger gesundheitsschädlich als die vielen Fertiggerichte bei Mitarbeitertreffen und riesigen Platten Grillfleisch, die bei Gemeindefesten aufgetischt werden, aber im Grunde ist mir das auch egal. Ich habe schon meine Eigenarten, aber mit 71 fühlt es sich gut an zu sagen, wer ich bin, mit allen Fehlern und Schwächen.“

Eine erhebliche Anzahl von Teilnehmern an meiner Umfrage äußerte auch das Empfinden, in ihre jeweilige Gemeinde oder Glaubensgemeinschaft nicht vollständig hineinzupassen. „Der christliche Glaube fühlt sich für mich zu einschränkend an, der buddhistische hingegen ist mir zu vage. Wenn ich zu den Unitariern gehe, fehlt mir die vertraute christliche Liturgie. Bei einem Quäkertreffen gibt es keine Musik. Ich versuche gar nicht mehr, mich den jeweiligen Gottesdienstformen anzupassen. Für mich fühlt es sich authentischer an, wenn ich mir die wirklich wichtigen Fragen stelle: ‚Wer oder was ist Gott eigentlich für mich?‘, oder: ‚Wie sieht praktizierte Nächstenliebe aus?‘ Je älter ich werde, desto wohler fühle ich mich damit zuzugeben, dass ich manche Dinge einfach nicht weiß oder dass ich noch dabei bin, eine Antwort zu finden."

Dieses Gefühl lässt sich aus dem religiösen Kontext auch auf die Gesellschaft übertragen. Manchmal kommen wir mit unserem „wirklichen Selbst", das sich hinter dem „angepassten Selbst" versteckt, auf ganz triviale Weise in Berührung. So etwas ist mir einmal auf einem Golfplatz passiert:

Nachdem ich lange Zeit Golf gespielt und an Turnieren teilgenommen hatte und einen ganzen Schrank voll mit passender Kleidung besaß, wurde mir in einem denkwürdigen Moment klar, wie es wirklich um mich und das Golf stand. Jahrelang hatte ich versucht, jemand zu sein, der ich gar nicht war, nur um in die soziale Golfwelt hineinzupassen, die mir gar nichts bedeutete. Natürlich halte ich mich gerne auf Golfplätzen auf, die so schön und durchdacht angelegt sind. Ich habe die (gelegentlich auftretende) Harmonie meiner Körperbewegungen genossen, wenn ich den Ball in die Fahrrinne schlug. Aber die Spielidee, einen weißen Ball in ein winziges Loch im Boden zu bugsieren und dabei die Schläge zu zählen, hat mir nie eingeleuchtet. Meistens habe ich das Zählen oder das Aufschreiben meines Punktestands vergessen. Ich habe diese Gefühle einmal während einer Schreibwerkstatt festgehalten, als uns die Aufgabe gestellt wurde, einen Artikel zu schreiben über die Frage: „Was, wenn es nicht geregnet hätte?" Mir fiel dazu folgender Moment ein:

„Wenn es nicht geregnet hätte, hätte ich womöglich nie erkannt, was ich hier eigentlich machte ... die reine Wahrheit, ohne all ihre Rechtfertigungen und Beschönigungen. Ich hätte schnell meine Golfschläger eingepackt, eine Packung

Erdnusskekse in meinen neuen Golfhandschuh gesteckt und wäre in den Klub gelaufen. Ich hätte mein bewährtes Holz 3 genommen, ein Golftee für den Abschlag in den Boden gesteckt und nervös auf einen vernünftigen Schlag auf der langen Par 5 gehofft. Aber da zog gnädigerweise ein Gewitter auf, und ich wusste, das Turnier würde verschoben.

Plötzlich spürte ich ein überwältigendes Gefühl, das mich überraschte und in Erstaunen versetzte. Ich war erleichtert. – Erleichtert, dass ich nicht antreten musste. Erleichtert, dass ich nicht den ganzen Tag damit zubringen musste, den Ball auf ein Loch zuzuschlagen. Erleichtert, dass ich nicht fünf Stunden lang Smalltalk über Pars und Birdies machen musste.

Erleichtert, dass ich nicht so tun musste, als würde mir das Spaß machen.

Warum hatte ich nie gemerkt, dass ich mir eigentlich selbst etwas vormachte? Warum spielte ich überhaupt Golf? Ich tat das schon so lange. Ich war in einem Netz von Erwartungen gefangen und ging automatisch davon aus, dass ich mich selbst dorthin begeben hatte.

Sicher, manchmal hatte ich gerne das frisch gemähte Gras unter meinen Füßen gespürt und das Gefühl genossen, wenn mein Körper einen synchronen Schwung ausführte, den harten Knall des Schlägers, wenn er den Ball richtig traf. Aber eigentlich wünschte ich mir immer schon beim achten Loch, es wäre das achtzehnte.

Deshalb freute ich mich über den Regen. Er war gekommen, um mich zu befreien und mir klarzumachen, wer ich war … und wer nicht. ‚Sei ehrlich‘, sagte ich zu mir selbst. ‚Du willst gar keine Golferin sein. Grün ist nur zufällig deine Lieblingsfarbe.‘

Ich goss mir später zu Hause eine Tasse Kaffee ein und beobachtete, wie die glitzernden Regentropfen gleichmäßig gegen die Fensterscheibe prasselten. Seufzend kuschelte ich mich in meine Wolldecke und stellte mir selbst eine sehr naheliegende Frage: ‚Was willst du eigentlich wirklich?' Nach einer kurzen Pause streckte ich den Arm nach einem dicken Buch aus, das unberührt auf dem Nachttisch lag, und schlug lächelnd die erste Seite auf."[15]

Unserem wahren Ich zu begegnen kann jederzeit passieren, überall. Oft ist die Sicht auf uns selber merkwürdig verzerrt. Ein solcher Moment, der das offenbart, ist dann so, als würde man von den eigenen Gefühlen einen Schritt zurücktreten und sich selbst in einem Zustand analysieren, der sich gerade von einem Istzustand verabschiedet und einen So-soll-es-werden-Zustand bereits willkommen heißen will.

Was uns zu einem weiteren Schritt führt, den die Selbsterkenntnis mit sich bringt: Wir haben Verantwortung für uns zu übernehmen. Denn eine reife Person zeichnet sich gerade durch die wachsende Fähigkeit aus, die Dinge nicht persönlich zu nehmen. Martha beschrieb das so: „Immer wenn meine Gefühle verletzt werden, fängt in meinem Inneren eine rote Lampe an zu leuchten – mein Ego ist in Gefahr und muss unter Kontrolle gehalten werden. Ich lasse es zu, dass die Meinungen oder das Verhalten anderer meine Stimmung und Reaktionen beeinflussen – obwohl das meist gar nichts mit *mir* zu tun hat. Jede Person hat ihren eigenen Filter, wie sie die Dinge sieht und wahrnimmt, genauso wie sie ihre ganz eigenen Probleme hat. Zum Glück bin ich nun an einem Punkt meines Lebens angekommen, an dem ich die Meinungen anderer nicht mehr zu meinem Glück brauche –

nicht einmal mehr die meiner eigenen Kinder. Natürlich wünsche ich mir, dass sie mich bestätigen, aber ich brauche sie dafür nicht mehr. Das ist für mich wie für sie eine große Befreiung."

Sind Ihre Träume wirklich schon begraben?

Wie würden Sie den Satz „Ich wollte schon immer gerne einmal ..." vervollständigen?

Als ich die Frage stellte: „Was würden Sie gerne noch tun, bevor Sie sterben?", bekam ich eine erstaunliche Vielzahl unerfüllter Träume zu hören: eine Reise in die Alpen, eine Autobiografie schreiben, Französisch lernen, sich noch einmal verlieben, den Dachboden entrümpeln, den überfüllten Terminkalender ausmisten, ...

Margarethe würde gerne noch die Familiengeschichte für ihre Enkel verfassen. Joe möchte seine Gedichte veröffentlichen. Roland wünschte sich, seine Erfahrungen in der Pflege seiner an Alzheimer erkrankten Frau weiterzugeben. Ein Kinderbuch, eine fantastische Geschichte, ein Kochbuch – so viele Träume, endlich etwas zu Papier zu bringen, sind auf dem Altar des Zauderns und der Angst vor dem Scheitern geopfert worden.

Aus eigener Erfahrung kann ich bestätigen: Ein Buch kann man nur schreiben, wenn man damit *anfängt*. Man muss es ja nicht zu Ende bringen. Schreiben Sie doch einfach mal ein Exposé. Eine Inhaltsangabe. Beschriften Sie einen Ordner („Das Buch") und sammeln Sie darin Ideen, Worte und Bilder. Schließen Sie sich einer Gruppe von Schreibenden an, in der unerfahrene Schriftsteller sich ermutigen. Außerdem werden andere Schreibende sich nicht damit zufriedengeben, dass Sie nichts vorzuweisen haben.

Noch Reisen zu unternehmen – darauf hatten im fortgeschrittenen Alter nur noch wenige Lust. Der Enthusiasmus und die Energie, unterwegs zu sein, ließen merklich nach. Eine Mehrheit wollte nur noch dann den Ort wechseln, wenn das in irgendeiner Weise Sinn machte und der äußeren eine innere Reise gegenüberstand. Sally wollte zum Beispiel nach *Machu Picchu* fahren, solange sie noch fit dazu war; Michael wollte eine Woche ins Kloster gehen, um dort seine Beziehung zu Gott zu vertiefen; Rainer träumte einfach davon, einen Mammutbaum von allen Seiten zu betrachten, auf einem Gletscher zu stehen oder einen Wal zu beobachten.

Einige meiner Interviewgäste bekundeten allerdings Interesse, an Pilgerfahrten zu heiligen Stätten teilzunehmen, zum Beispiel zu der schottischen Insel Iona, den Pyramiden von Gizeh oder Stonehenge. Einer wollte den Spuren von Paulus nach Korinth folgen. Jedenfalls wollten alle etwas erleben, was ihnen einen persönlichen Mehrwert brachte, und nicht einen Stempel im Reisepass.

Aber was ist mit den Reisezielen, die man im Alter nicht mehr erreichen kann? Für die, die ihren Wunsch nach Fernweh nicht einfach begraben wollen, denen es aber körperlich nicht mehr möglich ist, zu reisen, habe ich hier ein paar Vorschläge gesammelt, die allesamt von meinen Interviewgästen stammen:

- Sehen Sie sich einen Reisefilm oder ein Fotobuch an.
- Sprechen Sie mit Leuten, die da waren; fragen Sie nach deren Fotoalben und Reisetagebüchern.
- Fragen Sie, wie es war. Was war das schönste, was das schrecklichste Reiseerlebnis?

- Googeln Sie im Internet und drucken Sie sich die Informationen aus.
- Sehen Sie sich Reiseführer an, und stellen Sie sich vor, dass Sie sich mitten in der dargestellten Landschaft befinden.

Ich selbst habe diese Vorschläge beherzigt, als ich einen lange gehegten Reisetraum begraben musste. Sie haben mir geholfen, damit umzugehen. Viele Jahre habe ich davon geträumt, die beeindruckenden norwegischen Fjorde vom Schiff aus zu sehen und dann durchs Baltische Meer zur Hermitage von St. Petersburg zu fahren. Dort wollte ich den ganzen Tag vor Rembrandts 2,50 Meter hohem Gemälde *Die Rückkehr des verlorenen Sohnes* sitzen, genauso, wie Henri Nouwen es in seinem bewegenden Buch *dargestellt* hat.

Als es immer absehbarer wurde, dass ich eine solche Reise körperlich nicht mehr unternehmen können werde, habe ich mir den Film *The Song of Norway* (Das Lied Norwegens) gekauft und mehrmals angesehen. Jetzt lese ich Henry Nouwens *Nimm sein Bild in dein Herz* und erlebe das Rembrandt-Gemälde durch seine einfühlsamen Beschreibungen. Das ist beinahe so, als wäre ich da gewesen und hätte davorgesessen. Manchmal können wir eine Reise auch so – indirekt – erleben.

Auch der Wunsch, ein bewussteres geistliches Leben zu führen, kam in einigen Träumen vor. Gerald wollte die nächsten Jahre dazu nutzen, Kirchengemeinden organisatorisch unter die Arme zu greifen, die von der Schließung bedroht waren. Lola schwor, dass sie mehr Zeit damit verbringen würde, „in der Herrlichkeit Gottes zu baden", damit sie dieses Licht auf jeden werfen konnte, dem sie begegnete. Ben konzentrierte sich darauf, ein Vorbild und eine Vertrauensperson für seine

Enkel zu werden und denkwürdige Augenblicke mit ihnen zu erleben. Und eine große Anzahl meiner Interviewpartner erzählte mir, dass sie ganz bewusst nach Wegen suchen, nach der Anweisung zu leben, die Abraham erhalten hat:

„Ich werde dir viel Gutes tun ... Durch dich werden auch andere Menschen am Segen teilhaben.“
1. Mose 12,2

Einige der Interviewten hatten das Gefühl, ihre Träume dadurch zu sabotieren, dass sie zu viel „Ballast“ mit sich herumtrugen. Georg meinte: „Ich fürchte, meine Besitztümer haben von *mir* Besitz ergriffen, und nicht andersherum. Zu viel Zeit und Geld gehen dabei drauf, mich um meinen Besitz zu kümmern, und ich brauche ganz gewiss nicht mehr davon. Ich wünsche mir weniger Platz, weniger Dinge, einfach ein einfacheres Leben.“ Er und seine Frau haben daher die Aufgabe in Angriff genommen, Sachen auszusortieren und zu spenden. Sie sind entschlossen, nur das zu behalten, was sie wirklich brauchen und woran sie hängen.

Nicht alle Träume, die man hatte, sind eigene. Manche hat man auch einfach übernommen. Insofern drückten einige meiner Gesprächspartner ihr Bedauern aus, dass sie zeit ihres Lebens gewisse Träume gelebt hatten, die eigentlich gar nicht ihre waren. Sie taten nur so, als wären es ihre eigenen gewesen, aber in Wirklichkeit gehörten sie jemand anderem – meistens ihren Eltern. „Ich wollte so gerne Förster werden, aber ich habe mein Leben am Schreibtisch zugebracht“, erzählte mir ein Mann. „Jetzt will ich etwas davon nachholen, indem ich ehrenamtlich als Wanderführer in einem Camp für Jugendliche arbeite.“

Tom wäre am liebsten Lehrer geworden, doch er ergriff einen Beruf, in dem er mehr verdiente, um seiner Familie ein Leben in Wohlstand zu ermöglichen. Er erklärte mir dann, wie er mit diesem unerfüllten Traum Frieden schloss: „Ich suchte nach einer Möglichkeit, dieser Sehnsucht Rechnung zu tragen und sie auf andere Art auszuleben. Inzwischen gebe ich gelegentlich Vertretungsunterricht an einer Schule hier in der Nähe; ich halte auch Bibelkurse und erkläre Sozialhilfeempfängern, wie sie Bewerbungen schreiben und Formulare auszufüllen haben. Denn in meinem Herzen bin ich ein Lehrer – das ist meine eigentliche Berufung."

Lassen Sie Ihre nicht verwirklichten Träume noch einmal aufleben und entfernen Sie den Staub der Jahre! Vielleicht können Sie auf die eine oder andere Art etwas davon retten. Wählen Sie eine neue Herangehensweise. Probieren Sie Dinge einfach mal aus! Es gibt kein zu spät. Und vor allem sterben Sie nicht, bevor Sie nicht das Kreative in Ihnen entfesselt haben.

Fragen

1. Stellen Sie sich vor, Sie wären 35 Jahre alt. Was an Ihnen hat sich nicht verändert? Was hat Sie das Leben gelehrt?

2. Nennen Sie mindestens einen Zug Ihrer Persönlichkeit, der eigentlich nicht Bestandteil Ihres wahren Ichs ist.

3. Nennen Sie drei Dinge, die Ihnen wirklich wichtig sind. Was verraten diese über Sie selbst?

4. Welcher kreative Funke in Ihrem Inneren braucht ein Ventil nach draußen? Wie können Sie ihn entfachen?

5. Welche Ihrer Träume sind nie in Erfüllung gegangen? Wie könnten Sie einem solchen Traum doch noch näher kommen, auch wenn er sich nicht mehr vollständig in die Tat umsetzen lässt?

Überrascht vom körperlichen Verfall

„Oder habt ihr etwa vergessen, dass euer Körper ein Tempel des Heiligen Geistes ist ...? Ihr gehört also nicht mehr euch selbst. [...] nun dient auch mit eurem Körper dem Ansehen Gottes in der Welt."

1. Korinther 6,19–20

Nicht nur unsere Seele bedarf im fortgeschrittenen Alter unserer vermehrten Aufmerksamkeit. Auch körperlich machen sich Veränderungen bemerkbar: Manchmal wird dann aus einem Hilferuf ein gewaltiger Schrei, das Zucken zu krampfhaftem Zittern, und was mit einem Wehwehchen begonnen hat, explodiert plötzlich in einem schmerzhaften Crescendo. Dieser Körper, der uns lange gut gedient hat, verhält sich plötzlich irgendwie feindselig, und es kommt uns manchmal so vor, als wollte er einen Kampf gegen uns gewinnen. Wir fühlen uns von ihm im Stich gelassen, rebellieren und sind furchtbar frustriert, als ob eine dunkle Macht ohne unsere Erlaubnis von unseren Körpern Besitz ergriffen hätte. Manchmal erkennen wir uns selbst kaum wieder.

Ralf nahm diese Entwicklungen mit Humor. „Ich fühle mich wie ein Auto, dessen Garantiezeit abgelaufen ist und dessen Teile nun nach und nach kaputtgehen", sagte er mit unterdrücktem Kichern. Als ich jedoch Christina darauf ansprach, wie sie auf den allmählichen Verfall ihres Körpers reagierte, antwortete sie aufgeräumt: „Ich bin überrascht, dass ich mit achtzig Jahren noch so viel Durchhaltevermögen und Kraft habe. Das hätte ich nie gedacht!" Interessanterweise lässt die schwindende Kontrolle über unsere Körper uns nach etwas Ausschau halten, was stabiler ist. Wir fragen uns: „Wer bin ich, unabhängig von dieser körperlichen Hülle?" Aber ist das wirklich voneinander zu trennen? Denn wenn wir im hohen Alter mit unseren körperlichen Schwächen konfrontiert werden, wird uns ja bewusst, wie eng unsere Köpfe, Körper und Seelen miteinander verknüpft sind. Die Komplexität dieser Zusammenhänge ist erstaunlich und verwirrend zugleich. So lange konnten wir uns auf unsere Körper verlassen; aber nun, da sie unserer Kontrolle allmählich entgleiten, sehnen wir uns nach etwas anderem, das uns festen Boden unter den Füßen gibt.

Ganz gleich welche Gebrechen und Schmerzen uns heimsuchen, die schwindende Kontrolle fühlt sich bedrohlich an. Wir verlieren unsere individuelle Unabhängigkeit und bekommen Angst. Unsere genetische Veranlagung spielt plötzlich eine viel größere Rolle, als wir dachten. Und die meisten Senioren versuchen so lange wie möglich verantwortungsbewusst damit umzugehen und ihre Selbstständigkeit möglichst lange zu erhalten. Alex hat zum Beispiel stark erhöhte Cholesterinwerte. Zudem sind viele seiner männlichen Vorfahren, von denen er einiges an körperlichen Voraussetzungen geerbt haben könnte, sehr früh gestorben. Er isst daher viel Obst und Gemüse, bewegt sich täglich und ist dankbar für die Fortschritte, die die Medizin in diesem Bereich gemacht hat.

Auch ich kann meinem Erbe nicht entkommen: Meine Veranlagung zu einer vorzeitigen Glatzenbildung erkenne ich auch auf alten Fotos meiner Mutter und meiner Tanten wieder und versuche, mein dünner werdendes Haar kunstvoll über die kahlen Stellen zu kämmen. Aber irgendwann werde ich um eine Perücke nicht herumkommen.

Die etwas stärker in sich gekehrten Senioren, die ich interviewt habe, steuerten nicht nur ihr Klagen bei, sondern sie hatten auch gute Ratschläge zur Hand. Ein couragierter Senior sprach vielen anderen aus dem Herzen, als er bemerkte: „Ich will den Rest meines Lebens genießen und nicht nur noch um meine körperlichen Fehlfunktionen und Einschränkungen kreisen!" – Häufig ist es eine Gratwanderung zwischen starker Selbstbeobachtung und Nachlässigkeit, zwischen wohlmeinender Sorge und aufsteigender Panik. Es ist nicht leicht, hier das richtige Maß zu finden.

Natürlich ist dieses Bündel aus Knochen und Blut, in dem wir zu Hause sind, so gemacht, dass wir uns immer wieder damit beschäftigen. Der gesunde Menschenverstand sagt uns, dass die körperlichen Veränderungen ganz natürlich zum Alterungsprozess dazugehören, aber irgendwie überrascht es uns dann doch, wenn wir selbst plötzlich als *Betroffene* dastehen.

Wer ist das da im Spiegel?

Als ich Charlotte fragte, was sie am Älterwerden am meisten überraschen würde, lächelte sie schüchtern und sagte: „Ich habe festgestellt, dass es da eine kleine alte Dame gibt, die mit mir zu Hause wohnt, und der ich jedes Mal begegne, wenn ich in den Spiegel blicke!"

Veränderungen am äußeren Erscheinungsbild sind meist das Erste, das uns und anderen auffällt. Sie schlagen sich in Bemerkungen nieder wie: „Sie sieht wirklich noch gut aus für ihr Alter" oder „Er wirkt jetzt so kultiviert mit seinem grauen Haar". Und obwohl wir die Zahl unserer Lebensjahre bestens kennen, sind wir doch immer wieder schockiert, wenn wir vor dem Spiegel stehen. Besonders dann, wenn wir uns im Herzen noch jung fühlen.

Ist Ihnen schon einmal aufgefallen, wie Mutter Natur uns eigentlich dabei behilflich ist, diesen Wandel uns etwas angenehmer und leichter zu gestalten? – Sie ist so nett, uns unsere Sehschärfe mehr und mehr abzunehmen, sodass wir es gar nicht mehr so genau wahrnehmen können, wie wir dahinwelken. Im Badezimmerspiegel, ohne Brille auf der Nase, verschwimmen dann die Falten wie von einem sanften Weichzeichner geglättet. Doch dann geht man hin und bestellt sich eine Gleitsichtbrille – die sowohl Segen wie Fluch ist. Denn dann werden unsere Gesichter zu gestochen scharfen Straßenkarten – überall wimmelt es an winzigen Furchen und Vertiefungen. Das ist der Preis, den wir zahlen müssen, wenn wir weiterhin das Kleingedruckte lesen wollen.

Vor einigen Jahren sortierte ich meine Notizen zum Thema „Loslassen", die ich für ein Buch gesammelt hatte. Dabei stieß ich auf ein ganz unerwartetes Problem: die Schwierigkeit, das eigene, jüngere Ich loszulassen. Das Ich, von dem wir geglaubt haben, dass es immer faltenlos, geistesgegenwärtig und robust bleiben würde. In ihrem Buch *Necessary Losses* (Notwendige Verluste) schrieb Judith Viorst über das Altern:

„Es kann sich durchaus so anfühlen, als würden wir in dieser Zeit eins nach dem anderen verlieren: unsere schlanken Figuren, unsere Energie, unsere Abenteuerlust, unsere Sehschärfe ... Indem wir neue Gebrechen und Schwachstellen entwickeln, muss unsere Gesundheitsvorsorge notwendiger-

weise von Internisten, Kardiologen, Urologen, Kieferortho-
päden, Gynäkologen und Psychiatern übernommen werden,
die wir um ihre Meinung bitten ... und hoffen inständig, dass
sie uns sagen: ‚Keine Sorge, Sie leben ewig.‘"[16]

Auch Männer leiden unter dem Gefühl, körperlich abzubauen. Max gab zu, dass er entsetzt war von seinem Äußeren: von Krampfadern, Altersflecken und seinem Bauchansatz. Andere sind unglücklich, wenn sie kahl werden, und freunden sich lieber mit einem Toupet an oder einer teuren Haarersatzbehandlung als mit einer schimmernden Glatze. Und letztlich gibt es auch unter Männern mittlerweile diejenigen, die sich von der kosmetischen Chirurgie einlullen lassen. Sie beweisen damit, dass beide Geschlechter gleich eitel sein können.

Der Jugendkult beschränkt sich aber nicht nur unbedingt auf Äußerlichkeiten. Manche Senioren, Männer wie Frauen, suchen sich noch einmal jüngere Ehepartner und verhalten sich wie Siebzehnjährige oder schließen sich einfach einer Gruppe jüngerer Leute an. Andere wiederum schwelgen immer wieder in der Vergangenheit, lassen die Schulzeit Revue passieren, die Abi-Streiche oder die beruflichen Höhen und Tiefen. Ganz gleich, an welche Bilder aus der Vergangenheit wir uns klammern, immer wollen wir damit das Verrinnen unserer Zeit verlangsamen.

Für die von mir interviewten Männer war ein körperliches Problem weitaus gravierender als ihr Aussehen – die verminderte sportliche Ausdauer- und Leistungsfähigkeit. Sie klagten über den Verlust ihrer handwerklichen Geschicklichkeit, die schwächer werdende Muskelspannung und kamen alle zu dem Schluss: „Das, was ich immer gekonnt habe, klappt heute nicht mehr, und das macht mir Angst. Meine Männlichkeit leidet darunter." Wenn diese Sorge noch persönlicheren Ausdruck fand, hieß es: „Werde ich irgendwann nur noch auf dem Sofa herumliegen und gar nichts mehr tun können?" „Falle ich meinen Kindern zur Last, wenn ich mich nicht mehr alleine waschen und anziehen kann?" „Warum hat Gott das so gemacht – dieser körperliche Verfall, Schritt um Schritt, ist demütigend!"

Berts Antwort auf seine ersten körperlichen Unzulänglichkeiten war: „Das kann ich nicht akzeptieren. Ich muss meinen Körper trainieren und darf nicht aufgeben – ich werde einen Marathon laufen!" Tatsächlich wollte er sein Alter sportlich überwinden, wenn auch nicht durch Geschwindigkeitsrekorde, dann doch zumindest durch Ausdauer. Er hatte sein Leben lang Lauftraining gemacht und unterwarf sich einem harten Trainingsprogramm. Er war entschlossen, seine Leistungsfähigkeit unter Beweis zu stellen. „Das war ein riesiger Fehler", gab er zu. „Nach den ersten zwölf Kilometern signalisierte mein Körper: ‚Nein!' Ich versuchte daraufhin, mit Gott einen Handel zu machen: ‚Wenn du mich nur über die Ziellinie kommen lässt, egal in welcher Zeit, dann werde ich das *nie* wieder tun.' Als er ins Ziel taumelte, war Bruce einfach nur froh, dass er noch lebte. Er stellte fest, dass er gar kein Aushängeschild für alternde Sportler sein wollte, und schloss mit einem Lächeln: „Ich habe allerdings etwas gelernt – es gibt einen großen Unterschied zwischen Mut und Leichtsinn. Und dass ich letztlich auch nicht aus Stahl bin."

Meine Tante Judy hätte sich aus Stolz fast die Hüfte gebrochen. Obwohl sie schon über 90 war, bestand sie darauf, die Stufen zu meiner Wohnung im zweiten Stock hinaufzusteigen und nicht den Aufzug zu nehmen. Mit zusammengebissenen Zähnen schob sie sich Stufe für Stufe nach oben. Als sie endlich den zweiten Treppenabsatz erreicht hatte, weigerte sie sich weiterhin, ihre Gehhilfe zu benutzen. Ihr Körper signalisierte allerdings sehr deutlich, dass sie langsamer machen, sich am Geländer festhalten und nach dem Stock greifen sollte. Aber sie war einfach viel zu sehr davon überzeugt, sich etwas beweisen zu müssen. Als sie schließlich stolperte, konnte ich sie gerade noch packen, ehe sie fast rückwärts nach unten gestürzt wäre.

Caroline hingegen entschied sich dafür, die Signale ihres Körpers ernst zu nehmen. Obwohl sie eigentlich stets ein hyperaktives Energiebündel war, fiel sie nach ihrem sechzigsten Geburtstag jeden Tag nach dem Essen in ein Loch. Wochenlang hatte sie versucht, ihre bleierne Müdigkeit zu überwinden – ohne Erfolg. Dann entschied sie sich einfach, ihre Meinung und Taktik zu ändern und ihren Tagesablauf entsprechend anzupassen: „Ich entschied mich, mein Bedürfnis nach einer Siesta positiv zu sehen", erklärte sie. „Nun lege ich mich eben einfach ein paar Stunden hin, so wie sie es im Süden auch tun, und gebe meinem Körper, was er offensichtlich braucht – ein Mittagsschläfchen. Auch habe ich gelernt, dass mein Kopf Zeit zum Abschalten braucht, und ich lese daher nun wirklich gute Bücher, die mir das ermöglichen."

Unabhängig davon, was wir im Spiegel zu Gesicht bekommen, fordert uns unser Alterungsprozess dazu auf, unsere Vorstellung von Schönheit und äußerer Erscheinung zu überdenken. Stärke aus dem Glauben an Gott, Integrität und das gewisse Etwas besitzen auch enorme Ausstrahlung und Anziehungskraft. Und seien Sie doch mal ehrlich: Ist es nicht wirklich so, dass ein wacher, aufgeschlossener Geist und ein barmherziger Charakter oft viel schöner und attraktiver sind als jede Kosmetik?

Achten Sie auf die Signales Ihres Körpers

Die Griechen verstanden Körper und Geist als etwas voneinander Getrenntes. Von diesem Dualismus haben wir uns weit entfernt. Die älteren Menschen, die mir ihre Ansichten mitgeteilt hatten, wussten sehr wohl, dass es innere Verbindungen gibt und dass Körper, Geist und Seele eine komplexe Einheit bilden. Und in dieser Ganzheitlichkeit haben die unterschiedlichen Teile, aus denen unser Wesen besteht, eine ganz eigene Sprache entwickelt.

Unser Körper sendet uns ständig Botschaften – Warnungen, Bestätigungen und Hinweise göttlicher Führung –, die buchstäblich schöpferisch in uns hineingelegt wurden. Wenn wir diese einzigartigen Mitteilungen ignorieren, so geschieht das auf unsere eigene Gefahr.

Leider können wir diese Art der Kommunikation nicht erlernen wie Englisch, indem wir Vokabeln büffeln und Verben konjugieren. Wir verstehen die Signale unseres Körpers nur, indem wir darüber nachdenken, intuitiv hineinhören und uns selbst über einen längeren Zeitraum hinweg beobachten. Eine weitere Schwierigkeit besteht darin, dass wir nicht von einer anderen Person lernen oder uns irgendein Muster aneignen können. Die Anleitung für das Hören auf den eigenen Körper gibt es nur in einfacher Ausführung – und zwar in uns selbst.

Bevor wir dahin kommen, die größeren Signale unseres Körpers richtig zu verstehen, ist es daher wichtig, die alltäglichen Signale zu verstehen, die er uns wiederkehrend sendet. Hier ein paar Beispiele:

- Ihr Kopf schmerzt. (Habe ich mich vielleicht zu lange in einer lauten Umgebung aufgehalten?)

- Ihre Augen brennen. (Habe ich zu viel Zeit vor Bildschirmen verbracht?)
- Ihr Magen dreht sich um. (Liegt das an dem verheerenden Blutbad, das ich gerade in den Nachrichten gesehen habe?)
- Ihr Herz schmerzt. (Kann es sein, dass der Tod meines geliebten Hundes mir so nachgeht?)
- Ihr Kiefer tut weh. (Habe ich etwa die Zähne zusammengebissen, weil dieses Gespräch mir so unangenehm war?)
- Sie verspüren eine schwere Müdigkeit. (Brauche ich mehr Ruhe oder mehr Bewegung?)
- Sie lehnen sich nach vorne, laufen und atmen zu schnell. (Leide ich unter einem Getriebensein?)

Und meine persönliche Symptomatik sind sonderbare Halsschmerzen ... hier die Geschichte dazu.

Vor vielen Jahren hat mir mein Hals-Nasen-Ohren-Arzt (der zufällig auch mein Freund und Nachbar war) offenbart, an welcher Stelle mein Körper als Erstes um Hilfe schreit. Immer wenn ich sehr gestresst war (und das passierte meist vollkommen unterbewusst), tauchte ich regelmäßig in seiner Praxis auf und behauptete, ich hätte mich bei meinen Kindern mit einer Halsentzündung angesteckt und bräuchte antibiotische Behandlung. Mein Rachen tat wirklich sehr arg weh. Ich konnte kaum schlucken. Aber nachdem er mich untersucht und festgestellt hatte, dass bei mir keinerlei Infektion vorlag (natürlich glaubte ich ihm nicht), zog er ein medizinisches Ass aus dem Ärmel hervor und lehrte mich eine Lektion fürs ganze Leben. Ich werde nie seine Worte vergessen:

„Linda, Gott hat jeden von uns mit einem Stresssignal ausgestattet, damit wir merken, wenn etwas schiefläuft. Bei dir scheinen das krampfhafte Schluckbeschwerden zu sein." Als er auf eine Reihe winziger Muskeln deutete, die die Speiseröhre umschließen, fügte er hinzu: „Merk dir gut, wie sich dieser Schmerz anfühlt. Schreib es auf. Lerne es auswendig. Hör genau zu. Du musst die Gründe dafür selbst finden. Vielleicht gibt es etwas, was du nicht aussprichst, obwohl du das eigentlich tun solltest, und die Worte bleiben dir buchstäblich ‚im Halse stecken'. Vielleicht hast du Angst. Ich weiß nur eines: Wenn du lernst, diese Warnzeichen richtig zu deuten, kannst du notwendige Veränderungen in die Wege leiten, bevor dein Körper dich dazu zwingt."

Was für eine unglaubliche Wohltat war es für mich, um diesen psychosomatischen Zusammenhang zu wissen! Leider ignorieren wir dieses erstaunliche innere Frühwarnsystem immer wieder, indem wir das, was Gott auch da in unserem Körper zu unserem Wohl geschaffen hat, versuchen, intellektuell anders zu erklären. Wir wollen Probleme lieber mit dem Kopf lösen, anstatt auf unsere Herzen und Körper zu hören. Es ist scheinbar so viel einfacher, nachzudenken, zu beobachten und zu diskutieren, als sich der mühseligen Arbeit zu widmen, den lebenswichtigen Hinweisen zu folgen, die unsere eigenen Zellen uns zurufen.

Sobald Sie Ihre natürlichen, wiederkehrenden Reaktionen kennengelernt haben, die sich auch psychosomatisch auswirken können, lohnt es sich, noch einen Schritt weiterzugehen. Achten Sie ganz genau auf Ihre Reaktionen, horchen Sie auf jede Gefühlsregung, die Sie in Ihrem Körper wahrnehmen. Benennen Sie auftretende Emotionen wie Ärger, Ungeduld, Aufregung, Begeisterung, Verzweiflung, Freude, Sorge, Spannung, Unruhe. Unfreiwillig vergossene Tränen beispielsweise haben immer eine bedeutsame Ursache. Bringen Sie den Mut auf, sich zu fragen: „Was ist das da in meinem Unterbewusstsein, und warum macht es sich bemerkbar?" „Steckt hinter diesem Kopfschmerz vielleicht ein Herzschmerz?"

Solche Gefühle lassen sich am besten herausfinden, indem man sich selbst einem (täglichen) Test unterzieht. Einer ehrlichen Selbstanalyse, die alle Ereignisse und Verhaltensweisen des Tages unter die Lupe nimmt und versucht, deren Zusammenhänge und Bedeutung zu ergründen. Diese besondere Technik erleichtert es uns zu verstehen, wie wir ganzheitlich gestrickt sind.

Selbst-Test

Stellen Sie sich am Ende des Tages folgende Fragen:

- Worüber musste ich heute lächeln?
- Was hat mich heute bewegt oder gar zu Tränen gerührt?
- Was hat mich inspiriert?
- Was hat positive Auswirkungen auf mein Leben?
- Was hat negative Auswirkungen?
- Wann genau habe ich heute eine Art Energieschub erlebt?
- Was hat meine Neugier angestachelt?
- Was habe ich heute über Gott und mich Neues gelernt?

Sobald Sie Ihre Gefühle und Reaktionen kennen, können Sie mit ernsten Rückschlägen in Form innerer Widerstände rechnen. Meist fängt es mit Schuldzuweisungen und Rechtfertigungen an:

„Wenn sie das nicht gesagt hätte, wäre ich nicht so irritiert gewesen."

„Es steht mir zu, Ärger zu zeigen, nachdem sie mir das angetan hat!"

„Immer, wenn er zu spät kommt, werde ich so wütend, dass es mir den ganzen Abend verdirbt!"

Wir machen anderen Vorwürfe, verteidigen uns und verwickeln uns so in unsere Gefühle, dass wir keine klugen Entscheidungen mehr treffen können. Auf das Verhalten anderer haben wir wenig Einfluss. Wir können allerdings selber Abstand zu unseren Reaktionen halten und in Ruhe überlegen, wie wir mit den Gefühlen umgehen, die unser Körper zum Ausdruck bringt. Schließlich bringt es nichts, wenn wir den Schierlingsbecher trinken und erwarten, dass eine andere Person die Wirkung zu spüren bekommt.

In unseren Gesprächen hat Konstanze darauf hingewiesen, dass Schmerz und Widerstand häufig gemeinsam auftreten. Ihr Leben wurde stark von einer seltenen Augenerkrankung beeinträchtigt, die ihr nicht nur ihre Selbstständigkeit genommen hat, sondern ihr auch ihre liebste Beschäftigung unmöglich machte – das Lesen. Sie sagte diesbezüglich: „Immer wenn ich mit meiner Krankheit hadere oder darüber wütend werde, weil sie mich davon abhält, das zu tun, was ich gerne tun würde, lasse ich diese Gefühle voll und ganz zu – dann aber entscheide ich mich, darüberzustehen! Denn ich habe herausgefunden, dass es gesünder ist, den Widerstand abzulegen, als nur bei all den negativen Gedanken stehen zu bleiben. Anschließend schaue ich auf das, was mir immer noch möglich ist trotz all der Einschränkungen. Glauben Sie mir, der Teil von mir, der stets nach pragmatischen Problemlösungen sucht, legt wirklich eine große Kraftanstrengung hin, mit meiner Krankheit gut und gesund umzugehen."

Sie fing an, aus der Bibliothek Hörbücher auszuleihen, schaffte sich einen iPod und eine Lupe an und sang zu den Aufnahmen bekannter Lieder. Außerdem lernte sie, die selber immer großzügig zu geben bereit gewesen war, welche Hilfen sie guten Gewissens annehmen konnte, wobei sie ihre Bedürfnisse genau analysierte und nicht von anderen erwartete, dass sie ihre Gedanken lasen. Konstanze hat sich dabei auch immer auf ihren tiefen Glauben an Gott verlassen sowie auf gemeinsame Gebete mit Freunden, die ihr das Gefühl vermitteln, von Gott geliebt zu sein.

Unsere Körper leisten nicht nur Widerstand, sie geben uns auch andere Rückmeldungen. Wie fühlt es sich beispielsweise an, wenn wir unsere persönlichen Werte anderswo wiedererkennen, wenn uns etwas nahegeht und bestätigt, wer wir sind? Es gibt da keine einheitlichen Regeln. Jeder Mensch hat seine ganz eigene Definition, was seinen Körper und seine Wahrnehmung betrifft:

- ein inneres zufriedenes Seufzen
- ein Gefühl von Harmonie und Frieden
- eine Bestätigung, um die man einfach weiß
- das Gefühl, dass das Leben sanft dahingleitet
- ein freudiges Aufleuchten
- eine Welle der Euphorie
- eine entspannende Resonanz im Zwerchfell
- ein überraschendes Lächeln
- ein Gefühl ganz tief drinnen, das den gegenwärtigen Augenblick voll und ganz bejaht

Können wir unsere eigenen Körperreaktionen auch falsch verstehen? Selbstverständlich! Oder ist die Körpersprache unserer Mitmenschen immer klar und deutlich? – Nein, natürlich nicht! Gestehen wir also den Signalen unseres Körpers eine andere Bedeutung zu? – Allzu oft, indem wir nämlich dazu neigen, unser „Bauchgefühl" als unzuverlässig und unberechenbar abzutun. Damit wenden wir aber vielleicht einer der kraftvollsten Botschaften, die unser Schöpfer uns zur Verfügung gestellt hat, den Rücken zu. Ich will damit nicht sagen, dass man alles, was sich irgendwie gut anfühlt, auch in die Tat umsetzen sollte oder dass man jedes sehnsüchtige Zucken gleich für bare Münze nehmen sollte. Aber ich plädiere dafür, den Signalen unseres Körpers mehr Beachtung zu schenken, sie zu erforschen, unseren Widerstand auf manche Dinge ernst zu nehmen, unsere Resonanz auf andere Dinge zu erspüren und dann zu entscheiden, wie wir damit umgehen wollen.

Hören Sie auf das, was Ihr Körper Ihnen sagen will! Respektieren Sie es! Gehen Sie in einen inneren Austausch damit. Und staunen Sie darüber, wie sich Gottes Führung und liebevolle Fürsorge Ihnen auf diesem Weg zeigen kann.

Umgang mit Krankheit und Schmerzen

„Durch den Schmerz werden wir alle zu Theologen", schrieb Barbara Brown Taylor in ihrem Buch *An Altar in the World* (Ein Altar in der Welt). „Wer schon einmal eine Nacht lang wirkliche Schmerzen auszuhalten hatte, der weiß, wie das ein Glaubensgerüst ins Wanken bringen kann, ganz abgesehen vom Vertrauen darin, das Leben noch bewältigen zu können."[17]

Barbara war sehr daran gelegen, Schmerzen nicht zu romantisieren oder als unbedeutend abzutun. „Wenn Sie das nächste Mal Schmerzen haben", schreibt sie, „achten Sie einmal darauf, wie sich Ihre Einstellung zu Fernsehshows ändert, zu neuen Elektrogeräten, einem sauberen Haus oder Ihrer sonstigen Lebenssituation … Alles, was Sie wollen, ist ein Glas kaltes Wasser, das Ihnen jemand bringt, der alles andere für Sie liegen lässt und sich nur um Sie kümmert. Auch eine Extradecke ist vielleicht hilfreich und das schlichte Wissen, dass jemand im Haus ist, der Sie hört, wenn Sie um Hilfe rufen."[18] Sie hat ihre eigenen Erfahrungen mit Schmerzen niedergeschrieben und wendet sich dabei ab von *„dem Gott, der den Schmerz fortnimmt", hin zu „dem Gott, der bei mir blieb im Schmerz, ganz gleich, was ich gesagt habe"*[19]. Die meisten älteren Herrschaften in meinem Umkreis stimmten ihr zu.

Der Weg durch Schmerz und Krankheit steckt voller Herausforderungen. Er scheint einer bestimmten Linie bzw. einem bestimmten Ablauf zu folgen – von anfänglichem *Widerstand und Hass* auf den Schmerz über eine *Akzeptanz* und sogar *Verehrung* des Schmerzes hin zu einem letztendlichen *Fertigwerden* damit. Diese Veränderung, vom Zusammenbruch zum Durchbruch, ist besonders bemerkenswert bei Menschen, die mit chronischen Schmerzen zu leben haben.

Schmerz und Leid gehören zu unserem Menschsein dazu. Sie verkleinern unseren Radius und zwingen uns, uns auf einen bestimmten Punkt zu beschränken – und das lehnen wir natürlich zunächst einmal ab. Wer nimmt es schon freiwillig in Kauf, so eingeengt zu werden? Wir mögen das nicht, wir bitten Gott, uns das zu ersparen. Es zerstört unsere Illusion, alles im Griff zu haben. Sorgenvolle Fragen treten dann auf und treiben uns um:

„Was habe ich bloß getan, habe ich mir das etwa selber zuzuschreiben?"
„Warum habe ich nicht besser auf mich aufgepasst?"
„Wird Gott das von mir nehmen, wenn ich genug bete?"
„Was ist falsch gelaufen? Warum bloß, warum, warum?"

Oft ertönt dann, aus einem tief sitzenden Anspruchsdenken heraus, eine selbstsüchtige Stimme: „Ich habe mich mein ganzes Leben bemüht, ein guter Mensch zu sein, und das soll die Quittung dafür sein?" Und wir lösen Bibeltexte aus dem Kontext und wollen sie auf unsere Situation anwenden – „Denn die Sünde wird mit dem Tod bezahlt" (Römer 6,23) oder „Bittet, und er wird es euch geben" (Johannes 16,24) oder „Der Herr sorgt für alle, die nach seinem Wort leben. Doch wer sich ihm trotzig verschließt, der läuft in sein Verderben" (Psalm 1,6).

Diese unterbewusste Argumentation zeigt sich häufig auch bei anderen in Kommentaren, die wir am Krankenbett zu hören bekommen: „Er ist so ein wunderbarer Mann – das hat er wahrhaftig nicht verdient", oder: „Ich weiß, dass Gott ihr helfen wird; sie ist ihr Leben lang so eine fromme Frau gewesen."

Margot ging sogar so weit, sich zu fragen, ob sie eventuell einen Anteil am Ausbruch ihrer Krankheit hatte und das irgendwie selbst verursacht haben könnte. Vielleicht hatte das Leid nur zufällig zugeschlagen, ohne ersichtlichen Grund? Oder handelte es sich etwa um eine Art Unfall? Unabhängig von der Krankheitsursache reagieren wir häufig mit Schuldgefühlen und unterstellen damit eine Kontrolle über uns selbst, die wir faktisch nie besessen haben, selbst wenn in uns eine Stimme unvernünftig vor sich hin murmelt: „Vielleicht werde ich so für die fürchterliche Sache bestraft, die ich vor zwanzig Jahren angestellt habe", oder: „Wenn ich gewartet hätte, bis der Feierabendverkehr vorbei ist, wäre ich nicht in den Auffahrunfall verwickelt gewesen." Zu der Frage nach dem „Warum" kommt das weiterführende „Was wäre, wenn". Als Margot dieses Stadium ihrer Krankheit beschrieb, resümierte sie: „Mir wurde klar, dass schmerzhafte Erfahrungen einfach zum Leben dazugehören, und zwar ohne Wenn und Aber – man weiß nur nicht, *wann* es einen trifft."

Wenn wir uns durch dieses emotionale Minenfeld tasten – von einer selbstsüchtigen Egozentrik, die ganz natürlich aus dem Schmerz erwächst, hin zu den großen Fragen, warum ein solches Unheil überhaupt über gute Menschen hereinbricht, die das nicht verdient haben –, ist es eine gute Idee, behutsam und besonnen vorzugehen. Unterstellen wir nicht viel zu oft, dass gläubige Christen ihr Leid stoisch ertragen und die Zähne zusammenbeißen müssen? Belohnen wir diese unterdrückten Gefühle nicht gerne mit dem Satz „Bewundernswert – er klagt nie" oder „Wie tapfer, dass sie das ohne Schmerzmittel aushält"?

Es gibt allerdings einen Punkt, an dem Gott uns einlädt, das Unmögliche zu tun und den Schmerz mit Ehrfurcht zu betrachten. Etwas so zu heiligen bedeutet, dass man sich für die Möglichkeit öffnet, inmitten des eigenen körperlichen Verfalls eine göttliche Offenbarung zu erleben. Einen Schatz, einen Goldklumpen des inneren Wachstums – vorausgesetzt, man ist bereit, diese Sicht überhaupt so anzunehmen.

Vielleicht kann man sich das so ähnlich vorstellen wie in der biblischen Geschichte von Jakob, der mit dem Engel rang. Jakob konnte den Engel nicht gehen lassen, bevor er ihn nicht gesegnet hatte und die Bedeutung der Begegnung offenbar geworden war. Wir erinnern uns, dass Jakob aus diesem Ringkampf, der die ganze Nacht dauerte, nicht nur mit einer körperlichen Blessur hervorging – er hinkte –, sondern auch mit einem neuen Namen, einem neuen Lebenszweck und einem neuen Segen (1. Mose 32,27–28). Wir ziehen einen Gewinn aus unserem Leiden, wenn wir den Schmerz als unseren Lehrer betrachten.

Im Übrigen gibt es einen Unterschied zwischen Schmerz und Leid: Schmerz ist eine rein körperliche Angelegenheit; Leiden findet hingegen im Geist statt. Können Sie darin einen Sinn erkennen, ohne Vorurteile oder Bitterkeit? Kann diese Erkenntnis Ihnen dabei helfen, mit dem Schmerz besser zurechtzukommen?

Wenn wir der falschen Logik auf den Leim gehen und glauben, dass Gott uns etwas auferlegt, um uns geistlich wachsen zu lassen, enden wir unter Umständen in unausgesprochener Bitterkeit und mit Schuldgefühlen. Bleiben wir uns hingegen aber treu, können wir die Ursache ruhen lassen und zu der letztlichen Wahrheit stehen: „Wir wissen aber, dass denen, die Gott lieben, alle Dinge zum Besten dienen, denen, die nach seinem Ratschluss berufen sind" (Römer 8,28, LÜ).

Die Autorin Flora Wuellner hat diesen Zusammenhang in ein Bild gefasst, das mir sehr einleuchtet:

„Wenn mein Kind eine Steintreppe herunterfällt und sich ein Bein bricht, dann werde ich als guter Elternteil alles tun, was in meiner Macht steht, um diese Erfahrung zu etwas Gutem

zu wenden – ich werde ihm vorlesen, werde ihm erklären,
dass es seine Inlineskates nicht oben auf der Treppe hätte
anziehen sollen, werde es beim Gesundwerden unterstützen
und ihm meine Liebe zeigen, während es Schmerzen hat und
sich erholt. Es ist allerdings etwas vollkommen anderes, wenn
ich behaupte, dass ich als guter Elternteil dieses Kind die
Stufen absichtlich heruntergestoßen hätte, damit es all diese
wertvollen Dinge lerne!"[20]

Gott will uns lieben und bei uns sein, ganz gleich, warum wir die Stufen heruntergepurzelt sind. Es ist harte Arbeit, unseren Schmerz und unsere Einschränkungen dadurch zu würdigen, dass wir beides akzeptieren und bereit sind, zu wachsen. Denn es kann uns tatsächlich zu einem neuen Bewusstsein führen – einer größeren geistlichen Lebensqualität, selbst wenn wir nun körperlich ein eingeschränktes Leben führen.

Jim befand sich in einem frühen Stadium von Parkinson. Als er schließlich bereit war, diese Diagnose zu akzeptieren, erlebte er einige überraschende Veränderungen in seinem Glauben, wie Gott ihn durch seine Erfahrung segnete. Seine Vorstellung von Kontrolle, göttlicher Gerechtigkeit und Gottes Schutz gingen plötzlich weit über seine eigene private Welt hinaus. Er verlor das Anspruchsdenken, dass Gott ihn besser als andere behandeln sollte, und entwickelte stattdessen eine echte Solidarität mit anderen Leidtragenden. Und dies wahrzunehmen blieb kein bloßes Gedankenkonstrukt, sondern bestand aus einem ganz realen Mitgefühl. Es wurde geboren aus seinem eigenen, hautnahen Leiden. Es war wie ein Seminar in Geduld, Ausdauer und Hoffnung. Er druckte eine seiner liebsten Bibelstellen aus und stellte sie auf seinen Schreibtisch:

„Wir wissen, dass Bedrängnis Geduld bringt, Geduld aber Bewährung, Bewährung aber Hoffnung, Hoffnung aber lässt nicht zuschanden werden; denn die Liebe Gottes ist ausgegossen in unsre Herzen durch den Heiligen Geist, der uns gegeben ist."

Römer 5,3–5 (LÜ)

Einige ältere Menschen haben mir bewegende Geschichten darüber erzählt, wie sie während ihrer langen Genesungsphasen mit dem Schmerz und der Isolation ganz praktisch umgegangen sind. Viele von ihnen hatten im Voraus geplant, solange sie noch dazu in der Lage waren, anstatt passiv alles auf sich zukommen zu lassen. So erlernten einige bereits im Vorfeld neue Atem- und Meditationstechniken, die ihnen halfen, nach Operationen mit den Schmerzen zurechtzukommen. Sie ergriffen die Initiative, als sie von Freunden Hilfsangebote erhielten, indem sie ihnen ganz genau sagten, was ihnen guttat, ob es nun eine Fahrt ins Krankenhaus war, ein Einkauf oder Hilfe beim Versorgen der Haustiere. Andere machten eine Liste mit ihren Lieblingsgerichten für diejenigen, die sich bereit erklärt hatten zu kochen.

Michaela wusste, dass sie für eine lange Zeit bettlägerig sein würde, während sie sich von einem Eingriff an ihren Füßen erholte. Also versuchte sie im Voraus zu planen und aus dieser Zeit mehr zu machen als eine lange, unproduktive Phase des Wartens. Sie brachte ihre Fotoboxen zusammen, die im Lauf der Jahre Staub angesetzt hatten, kaufte Fotoalben und Zubehör. Dann erstellte sie vor der Operation eine Liste alter Freunde, die sie lange nicht mehr gesehen hatte, und schrieb sich ihre Adressen auf, damit sie sie während der Zeit, in der sie sich nicht mehr bewegen konnte, griffbereit hatte, um sie anzurufen oder einzuladen, einmal für einen Besuch vorbeizukommen. All diese Vorbereitungen halfen ihr, die Operation mit einer positiven Einstellung anzugehen, weil sie daraus buchstäblich neue Kraft schöpfen konnte.

Ein ehrgeiziger älterer Herr schaffte es, sich während seiner Bettlägerigkeit Computergrundkenntnisse an seinem Laptop anzueignen, und bat einen Freund, ihm dabei täglich eine Stunde behilflich zu sein. Er lud sogar Skype herunter (eine einfache Computeranwendung, mit der man visuell interaktiv kommunizieren kann), damit er besser Kontakt zu seinen Enkeln halten konnte, die sich im Ausland aufhielten. Eine Frau mit künstlerischen Interessen hortete Bücher und Musik-CDs, damit sie außer ihren Beschwerden etwas hatte, womit sie sich beschäftigen konnte.

Barbara Brown Taylor schrieb darüber: „Wer täglich mit Schmerzen leben muss, hat eine Beziehung, die viel Aufmerksamkeit erfordert.“[21] Ärzte und Schwestern, Freunde und Familienangehörige können uns ihre Hilfe anbieten, aber oft wissen sie gar nicht, was wir brauchen. Es ist von Vorteil, wenn wir sagen: „Würdest du mir bitte die Küchenschublade links vom Herd herausziehen und hier ans Bett stellen?“ Außerdem macht es Spaß, selber Ordnung schaffen zu können.

All diese kreativen Versuche, die Situation in den Griff zu bekommen, verraten eine innere Haltung, die die berühmten Worte der mittelalterlichen Mystikerin Juliana von Norwich aus dem vierzehnten Jahrhundert widerspiegeln: „Alles wird gut, und alle Dinge um uns herum werden auch gut sein.“[22] Es wird allerdings nicht ausbleiben, dieses „wieder gut werden“ etwas zu erweitern und neu zu definieren. Aber der feste Glaube bleibt, dass wir zwar nicht immer vollkommen gesund, aber trotzdem heil werden können.

Wie ist das eigentlich mit der Libido?

Der Philosoph Eknath Easwaran hat die Bedeutung der Libido für unser Leben klug erfasst: „Sexuelles Begehren kann sich auf verschiedene Art entladen. Wie Elektrizität kann es entweder ein Haus mit Strom versorgen oder den Bewohner erschlagen."[23]

Vielleicht überrascht es Sie, dass ich dieses Thema in einem Buch über Senioren überhaupt anspreche, aber auf eine meiner Fragen diesbezüglich habe ich ein derartiges Feedback erhalten, dass ich es ungern aussparen möchte. Als ich fragte: „Gibt es Dinge über das Altern, die Sie nie laut aussprechen würden?", stellte sich heraus, dass das große unausgesprochene Thema Sex ist.

Mehr als die Hälfte meiner Interviewpartner ließ die Frage aus oder bezeichnete sie als irrelevant. Der Erste, der mir eine vollständig ehrliche Antwort darauf gab, war ein 70-jähriger Mann, der einen verträumten Ausdruck im Gesicht hatte, als er sagte: „Ich habe nicht mehr die Hoffnung, dass im Flugzeug eine attraktive Frau neben mir sitzt." Ich musste an mich halten, als er hinzufügte: „Frauen betrachten mich jetzt eher als Vaterfigur. Das macht mich ein bisschen traurig. Nicht, dass ich dieses Interesse je ausgelebt hätte, das müssen Sie nicht meinen, aber ich mag und schätze Frauen sehr."

Lilly, 80 Jahre alt, flüsterte mir ihre Antwort auf dieselbe Frage zu: „Ich habe das noch nie jemandem erzählt, aber ich hätte gerne noch einmal Sex, bevor ich sterbe", gestand sie errötend. Die meisten, die sich zu geheimen Gedanken äußerten, nannten einen sexuellen Aspekt. Die heute ältere Generation ist mit einer strikten Tabuisierung dieses lebensbejahenden, gottgegebenen Teils unseres Menschseins aufgewachsen. Wenn jemand ein Kind erwartete, nannten unsere Großeltern das noch *in anderen Umständen sein*. Das Wort *schwanger* wurde gar nicht so häufig ausgesprochen. Allein daran lässt sich ablesen, wie anders der Umgang mit Aspekten der Sexualität war.

Die zweite Überraschung: Entgegen der landläufigen Meinung unterschieden sich die Äußerungen nicht geschlechtsspezifisch. Die Antworten von Männern und Frauen deckten das gesamte Spektrum ab, von einer quasi nicht mehr vorhandenen Libido bis hin zu einem erhöhten sexuellen Interesse. Besonders in langjährigen Ehen stellt das eine Herausforderung dar.

Eine sehr nachdenkliche Aussage kam von einer Frau Anfang 70, die die sexuelle Komponente ihrer Ehe immer sehr geschätzt hatte: „Meine Hormonproduktion ist scheinbar versiegt", sagte sie. „Mein sexuelles Interesse hat in den vergangenen Jahren stark abgenommen. Das ist seltsam, denn obwohl ... ich weniger sexuell interessiert bin, beschäftige ich mich mehr mit meinem Ehemann als je zuvor. Wir genießen unsere gegenseitige Wertschätzung und fühlen uns einander näher als damals in diesen jugendlichen, hormongesteuerten Jahren."

Andere bestätigten diese Entwicklung. Als der Sex in der Beziehung an Bedeutung verlor, erwachte das Interesse an der gemeinsam verbrachten Zeit, den gemeinsamen Hobbys, und die Kontakte zu erwachsenen Kindern und Enkeln vertieften sich. Ein allgemeiner Konsens war, dass es wichtig sei, miteinander ehrlich drüber zu sprechen, wenn ein Partner ein stärkeres Interesse an Sex hat als der andere. „Das Problem unterschiedlicher Bedürfnisse lässt sich dann regeln", sagte eine Frau, „wenn man in der Lage ist, darüber zu sprechen, ohne sich Vorwürfe zu machen – sowie die Bereitschaft, Kompromisse einzugehen, um die jeweiligen Wünsche des anderen zu berücksichtigen."

Eine allgemeingültige Regel in puncto Sexualität konnte ich bei den Senioren nicht entdecken. Als ich dachte, ich hätte eine Tendenz zum allmählichen Nachlassen der Libido ausgemacht, stieß ich auf Kommentare wie den eines Mannes in seinen Achtzigern: „Meine Frau und ich haben jetzt die befriedigendste körperliche Beziehung, die wir jemals hatten. Die Kinder sind aus dem Haus, wir kennen und lieben einander innig und erleben endlich die Freiheit, uns so aufzuführen, als wären wir in den Flitterwochen!"

Eine Meinung jedoch war durchgängig laut und deutlich herauszuhören: Die Leute genossen die Gesellschaft und Anziehungskraft des anderen Geschlechts, ganz abgesehen davon, ob es sich nun für sie auch körperlich niederschlug oder nicht. Viele Senioren entdeckten weitere Aspekte ihrer Sexualität und waren gerne in einer Beziehung. Ihre Gefühle schienen so veranlagt, dass sie Sex nicht mehr als das Wesentliche betrachteten, sondern eher als ein Sahnehäubchen, wenn alles andere stimmte wie Freundlichkeit, Geselligkeit, Wertschätzung und tiefe Zuneigung.

Viele bestätigten, dass es möglich ist, in späten Jahren etwas jugendliche Vitalität durch eine ausgeprägte, romantische Liebe zurückzugewinnen. „Nichts ist schöner als Verliebtsein – egal in welchem Alter!", bemerkte ein Senior. „Es gibt mir jedes Mal neue Energie, ein inneres Leuchten, spontane Freudenausbrüche, im Konzert neben einer Frau zu sitzen oder einfach still beieinander zu sein." Ein anderer deutete an, dass man, wenn man verliebt ist, genauso aufgeregt mit 70 wie mit 17 ist. Wann klingelt endlich das Telefon? Soll ich das blaue Kleid anziehen, das so gut zu meinen Augen passt? Soll ich mir das Wochenende frei halten, für den Fall, dass er mit mir ausgeht? Mag sie mich wirklich? Soll ich ihr Blumen mitbringen? Findet sie mich zu alt? Alle stimmten überein, dass eines trotzdem anders ist als früher. „Wenn man schon älter ist", meinte einer, „dann geht es immer auch um innere Werte. Haben wir dieselbe Wellenlänge? Können wir unsere verflossenen, geglückten oder gescheiterten Beziehungen einbeziehen und uns dabei sicher fühlen, ohne Angst vor Verurteilung? Können wir über meine Krampfadern scherzen oder über sein Doppelkinn, ohne einander zu verletzen?"

Reife Erwachsene kennen gewöhnlich den Unterschied zwischen dem romantischen Wunsch nach einem Partner und einem verzweifelten Bindungsbedürfnis. Im fortgeschrittenen Alter fühlt man sich in einer gesunden Partnerschaft gewöhnlich frei, eine Beziehung einzugehen, weil sie etwas bedeutet, und nicht, weil man sich sonst unvollständig fühlt. Eine sehr kluge Frau berichtete: „Er versteht *mich* und ich verstehe *ihn*. Das ist das Wesentliche. Wenn er dann auch noch Blumen mitbringt, dann kann das ein reizendes I-Tüpfelchen auf meinem Glück sein. Aber wir wollen uns in die Belange des anderen nicht mehr einmischen; jeder hat sein eigenes Leben. Wir sind zwei vollständig erwachsene Menschen, die gemeinsam in dieselbe Richtung blicken – und vielleicht dabei Händchen halten. Aber wir stehen Schulter an Schulter, auf Augenhöhe."

Für die Liebe ist es nie zu spät. Das Geschenk der Sexualität, das uns von unserem Schöpfer in die Wiege gelegt wurde, kann immer neue Wege finden, auch in späten Jahren noch. Ein 81-jähriger Gentleman sagte wehmütig: „Ich wünsche mir immer noch eine Partnerin, mit der ich in die letzte Runde gehen kann."

Fühlen Sie sich eingeschränkt?

Rosa ist 79, winzig und verschrumpelt wie ein Pflaume. Sie hat eine spinale Verkrümmung, die einen deutlich sichtbaren Buckel verursacht. Aber ihr Mumm und Geist scheinen dadurch so unangefochten, als wäre sie fünfunddreißig. Als wir über körperliche Einschränkungen, die wir hinzunehmen haben, sprachen, bemerkte sie lebhaft: „Meine Liebe, von Einschränkungen darf man sich aber nicht einschränken lassen!"
Was also können wir tun, wenn wir uns in Umständen befinden, die zwar nicht lebensbedrohlich sind, unser Leben aber stark verändern?
Franka bestätigte, dass Tapferkeit auch im Alter eine Tugend ist. Gerade von ihr erwartete ich einige Mut machende Ratschläge, denn sie litt seit Jahren an Rückenbeschwerden. Sie war selbst Physiotherapeutin, hatte aber die Grenzen der medikamentösen Behandlung erreicht und musste sich für den Rest ihres Lebens auf chronische Schmerzen einstellen. Die ersten Worte, die sie an mich richtete, waren: „Vielleicht wird es mit meinem Rücken nicht mehr besser, aber an meiner Einstellung kann ich noch arbeiten. Ich kann meine eigenen Klagen nicht mehr hören. Jetzt habe ich die Wahl: Entweder überlasse ich mich meinem Schmerz, oder ich finde einen Weg, wie ich ihm Einhalt gebieten kann."
Franka hat viel vor. Sie äußerte sich mit solcher Entschlossenheit, dass ich sie hier selber zu Wort kommen lassen möchte:

„Es scheint mir, dass diejenigen unter uns, die an chronischen Schmerzen leiden, im Wesentlichen zwei Möglichkeiten haben, damit umzugehen: Die eine besteht darin, sich nur noch dem Schmerz zu ergeben und mit dem Leben aufzuhören. Die andere ist, den Schmerz auszuhalten und mit ihm ins Leben hinauszugehen. Was wir auch tun, der Schmerz ist da, aber wir verpassen so viel vom Leben, wenn wir uns ihm komplett ausliefern. Anfangs müssen wir jeden Tag diese Entscheidung treffen, aber bald wird der Weg, den wir gewählt haben, zu einer Lebenshaltung, dann zu einer Gewohnheit. Wenn wir beschließen, dem Schmerz nachzugeben, wird es schwerer und schwerer, das noch einmal umzukehren. Auf der anderen Seite, wenn wir trotz der Schmerzen leben wollen, ist die Selbstaufgabe irgendwann gar keine Option mehr.

Vielleicht hatte ich Glück, weil meine Schmerzen anfingen, als ich noch in Vollzeit berufstätig war und keine großartige Alternative hatte – ich musste arbeiten gehen. Später, als ich mich frei entscheiden konnte, war die Gewohnheit, mit dem Schmerz zu leben, bereits eingerissen. Außerdem habe ich herausgefunden, dass meine Schmerzen nachlassen, wenn ich mit anderen Leuten zu tun habe, und dass ich mir nicht gerne diktieren lasse, womit ich mich beschäftigen will. Wenn der Schmerz stärker wird, setze ich trotzdem meinen Willen durch, natürlich gezügelt durch meinen gesunden Menschenverstand.

Und so entscheide ich mich jeden Tag zumindest für einen Teil des Lebens. Wenn der Schmerz überhandnimmt, fallen manche Dinge von vornherein aus, zum Beispiel das Laufen größerer Entfernungen. Aber ich kann andere Übungen machen. Außerdem sind Kurzstrecken möglich, wenn ich mich zwischendurch mal hinsetze, meinem Rücken etwas

Erholung gönne und dann weitermache. Ich reise jetzt auch anders. Ich habe nicht ganz damit aufgehört, denn wenn ich im Auto fahre, anstatt zu fliegen, kann ich meine Schaummatratzen mitnehmen. Gartenarbeit fällt zwar flach, aber im Haus geht noch so manches. Trotzdem werde ich wohl nie wieder in meinem Leben auf dem Boden knien und die Fußleisten schrubben müssen.

Das Alter hat meine Möglichkeiten natürlich weiter eingeschränkt, aber ich halte mich immer noch daran fest, dass ich frei zwischen mehreren Alternativen wählen kann. Ich entscheide eigenverantwortlich, wann der Schmerz zu stark wird und die Kosten für eine Aktion zu hoch sind. Manchmal lohnt es sich einfach nicht. Andere Dinge sind mir wichtig, auch wenn ich dabei erhebliche Schmerzen in Kauf nehmen muss. Ich träume zum Beispiel seit Jahren davon, an einer geistlichen Weiterbildung teilzunehmen, aber die zeitliche Verpflichtung bestand aus einer Woche alle drei Monate, und das über zwei Jahre hinweg. Wie sollte ich körperlich oder finanziell so weit im Voraus planen? Trotzdem habe ich mich schließlich dazu durchgerungen. Anfangs war es wirklich hart für mich – während der Vorträge sitzen zu bleiben, zum Singen aufzustehen, in einem normalen Bett zu schlafen –, aber ich habe mich immer besser darauf eingestellt, und schließlich hat es ganz gut geklappt.

Früher habe ich mir geschworen, mit meinen Schmerzen ganz alleine fertig zu werden, ohne irgendwie unterbewusst nach Sympathie oder persönlichen Zugeständnissen zu fragen. Ich habe meinen Spezialstuhl ins Auto gehievt, Heizkissen in Übergröße, Schaummatratzen und anderes notwendige Zubehör und bin drei Stunden zum Veranstaltungsort und zurück gefahren. Ohne mich zu beklagen, stand ich auf, wenn ich konnte, und setzte mich hin, wenn es sein musste. Aber die liebevolle Teilnahme der Menschen dort hat mich unterstützt und ermutigt und mir unsagbar gutgetan. Die Erfahrung hat mein Leben verändert."

Wer kreativ mit seinen Einschränkungen umgeht, so wie Franka, ändert zunächst seine Einstellung. Er betrachtet die Einschränkung als Teil seiner Realität, eine natürliche Begleiterscheinung des Lebens, und nicht als Strafe oder Last. Wenn man darüber nachdenkt, haben die meisten von uns diese Art von Einstellungsanpassung in früheren Lebensphasen schon einmal mitgemacht. Auch als unsere Kinder geboren wurden, war unsere persönliche Freiheit plötzlich stark eingeschränkt, aber wir haben trotzdem Möglichkeiten gefunden, unser Leben auf erfüllende Art zu gestalten.

Die Frage „Hat das Altern Sie zu neuen Selbsterkenntnissen geführt?" beantwortete ein über 90-jähriger Mann folgendermaßen: „Ich habe nicht gewusst, wie optimistisch ich eigentlich in Bezug auf das Leben und andere Menschen bin. Das hat sich in den letzten Jahren als unglaublich wertvoll erwiesen."

Eine Menge ehrlicher Senioren gab zu, dass sie sich bemühten, ihre Unterhaltungen über das „Zipperlein der Woche" möglichst kurz zu halten. Henry sagte: „Ich habe gelernt, dass das Leben kein ‚Orgelkonzert' ist. Wenn ich den Leuten andauernd von meinen Schmerzen und Krankheiten erzähle, langweile ich sie – sogar die anderen Alten. Meine Familienangehörigen können es nicht mehr hören, wenn ich mich darüber beschwere, was ich alles nicht mehr machen kann. Sie wünschen sich, dass ich mich darauf konzentriere, was noch geht. Vermutlich ist es eine der besten Hinterlassenschaften für unsere Kinder, wenn wir Rollenvorbilder für positives Altern sind, und darum bemühe ich mich nun sehr."

Elizabeth war schon immer ein Stehaufmännchen, und dieser Charakterzug hat ihr sehr geholfen, als sie in ihren späten Achtzigern bettlägerig wurde. Ihr Geist war nicht in gleichem Maße gealtert wie ihr Körper, und sie stellte fest, dass sie mit ihren Einschränkungen am besten leben konnte, wenn sie an einem Projekt arbeitete. Sie erkundigte sich in ihrer Kirchengemeinde nach einem Amt für Menschen, die das Haus nicht verlassen konnten, nach etwas, das sie selbst von ihrem Schlafzimmer aus ausüben konnte. Zuerst besorgte sie sich eine Liste von Gemeindemitgliedern und ließ sich all diejenigen nennen, die nicht mehr in den Gottesdienst kommen konnten. Als Nächstes fand sie alles über deren spezielle Bedürfnisse und Situationen heraus. Als sie diese Informationen hatte, versprach sie, diese Menschen einmal pro Woche anzurufen, mit ihnen zu reden, sich nach ihrem Befinden zu erkundigen und den Gemeindemitarbeitern einen kurzen Bericht zu senden. Aber für Elizabeth war das nur der Anfang. Sie kaufte mehrere Boxen mit farbenfrohen Karten und eine Menge Briefmarken, um den ans Haus Gebundenen aus der Kirchengemeinde Grußkarten zu schicken, die sie immer wieder lesen konnten. Elizabeth legte sogar ein wöchentliches Infoblättchen bei, um die Anbindung an das Gemeindeleben noch zu verbessern.

Marvins Alltag wird durch ganz andere Einschränkungen gestört. Als ich ihn interviewte, wurde schnell klar, dass er Bücher liebt – und zwar anspruchsvolle Bücher. In seinem Arbeitszimmer reihte sich ein in Leder gebundener Band an den nächsten, bis zur Decke hinauf. Er hatte keine Probleme mit seinen Augen, sagte er, aber seit einiger Zeit ließ nach ungefähr einer halben Stunde seine Konzentrationsfähigkeit nach. „Ich kann scheinbar kein Buch mehr von vorne bis hinten durchlesen", seufzte er. „Es ist, als hätte mir jemand die Fähigkeit geraubt. Ich habe lange dagegen angekämpft, aber durch reine Entschlossenheit ist dem auch nicht beizukommen. Also lese ich Zeitungen, Kurzgeschichten und Magazine, damit ich nicht so frustriert bin." Solche Veränderungen mögen manchen vielleicht belanglos erscheinen, aber wenn Gewohnheiten, die man sechzig oder siebzig Jahre lang gepflegt hat, plötzlich nicht mehr machbar sind, dann bedarf es einer beachtlichen Bereitschaft zur Akzeptanz und Flexibilität.

Angies Enkel waren ihre verkappten Engel. Jugendlich unbekümmert und begeisterungsfähig brachten sie sie dazu, auf ungewöhnliche Weise mit ihren Einschränkungen umzugehen. Ihr aktives Leben wurde durch Durchblutungsstörungen der Netzhaut und ein nachlassendes Gedächtnis immer mehr beeinträchtigt. Ständig verlor sie Dinge und suchte nach den richtigen Notizzetteln. Da kamen ihre technisch versierten Enkel eines Tages mit einem brandneuen Computer hereinspaziert, verlegten überall Kabel und stellten unmissverständlich klar, wozu der gut sein sollte: „Oma, wir müssen dir etwas Wichtiges zeigen. Dieser Computer hat eine richtig gute Suchmaschine – im Gegensatz zu dir. Sein Gedächtnis speichert alles, was du vergisst. Ihr solltet euch unbedingt miteinander anfreunden!"

Eine geistliche Übung: Atem und Gebet

Manchmal, wenn wir uns wünschen, positiv mit unseren Einschränkungen umgehen zu können, brauchen wir eine geistliche Übung, die uns dabei unterstützt. Eine der größten Herausforderungen unseres Glaubenslebens ist es, Ehrlichkeit und Hoffnung richtig auszubalancieren. „Es ist, wie es ist" – dieses Gebet hilft uns, unsere Situation mit ganzem Herzen anzunehmen, und wir erinnern uns daran, dass wir nicht allein sind.[24]

Immer, wenn Sie sich niedergeschlagen fühlen und in Selbstmitleid zu versinken drohen, atmen Sie tief ein und sagen einfach die Worte: „Es ist, wie es ist. Ich akzeptiere das." Fahren Sie fort, ein- und auszuatmen. Atmen Sie die kraftvolle Liebe Gottes ein und Ihre innere Verzweiflung aus. Dieses Gebet kann den Anstoß dazu geben, ausgehend von einem Schmerz neue Möglichkeiten zu öffnen, und Sie direkt in die Gegenwart versetzen.

Was gestern geschehen ist, können wir nicht mehr ändern, aber dieses Gebet öffnet unsere Herzen zumindest für die Hoffnung auf morgen. Das ständige Lamentieren darüber, *wie es früher war*, raubt uns nämlich die Energie, die wir brauchen, um damit klarzukommen, *wie es jetzt ist*.

Und da wir schon dabei sind, sollten wir ein Gebet anschließen, in dem wir der modernen Wissenschaft und Forschung danken, die sich im Alter von so unschätzbarem Wert erweist. Ob es nun ein Herzschrittmacher ist oder ein Hörgerät, eine Operation am Grauen Star oder eine künstliche Hüfte – mehr denn je haben wir Grund, Väterchen Zeit direkt in die Augen zu blicken und zu sagen: „Lass uns Freunde sein."

Im hohen Alter können wir deutlich erkennen, dass der Körper eben nicht nur eine Hülle ist, die unsere Seele hält. Er ist verwachsen mit dem Geist und der Seele, alles zusammen bildet ein wunderbares Geflecht. Wir sind eingeladen, uns selbst zu fragen: „Wie gehe ich mit mir um, wie nutze ich meine Möglichkeiten, wie sorge ich gut für mich, wie verstehe ich dieses Zusammenspiel am besten?" Es kann eine geistliche Überraschung sein, dass wir unsere Körper nicht nur als Last wahrnehmen.

Fragen

1. Wie hat sich Ihre Einstellung zu Ihrem äußeren Erscheinungsbild im Alter verändert?
2. Kennen Sie die typischen Stresssignale Ihres Körpers? Wie reagieren Sie darauf?
3. Sicher kennen Sie jemanden, der mit Schmerz und Krankheit auf eine realistische und Mut machende Art und Weise umgeht. Woraus schöpft er oder sie Kraft? Können Sie etwas davon für Ihr eigenes Leben übernehmen?
4. Verbringen Sie viel Zeit damit, sich darüber zu beklagen, was Sie alles nicht mehr tun können wie gewohnt? Wie reagieren andere darauf?
5. Erstellen Sie eine Liste mit Aktivitäten, die Sie immer noch genießen, und Aufgaben, die Sie noch erfüllen können.

4

Überraschendes in Beziehungen

„Ich liebe dich nicht nur für das, was du bist, sondern auch dafür, was du aus mir machst, wenn ich bei dir bin."
Unbekannt

Als Gregor über die Überraschungen nachdachte, die er beim Älterwerden erlebt, bemerkte er: „Ich habe das Gefühl, den Beziehungen mit meinen Mitmenschen mehr Aufmerksamkeit zu schenken – und zwar grundsätzlich. Die Zeit wird knapp, und ich habe keine Lust mehr, meine Zeit mit Leuten zu verschwenden, die mir nichts bedeuten und für die ich nicht wichtig bin. Ich suche daher gezielt ehrliche Freundschaften, in denen ich ganz ich selbst sein kann."

Seine Frau Donna stimmte ihm zu: „Einige meiner Freundschaften waren eher einseitig", sagte sie nachdenklich. „Natürlich ist es oft so, dass einer mehr in eine Freundschaft investiert als der andere. Aber mittlerweile kann ich damit leben, dass diese Freundschaften irgendwann enden. Und noch etwas – Menschen, die einen schlechten Einfluss auf mich haben, gehe ich aus dem Weg!"

Wenn wir im Alter eine andere Gangart einlegen, passen sich all unsere Beziehungen dieser neuen Lebensphase an, auch die zu unseren Freunden, Partnern, erwachsenen Kindern, der Welt und zu Gott. Wir freuen uns, wenn wir bei denen sein können, die wir lieben, und wir trauern um die,

die wir verlieren. Wir reagieren auf Veränderungen im Leben von anderen, so wie sie durch uns beeinflusst werden. Manche Beziehungen werden intensiver, andere lockerer. Aber eines ist sicher: Nichts bleibt, wie es ist.

Freunde, die uns guttun

„Niemand liebt mehr als einer,
der sein Leben für die Freunde hingibt."
Johannes 15,13

In unsere Familien werden wir einfach hineingeboren. Aber unsere Freunde können wir uns aussuchen! Und wie der sprichwörtliche „Balsam von Gilead" (Jeremia 8,22) tun sie unseren Seelen gut und füllen damit oft schmerzhafte Lücken, die durch den Verlust anderer und verwandtschaftlicher Bindungen entstehen. Freundschaften sind im Leben manchmal wie Joker.

George Santayana zeigt in seinen Schriften, die ich sehr schätze, wie viele Arten von Freundschaften es gibt und wie vielfältig sie sein können. Dort steht zum Beispiel, dass „Freundschaft immer die Verbindung eines Teils von uns mit dem Teil eines anderen ist; insofern sind Freunde Menschen, die Berührungspunkte haben".

- Wir führen zweckmäßige Freundschaften, weil unsere Lebenswege sich an bestimmten Punkten kreuzen.
- Wir haben gemeinsame Interessen und unternehmen bestimmte Aktivitäten zusammen.
- Wir kennen uns von früher.

- Wir sind Weggefährten, weil wir wichtige Etappen unseres Lebens gemeistert oder dort zusammengearbeitet haben.
- Wir knüpfen auch Freundschaften zwischen den Generationen, aus denen wir voneinander lernen.
- Wir haben Freunde in unserer Familie (nicht Freunde der Familie, sondern innerhalb der Familie).
- Wir haben Freunde im Glauben (Mentoren oder Seelsorger), die uns unterstützen.
- Es gibt auch Menschen, zu denen wir uns auf unerklärliche Art hingezogen fühlen, ohne selbst zu wissen, warum das so ist.
- Und wenn wir Glück haben, gibt es in unserem Leben gute Freunde, die jederzeit für uns da sind – Freunde, die wir mitten in der Nacht anrufen können, wenn wir Angst haben oder sonst wie Hilfe und Beistand benötigen.

Manchmal tappen wir im Dunkeln und brauchen jemanden, der uns die Lampe hält, bis wir sie wieder selber tragen können. Zu manchen Freunden haben wir eine größere Distanz, und sie zu uns, aber nichtsdestotrotz sind wir füreinander von großer Bedeutung.

Jana erzählte davon, wie geistig anregend sie es empfindet, Menschen um sich zu haben: „Ich merke schnell, wie ich mich in der Gegenwart bestimmter Freunde fühle und wie ich auf sie reagiere: Geht es mir nach dem Treffen mit ihnen besser oder schlechter? Habe ich Energie getankt oder bin ich erschöpft? Ermutigt oder traurig? Wenn möglich beschränke ich meine Zeit, die ich mit denen verbringe, die mich nur an den Rand drängen und meiner Seele nicht guttun, auf das Wesentliche. Das bedeutet natürlich nicht, dass ich Freunde ablehne, nur weil sie krank oder traurig sind. Dann leide ich mit – aufrichtig und echt. Ich tröste gerne die, die mich brauchen. Ich will für meine Freunde da sein. Es gibt aber auch Situationen, in denen ich ständig Worte und Meinungen schlucken muss oder versuche, etwas darzustellen, was ich gar nicht bin – Sie wissen schon, wenn man eine Freundschaft nur ‚spielt'."

Cora drückte dieses Gefühl noch einmal in einem einprägsamen Bild aus: „Wenn es geht, verzichte ich auf Beziehungen oder Situationen, die mich anöden und mir Lebensenergie rauben. Dann fühle ich mich wie eine Ente, die von einer anderen nur gepickt und gezwackt wird."

Scott erwähnte, dass Männerfreundschaften für ihn immer wichtiger werden. „Ich habe mein ganzes Leben lang hart gearbeitet und in meiner Freizeit jede Minute mit meiner Familie verbracht. Als Rentner ist es mir deshalb sehr wichtig, endlich einmal ausgedehnte Unterhaltungen mit anderen Männern zu führen und Freundschaften zu schließen."

Scotts Aussicht, die Dinge im Alter anders anzugehen, empfanden viele Senioren in einer Altersresidenz als positiv und nachahmenswert. Sie hatten das Gefühl, miteinander in einem Boot zu sitzen. „Wir gehören zusammen", bemerkte ein lebhafter Gentleman. „Natürlich bemitleiden wir uns manchmal gegenseitig, aber wir sprechen uns auch Mut zu. Und das Beste ist, dass wir uns nicht ignorieren oder wie schrullige Alte behandeln, die nur noch geduldet werden und mit denen man sich nicht mehr abgeben will!" Ein anderer fügte hinzu: „Bevor ich hierherzog, habe ich immer vor dem Fernseher gesessen, er war mein elektronischer Kumpel. Ich habe Sportsendungen geguckt, für die ich mich gar nicht interessiert habe, und (es beschämt mich, das zuzugeben) die Schauspieler meiner

Lieblingsserien waren meine einzigen Freunde. Hier habe ich Freunde aus Fleisch und Blut, und das genieße ich sehr."

Alice legte viel Wert auf Freundschaften, in denen absolut ehrlich miteinander umgegangen wird. Dazu kann ich nur mit dem Kopf nicken. Ich habe mich erst gestern Abend wieder an den Wert einer aufrichtigen Beziehung erinnert, als ich mit einer alten Freundin zu Abend gegessen habe. Während ich mich wie immer tausendfach dafür entschuldigte, dass ich mit der Abgabe meines Manuskripts so hinterherhinkte, dem Text, den Sie gerade lesen, kniff sie plötzlich die Augen zusammen und sagte heftig: „Hör auf, dich zu rechtfertigen, Linda! Du willst schon seit so vielen Jahren darüber schreiben, und jetzt hast du endlich die Gelegenheit dazu. Mach es einfach!" Und damit es jetzt nicht so aussieht, als wäre sie unfreundlich gewesen, muss ich auch noch ihr anschließendes Angebot erwähnen: „Kann ich dir irgendwie dabei helfen, dranzubleiben?"

Wir alle brauchen manchmal Freunde, die uns helfen, wenn ein Knoten gelöst werden muss. Es erinnert uns ganz unvermittelt daran, dass wir jemandem wichtig sind – manchmal sogar wichtiger als die Freundschaft. Jemand mag uns so sehr, dass er auch einmal etwas Unangenehmes ausspricht und unseren Ärger riskiert – zu unserem eigenen Besten.

Langjährige Freunde kennen oft all unsere Macken, sie wissen, wie gerne wir etwas aufschieben oder uns ablenken, und manche schrecken nicht davor zurück, uns darauf hinzuweisen. Natürlich können solche harschen Worte zwischen Freunden, gleich, ob wir sie selber aussprechen oder zu hören bekommen, nur in einer Atmosphäre gegenseitigen Vertrauens wirken, wenn wir uns füreinander öffnen. Für mich ist diese Art von Ehrlichkeit etwas äußerst Wertvolles.

Die Jahre vergehen, die Zeit wird knapper, und wir sind wählerischer, was unsere Freunde angeht, besonders in schwierigen Zeiten. Die Schauspielerin Arlene Francis hat einmal gesagt: „Wenn wir Probleme haben, dann sind diese wie ein Sieb, durch das sich unsere Bekanntschaften filtern. Nur die, die aufgrund ihrer Größe nicht hindurchpassen, bleiben dicke Freunde."

Außerdem legen wir andere Maßstäbe an unsere Freundschaften. Der kanadische Lehrer und Autor Oriah Mountain Dreamer hat das in den folgenden Auszügen aus „Die Einladung" in eine poetische Form gebracht:

Womit du dein Geld verdienst, ist mir gleich.
Doch was ist dein inneres Bestreben?
Wagst du es, deine Sehnsucht zu leben?

Dein Alter sagt mir nichts.
Aber wirst du den Narren spielen
um der Liebe willen
dir deine Träume erfüllen
deinen Hunger nach Abenteuern stillen?

Deine Sternbilder interessieren mich nicht ...
Ich frage, ob du den dunklen Grund deiner Ängste kennst
deine Lebenslügen klar benennst
oder ob du zurückschreckst und rennst
vor Angst und neuem Schmerz.

Was kannst du alles ertragen
kannst du teilen, kannst du entsagen
ohne den Schmerz zu verdrängen

ohne zu klagen
oder dich aufzuhängen?

Kannst du mit wilder Freude tanzen
ungehemmt
für dich allein oder mit anderen
bis die Ekstase aus Fingern und Zehen zuckt?
Lässt du dich ganz von ihr lenken
ohne Bedenken
kannst dich einfach verrenken
und ohne Bedauern dem Augenblick schenken?

Ob du die Wahrheit sagst, beurteile ich nicht.
Ich frage aber, ob du
andere auch mal enttäuschst
bevor du vor dir selbst wegläufst?
Ob du Vorwürfe erträgst
während du für dich selbst geradestehst?
Ob du dein Gesicht auch mal verlierst
und dir tapfer selbst in die Augen stierst?

Erkennst du die Schönheit im Alltag
die nicht glänzt
und doch erfreut?
Kannst du dein Leben damit
bereichern?

Ob du wohl mit allen möglichen Schicksalsschlägen
zurechtkommst und am Rande des Sees
dem silbernen Vollmond zurufst:
„Und dennoch!"

Ich brauche nicht zu wissen,
wo du lebst und wovon.
Aber stehst du aus tiefer Verzweiflung
wieder auf, und nach langer Trauer?
Niedergeschlagen bis auf den Grund
und kommst doch wieder zu dir
weil die Kinder dich brauchen?

Deine sozialen Kontakte sagen mir nichts
oder was du hier treibst.
Ich stelle die Frage,
ob du hier bei mir aushältst
mitten im Flammenkreis
und nicht zuckst?

Egal, was du studiert hast, mit wem und
wo auch immer.
Was ist dir wirklich wichtig,
was bleibt übrig von dir,
wenn alles andere nach und nach schwindet?

Kannst du allein sein
mit dir selbst
weißt du deine Gesellschaft zu schätzen
wenn sie dein einziger Schatz ist?[25]

Stellen Sie miteinander Ihre Partnerschaft neu auf!

Als es in meinen Gesprächen um das Ende des Arbeitsleben ging und darum, wie Ehepaare mit der im Ruhestand neu gewonnenen, gemeinsamen Zeit umgehen, wiederholte Carla einen Satz, den ich schon oft gehört habe: „Ich habe ihn geheiratet und natürlich bleibe ich bei ihm in guten wie in schlechten Zeiten – aber doch nicht den ganzen Tag!" Diese humorvolle Sichtweise soll ein wenig das Trauma beschreiben, das entsteht, wenn sich die jahre- oder jahrzehntelangen Rollen einfach in Luft auflösen. Ein Paar hat sich ein Arbeitsleben lang nach festen Mustern miteinander arrangiert – und plötzlich werden beide Partner orientierungslos. Insbesondere langanhaltende Ehen sind darauf angewiesen, dass Mann und Frau im Laufe der Jahre über ihre jeweilige Rolle miteinander sprechen. Punkte, an denen ein solches Gespräch stattfinden sollte, sind meines Erachtens …

- wenn die Flitterwochen vorbei sind und der Alltag Einzug hält.
- wenn ein Baby geboren wird und die ehemals freien Wochenenden nun strukturiert werden müssen.
- wenn Großeltern krank werden und ihre Pflege in den ohnehin schon vollen Familienkalender zusätzlich integriert werden muss.
- wenn die Kinder zu studieren beginnen und zu Hause Ruhe einkehrt.
- wenn einer der Ehepartner gesundheitliche Probleme hat und der andere die ungewohnte Rolle des Pflegers einnimmt.

- wenn beide als Ehepaar im Ruhestand plötzlich 24 Stunden täglich miteinander verbringen, und das sieben Tage die Woche.

Jeder neue Lebensabschnitt bringt neue Erkenntnisse für die Partnerschaft. Carla schüttelte frustriert den Kopf, als sie mehr von ihrem Eintritt ins Rentenalter erzählte. „Ob ich nun berufstätig war oder nicht, die Küche war immer mein Bereich gewesen, eine Art Zuflucht für mich, weil ich einfach gerne koche. Jetzt, seit Alfred zu Hause ist und so viel Zeit hat, fühlt es sich so an, als würde er mich dort belagern. Als ich ihn beim alphabetischen Ordnen meiner Gewürze erwischte, wusste ich, dass wir Probleme miteinander bekommen würden. Gott sei Dank hatten wir so viel Verstand, dass wir rechtzeitig aufhören konnten, uns zu streiten, und unsere Beziehung neu verhandelt und eingestielt haben. Es war wie ein Kampf um ein Territorium."

Solche territorialen Vorherrschaften müssen in vielerlei Hinsicht ausgefochten bzw. besprochen werden – räumlich, aber auch was Verantwortlichkeiten angeht, Intimität, Privatsphäre etc. Und dabei ist es wichtig, dass diese Gespräche klar, offen und ehrlich stattfinden – mit der Bereitschaft, flexibel zu sein und dem anderen unvoreingenommen und vorurteilsfrei zuzuhören, ohne sich zu rechtfertigen oder sich gegenseitig ins Wort zu fallen.

Meine Interviewpartner waren schnell mit Tipps zur Hand, wie man solche Probleme löst, ohne dass einer der Partner dabei gewinnt oder verliert. Hier einige ihrer Ratschläge zum Eintritt ins Rentenalter:

- Es ist immer besser, Dinge diplomatisch zu lösen, als es auf einen Machtkampf hin ankommen zu lassen.
- Machen Sie reinen Tisch! Halten Sie sich nicht mit dem auf, was der Vergangenheit angehört, und hacken Sie nicht auf dem Schnee von gestern herum! Akzeptieren Sie einander so, wie Sie jetzt sind!
- Äußern Sie sich klar und deutlich, und machen Sie keine Anspielungen, deren Sinn Ihr Partner erraten muss. Unterbrechen Sie einander nicht.
- Gestehen Sie sich Ihre eigenen Gefühle und Frustrationen ein. Verstellen Sie sich nicht! Machen Sie auch keine Vorwürfe! Benutzen Sie dazu lieber Sätze, die mit „Ich fühle mich …" als „Du gibst mir das Gefühl …" anfangen.
- Anstatt Dinge in sich hineinzufressen, die dort in aller Ruhe eitern und ihr Gift entfalten, sollten Sie Probleme zeitnah auf den Tisch bringen.
- Fangen Sie nicht ein emotionales Pingpongspiel der Vorwürfe und Rechtfertigungen an; auch wenn der andere Ihnen manchmal den Fehdehandschuh hinzuwerfen scheint, müssen Sie ihn nicht aufnehmen.
- Ein echter Kompromiss hat immer Konfliktpotenzial, aber man kann sich trotzdem treu bleiben und auch den anderen so lassen, wie er ist.
- Niemand verlangt, dass Sie mit Ihrem Partner eine Symbiose eingehen. Es tut gut, wenn jeder seine eigenen Interessen verfolgt und nur bestimmte Projekte und Aktivitäten gemeinsam stattfinden. Auch in Zukunft werden Sie zwei Individuen sein – die Hand in Hand gehen.
- Hören Sie zu – und zwar gut –, ohne vorschnell zu urteilen. Denn manchmal, wenn uns jemand wirklich zuhört, fühlt sich das genauso an, wie wenn wir geliebt werden.

Walter ist ein gutes Beispiel dafür, wie wir uns veränderten Umständen anpassen müssen. Als seine bisher gesunde Ehefrau plötzlich einen Schlaganfall erlitt, geriet sein Leben aus den Fugen. Nachdem er sich innerlich auf die neue Situation eingestellt hatte, wollte er die Rolle des Pflegers so gut und kreativ wie möglich ausfüllen. Obwohl Laura anschließend behindert war, konnte sie das Bett noch verlassen. Sie beschlossen, ihre Erinnerungen für die Enkel zu dokumentieren, sowohl schriftlich als auch mit Tonaufnahmen, und verbrachten viel Zeit damit, alte Fotoalben zu betrachten und gemeinsam in Erinnerungen zu schwelgen. Jeder von ihnen verfasste ein „emotionales Testament" in Form von Ratschlägen, Wertschätzungen und Erinnerungen, die sie an ihre Nachkommen weitergeben wollten. Sie empfanden diese gemeinsame Aufgabe als eine besondere Würdigung ihrer eigenen Vergangenheit, mit der sie eine Familientradition schaffen konnten.

Ein anderes Paar hatte sein ganzes Leben lang einen Garten bewirtschaftet und musste nun in eine kleine Wohnung in eine Altersresidenz umziehen, wo es zunächst keine Betätigung mehr für grüne Daumen zu geben schien. Aber dann verwandelten sie ihre Küchenfenster in einen wunderbaren Fensterbank-Garten, zogen dort Kräuter und Blumen, die sie täglich hegen und pflegen konnten. Sie säten und pflanzten und erfreuten sich gemeinsam daran. Bald standen auch auf den Stufen vor dem Altersheim Blumentöpfe, in denen es zu jeder Jahreszeit blühte. Sie nahmen das, was sie als Verlust empfanden, und machten daraus einen Gewinn für sich und andere,

John und Julia taten sich schwer damit, im Alter ihre Beziehung neu aufzustellen. Nachdem die Kinder in alle Richtungen fortgezogen waren und sie aufgehört hatten zu arbeiten, fanden sie sich allein in ihrem Haus wieder. Ihre gestörte Beziehung war auf einmal alles, was ihnen noch blieb. Ohne die Berufstätigkeit und die Kinder, die vieles abgepuffert hatten, blieb ihnen keine Möglichkeit mehr, sich voneinander abzulenken.

John gab zu: „Wir waren so frustriert von unserer Beziehung ... Die Atmosphäre zwischen uns war so angespannt, dass wir uns beinahe aufgegeben hätten." Über Wochen und Monate stritten sie miteinander. Julia war darauf fixiert, kompromisslos ehrlich zu sein, und ließ keine einzige irritierende Bemerkung mehr durch. Ihr Ärger über die Ungeduld ihres Ehemanns und seine geringschätzigen Kommentare hatte sich seit Jahren unter der Oberfläche bei ihr angestaut. John beschrieb, wie er zurückschlug: „Ich fühlte mich angegriffen und begann auf eine nie da gewesene Art Gift zu spucken." Ihre Schlagabtäusche waren gewaltige Explosionen, die ihre langjährige Ehe ernsthaft bedrohten.

Aber sie hielten aus, entschlossen, entweder ihre Ehe auf eine neue, ehrliche Basis zu stellen oder sich scheiden zu lassen. Nachdem sie angefangen hatten, auf beiden Seiten verletzende Worte zu gebrauchen, einigten sie sich schließlich auf einige schützende Maßnahmen. Sie gebrauchten Formulierungen wie: „Ich verlasse den Raum, wenn du so aggressiv mit mir sprichst", oder: „Denk dran, wir haben ausgemacht, dass wir uns nicht ins Wort fallen und erst zuhören." Es ist schön, berichten zu können, dass der ganze Spuk irgendwann vorbei war und sie anfingen, sich an die Dinge zu erinnern, die sie (außer fünf Kindern) gemeinsam hatten – unter anderem die Freude, beieinander zu sein. Sie zogen Bilanz und beschlossen, sich nicht auf ihre Fehler zu konzentrieren, sondern auf all das Positive. Gab es nicht immer noch vieles, was sie verband und was sie aneinander schätzten? Nachdem sie offen über ihre Frustrationen gesprochen hatten, suchten sie nach Kompromissen und echter Verbindlichkeit. Sie erinnerten sich auch wieder daran, warum sie eigentlich miteinander verheiratet waren.

Manche Geschichten enden nicht so glücklich. Es kommt auch vor, dass Paare irgendwann in diesem Prozess ehrlicher Konfrontation einfach nicht mehr genügend Gemeinsamkeiten entdecken, auf die sie ihre Beziehung neu aufbauen könnten. Aber für diejenigen, die den Schaden reparieren und ihre Ehe retten wollen, ist es das angeschlagene Selbstwertgefühl und die zerrütteten Nerven sehr wohl wert.

Vergebung und Glaube sind da zwei ganz wichtige Faktoren, wenn es darum geht, die kostbare Partnerschaft zurückzugewinnen. Sie helfen uns, unsere rebellierenden Gefühle wieder in den Griff zu bekommen.

Worüber Sie mit Ihren erwachsenen Kindern sprechen sollten – und worüber nicht

Matthias sprach es ganz unumwunden aus: „Es hat mich verwundert, dass das Wohlergehen meiner Kinder in meinem Leben für mich immer noch so zentral ist. Sollten sie mit 18 nicht selbstständig sein und auf eigenen Füßen stehen? Aber ehrlich gesagt, je älter sie werden, umso größere Probleme haben sie. Manchmal wünschte ich wirklich, sie wären wieder klein und ich könnte wie damals alles mit einem Pflaster gutmachen.“

Ein anderer Senior fügte hinzu: „Für die Kinder hört man nie auf, der Papa zu sein. Man glaubt zwar, man hätte sie ins Leben entlassen, aber das ist nur eine Illusion. Sobald sie eine Scheidung durchmachen oder in finanzielle Engpässe geraten, sind sie wieder so hilfsbedürftig wie damals im Laufstall. Dieser Instinkt, alles wieder in Ordnung zu bringen und den elterlichen Retter zu spielen, kommt über einen wie ein Orkan und übersteigt jedes Mal alle Vernunft." Nachdenklich fügte er hinzu: „Ich versuche, diesem mächtigen Elterndrang irgendwie Grenzen zu setzen. Mir fällt es unglaublich schwer zu entscheiden, wann Papa Bär aus seinem Käfig herausdarf und wann ich ihn lieber eingesperrt lasse."

Viele der von mir befragten Senioren fühlten sich im Umgang mit ihren erwachsenen Kindern ausgesprochen wohl. Sie pflegten wunderbare Freundschaften miteinander. Andererseits gaben manche auch zu, dass der Begriff „erwachsene Kinder" einen Widerspruch in sich darstellt und Anlass für viele Auseinandersetzungen ist. Selbstverständlich bleiben sie doch immer unsere Kinder, auch wenn sie bereits erwachsen sind. Allerdings sind manche Regeln, auf denen die Eltern-Kind-Beziehung beruht, nie wirklich klar definiert oder im Laufe der Jahre angepasst worden.

Paul schlug vor: „Vielleicht hilft es, wenn man sich das Wort *erwachsen* in Großbuchstaben neben ihre Fotos schreibt, besonders wenn man zusieht, wie sie ungute Entscheidungen treffen. Oder man beißt sich besser auf die Zunge, selbst wenn man innerlich aufschreien will. Oder betet darum, besser nie um Rat gefragt zu werden."

Das am häufigsten auftretende Problem, das in den Interviews mit meinen Senioren zur Sprache kam, war, diese wichtigen Beziehungen mit dem erwachsenen Nachwuchs in beidseitig wohltuende Bahnen zu lenken. Manche fühlten sich ausgenutzt – weil sie immer wieder die Enkel hüten, bei

Projekten helfen oder Finanzspritzen geben sollten. Sie waren damit konfrontiert, in den sauren Apfel zu beißen und sich abzugrenzen, auch einmal Nein zu sagen.

Andere wiederum fühlten sich zurückgewiesen und nicht gewollt. Sabine hatte während einiger Seelsorgespräche etliches durchzustehen, als sie ihre fragilen Gefühle als Mutter und Großmutter auf den Prüfstand stellte: „Ich fühlte mich ignoriert und unsichtbar", sagte sie. „Und meine Gefühle wurden immer wieder verletzt. Schließlich musste ich mich damit auseinandersetzen, dass mein fehlendes Selbstwertgefühl der eigentliche Grund dafür war, dass ich von den Kindern gebraucht werden wollte. Denn in Wirklichkeit war es für mich wichtig, dass sie nach mir riefen, und ich erwartete, dass sie meine Gesellschaft auch genossen, anstatt einfach zuzulassen, dass sie ‚ihr Leben leben'. Nun hatte ich mich also um mich selbst zu kümmern und zuzulassen, dass sie ihre eigenen Sachen machten. Aber wenn man wirklich das Bedürfnis verspürt, an ihrem Leben teilzuhaben, und sich übergangen fühlt, dann ist das schwer auszuhalten." Dann fügte sie traurig hinzu: „Es sind zwei völlig verschiedene Paar Schuhe, ob man nur geduldet oder geliebt wird. Die jungen Leute glauben, dass wir damit das Gleiche meinen, aber so ist es natürlich nicht."

Was mich weiterführt zu ihrem wertvollen Rat, wann man ihnen seine Meinung sagen sollte und wann nicht – auch wenn wir selbst manchmal glauben, genau zu wissen, was gut für sie ist. Hier eine kurze Zusammenfassung:

WANN SIE MIT DEN KINDER REDEN SOLLTEN

Dann, wenn Sie gefragt werden
Connie hat etwas Erstaunliches darüber gelernt, wie sie ihrer Schwiegertochter wirklich eine Hilfe sein kann. Da sie bei ihren Besuchen immer um jeden Preis etwas tun wollte, fegte sie nur so herein, machte die Wäsche, kochte, putzte – sie scheute weder das Schrubben des Badezimmers noch das Einräumen des Geschirrs an den „richtigen" Platz. Selbstredend, dass ihre Schwiegertochter sich dadurch unzulänglich und kritisiert fühlte, obwohl sie natürlich gleichzeitig dankbar für die Hilfe war.

Connie bemerkte aber irgendwann ihren Fehler und fing an, ihre Hilfe mit folgenden Sätzen anzubieten: „Ich habe heute viel Zeit mitgebracht. Kann ich irgendetwas für dich tun? Soll ich vielleicht mit den Kindern in den Park gehen, damit du etwas für dich machen kannst? Oder soll ich lieber das Abendessen zubereiten?" Ihre Schwiegertochter konnte jetzt frei entscheiden, an welcher Stelle und ob sie Hilfe annehmen oder ob sie Connie lieber einfach als Gast behandeln wollte.

Halten Sie sich bei Fragen des persönlichen Geschmacks zurück! Lassen Sie die Lampe da hängen, wo sie ist, solange Sie nicht nach Ihrer Meinung gefragt werden. Sortieren Sie nicht das Werkzeug in der Garage, wenn Sie nicht ausdrücklich darum gebeten werden.

Wenn Sie Anerkennung aussprechen möchten
Lob ist nie verkehrt. Verantwortungsvoll als Erwachsener zu leben, ist herausfordernd. Und wie sich das eigene Kind dabei schlägt, darf man gerne bestätigen – auch gerne des Öfteren

und aus voller Brust. Selbst wenn überall schmutzige Wäsche herumliegt und die Staubmäuse sich tummeln, kann man sagen: „Es ist schön, dass du deinen Kleinen so oft vorliest. Du bist eine gute Mutter." Oder zu dem Schwiegersohn: „Dir geht es offensichtlich gut mit deiner Frau und deinen Kindern, ihr macht so schöne Familienausflüge. Das werden sie später in Erinnerung behalten – ich bin stolz auf dich."

Die altbekannte Weisheit, „das Positive hervorzuheben", ist nach wie vor eine gute Regel, die man ruhig befolgen sollte.

Wenn Sie Hilfe anbieten möchten

Natürlich gehen wir davon aus, dass unsere Kinder sich an uns wenden, wenn sie unsere Unterstützung brauchen, aber oft kann man das auch noch einmal unmissverständlich anbieten. Wenn etwas schiefgelaufen ist oder sie einen Fehler gemacht haben, benötigen sie vielleicht auch Ermutigung. Sagen Sie das allerdings nicht zu oft, man sollte ihnen nicht ständig damit in den Ohren liegen. Wahrscheinlich genügt ein einmaliges Erwähnen.

WANN SIE BESSER SCHWEIGEN SOLLTEN

Wenn es um die Erziehung der Enkel geht

Brauchen sie Zurechtweisung oder nicht? Wie soll der Teenager gemaßregelt werden? Sofern keine Gewalt angewendet wird, sollten Sie hierüber kein Wort verlieren. Studien haben gezeigt, dass Kinder, die geliebt werden, sich bei Anwendung aller möglichen erzieherischen Methoden gut entwickeln.

Wenn Paare sich streiten

Solange es keine Szenen häuslicher Gewalt gibt, sollte man das den Betroffenen überlassen. Viele Ehen werden durch ein permanentes Einmischen der Eltern beschädigt. Bieten Sie an, mit den Enkeln ins Kino zu gehen, damit die Eltern sich aussprechen können. Beten Sie dafür, dass die Ehe gelingt. Und verhalten Sie sich so, dass Ihre Kinder neben ihren eigenen Problemen nicht auch noch durch Sie zusätzlich belastet werden.

Beim Kinderhüten

Sofern ein schlechtes Benehmen nicht unbedingt angesprochen werden muss, sollte man die Frage, ob die Enkel sich anständig aufgeführt haben, positiv beantworten. Es besteht keine Notwendigkeit, eine große Geschichte daraus zu machen, wer was getan oder gesagt hat, außer es gibt Beulen und blaue Flecke. Negative Berichte verursachen bei den Eltern schnell Schuldgefühle und hinterlassen einfach einen faden Beigeschmack, wenn Max und Moritz hinter ihrem Rücken Streiche gespielt haben.

Auch von Ihrer anschließenden Erschöpfung brauchen die Eltern nichts zu wissen. Wenn Sie nach der Rückgabe der Enkel ein kleines Nickerchen machen, ist das völlig okay. Sie müssen es aber nicht explizit betonen: „Die Kinder waren wieder so was von anstrengend! Ich bin völlig am Ende."

Wenn es Ärger gibt

Auch wenn Ihre erwachsenen Kinder Mist gebaut haben – finanziell, in der Gemeinde oder als Eltern –, halten Sie sich nach Möglichkeit mit Ihrer Kritik zurück. Egal, wie dumm oder inkompetent sie sich verhalten haben (auch, wenn Vorwürfe berechtigt wären), kommen alle besser damit zurecht, wenn diese Dinge unausgesprochen bleiben. Schließlich wollen Sie, dass Ihre Beziehung den Sturm übersteht. Warten Sie also auf den Moment, bis Sie um Rat gefragt werden.

Erst wenn der Ruf nach Mama und Papa irgendwann nicht mehr Teil unserer täglichen Kommunikation ist, werden wir frei, das in uns zu entdecken, was übrig bleibt, und die Verantwortung für das eigene Verhalten voll übernehmen. Wir Eltern wollen es so gut wie möglich machen, unsere Kinder so lieben, wie Gott es uns vormacht – ohne irgendeine Gegenleistung. Das bedeutet, dass wir nicht manipulieren, uns keinen bestimmten Ausgang wünschen und uns keine Sorgen machen: „Was aber, wenn all das nicht funktioniert? Und ich nicht das von mir erhoffte Ergebnis in der Beziehung zu meinen Kindern erreiche?" In Wirklichkeit sind unsere Bemühungen, dies zu sagen, „damit sie jenes denken" oder jenes sagen, „damit sie entsprechend aktiv werden", doch auch alles andere als produktiv.

Kontrolle ist nur eine Illusion: *Natürlich üben wir einen Einfluss aus, aber wir steuern unsere Kinder nicht.* Freiheit entsteht erst dann, wenn wir das sagen, was angemessen ist, voller Wertschätzung und Liebe. Ansonsten dürfen wir die Geschehnisse einfach getrost (auch wenn dies uns schwerfällt) denen überlassen, die es betrifft. Wenn uns das gelingt, werden wir auch sicherlich eine tiefe Freude darin spüren, was es heißt, die eigenen Kinder *bedingungslos* zu lieben.

Dass unsere Kinder eines Tages sagen: „Unsere Eltern lieben uns, aber ihr Glück hängt nicht davon ab, was wir tun", sollte eines unserer Ziele als Eltern sein. Und vielleicht ist eines der größten Geschenke, die wir unseren erwachsenen Kindern machen können, dass wir einfach unser eigenes Leben leben, ihnen in unserem Alter eine Lebendigkeit vorleben, die sie ermutigt, das eigene Altern ähnlich anzugehen wie wir. Wenn wir Gott die Sorge um unser Inneres überlassen und aus diesem von ihm gefüllten Reservoir der Liebe für sie schöpfen, können wir unseren erwachsenen Kinder vermitteln, dass es in dieser unsicheren Welt durchaus möglich ist, glücklich zu sein.

Halten Sie Erinnerungen in Ehren

„Ich danke meinem Gott, sooft ich euer gedenke."
Philipper 1,3 (LÜ)

„Die Erinnerung an jene, die wir geliebt haben, sind wie Melodien unserer Seele."
Martha Wakeley

„Sag mir, wenn ich das schon einmal erzählt habe", bat mich eine Freundin, als sie mit ihrer Geschichte anfing. Dieser Satz taucht übrigens immer öfter in Unterhaltungen auf, wenn wir älter werden. Klar, wir amüsieren uns untereinander darüber, und auch die Jungen machen sich gerne drüber lustig, wenn wir uns wiederholen. Jeder kennt die Panik, mit der wir durch unsere geistigen Akten blättern auf der Suche nach einem Wort oder einem Namen, und es fällt uns partout nicht ein, bis es bzw. er zwei Stunden später plötzlich aus dem Nichts wieder auftaucht.

Schön, wenn Sie das mit Humor nehmen können. Nur warum sollten wir unserem Gedächtnis nicht einfach noch mehr an Bedeutung zukommen lassen? Letztlich ist es für uns

Menschen doch ein sehr besonderes Geschenk. Denn obwohl gerade Senioren mit seinen Schattenseiten zu kämpfen haben, können manche es doch auch auf sehr positive Weise nutzen, indem sie nämlich ihre Erinnerungen mit Familie und Freunden teilen. Hier ein paar Beispiele:

Ethisches Grundsatztestament

Bei dieser Form des Testaments geht es nicht um Wertgegenstände, sondern Werte. Auf diese Art lassen sich Gedanken, Überzeugungen, Werte und Lebenserfahrung weitergeben, ebenso wie Hoffnungen und Träume, die man der Familie und Freunden mitteilen will. Es tut gut, bestimmte Dinge noch einmal gesagt oder verschriftlicht zu haben, bevor man aus dem Leben scheidet. In vielen Buchhandlungen gibt es entsprechende ansprechend gestaltete Bücher zu diesem Thema, die auch beim Formulieren helfen. Hier und da finden Sie auch im Internet Dokumente mit Anleitungen und Fragen, die Ihnen dabei helfen, Ihre Lebensgeschichte in eine sortierte Form zu bringen und das, was Sie zukünftigen Generationen zu sagen haben, gut auszudrücken.

Film- und Tonaufnahmen

Benutzen Sie jede beliebige Technik – Smartphones, digitale Foto- wie Filmkameras, MP3-Player mit Aufnahmefunktion, etc. –, um Ihre Erinnerungen aufzuzeichnen und gute Wünsche für die Zukunft zu formulieren. Kommentieren Sie, und erteilen Sie Ratschläge, die von Herzen kommen.

Fotobücher

Marian sammelt Bilder, die sein Leben mit den Kindern, Enkelkindern und der ganzen Familie dokumentieren. Er hat jedes Fotobuch personalisiert und mit Botschaften und Erinnerungen versehen. „Wer weiß", sagte er lächelnd. „Eines schönen Tages landet es vielleicht in der Schatzkiste meines Enkelsohns."

Ausflüge in die Vergangenheit

Jedes Frühjahr machen meine Schwestern und ich mit unseren beiden Tanten (die mittlerweile 89 und 99 Jahre alt sind) eine „Friedhofsfahrt" in den Westen von Tennessee. Mit einem Wägelchen voller Blumen besuchen wir Dutzende Gräber unserer weitverzweigten Familie, verschönern die Beete und verfolgen unsere Ahnenlinie so weit zurück, wie wir können. Wir kriegen feuchte Augen, manchmal auch vor Lachen, während wir uns die Geschichten von den „Heiligen" wie auch den „schwarzen Schafen" der Familie erzählen.

Wer Erinnerungen in Ehren hält, leistet meist eine gute Trauerarbeit. Wir drücken dadurch unsere Achtung vor denen aus, die wir geliebt und verloren haben, und denken daran, wie ihr Leben mit unserem verknüpft ist. Ob das nun Trauer involviert oder Liebe – manchmal empfinden wir sogar Wut, wenn wir Menschen weder idealisieren noch dämonisieren, sondern sie einfach so zu sehen versuchen, wie sie waren – als menschliche Mischung aus Licht und Schatten.

Es gibt ein besonderes Ritual, mit dem man das Leben eines Toten bewusst ehren kann: das sogenannte Rosenritual. Es ist eine symbolische Handlung, die folgendermaßen funktioniert: Sie kaufen eine langstielige Rose, komplett mit Dornen. Anschließend suchen Sie eine passende Stelle an einem Fluss oder an einem See. Dort zupfen Sie ein Blütenblatt ab und rufen sich dabei eine gute Erinnerung ins

Gedächtnis, während Sie das Blatt ins Wasser fallen lassen. Tauchen in Ihrem Gedächtnis dann aber unangenehme oder irritierende Bilder auf, brechen Sie einen Dorn vom Stängel ab und werfen diesen ins Wasser. Wenn die Rose ihre Blütenblätter und Dornen verloren hat, werfen Sie sie ganz ins Wasser und trennen sich so symbolisch von der toten Person. Es ist eine wunderschöne Art, das Loslassen bewusst zu gestalten und sich die Realität einzugestehen, dass die Beziehung zu und mit der Person – wie bei jeder anderen Person, da wir nun einmal Menschen sind – mit gemischten Gefühlen einherging.

Obwohl es viele gute Ratgeber über den Trauerprozess gibt, ist mir vor allem eine sehr lebendige Metapher im Gedächtnis geblieben. Sie stammt von einem Notarzt. Er vergleicht eine emotionale mit einer körperlichen Wunde und erklärt das folgendermaßen:

„Angenommen, Sie werden mit einer Schnittwunde im Arm in die Notaufnahme gebracht, die genäht werden muss … Als Arzt muss ich mich um diese Wunde kümmern, sie sorgfältig reinigen und desinfizieren sowie nach weiteren Verletzungen Ausschau halten. Dann erst kann ich sie zunähen und sie Gottes natürlichem Heilungsprozess überlassen. Der geronnene Blutschorf ist ein Beweis dafür, dass dieser Prozess begonnen hat. Natürlich mache ich nicht den Fehler, morgen schon die Fäden zu ziehen und nachzusehen, ob alles ordentlich heilt. Der Patient und ich als Arzt müssen beide darauf vertrauen, dass es funktioniert, und dann die Narbe akzeptieren."[26]

Aus seiner Sicht muss der Schmerz, der durch einen Verlust entstanden ist, ebenfalls mit Sorgfalt behandelt werden. Nur wenn wir die Trauer zulassen und uns um die emotionale Wunde kümmern, können wir uns für Gottes Heilung öffnen. Er erteilt folgenden Ratschlag: „Es ist gefährlich, sich abzulenken und den Schmerz zu überspielen. Die Trauer wird sich irgendwo anders einnisten und auf unpassende und ungesunde Art doch zum Ausbruch kommen – zum Beispiel in einer überstürzten Heirat, vielleicht durch körperliche Symptome, katastrophale finanzielle Entscheidungen und andere Auswüchse des ‚Bestimmt geht es mir besser, wenn ich …‘“.

Ich und die anderen

„Wir leben unser Leben in immer weiteren Kreisen", überlegte Charles, als er die Tugend lobte, Dinge zurückzugeben. „Wenn wir das nicht tun", warnte er im gleichen Atemzug, „kann es passieren, dass wir uns langweilen und langweilig für andere sind."

Eine erstaunliche Anzahl älterer Erwachsener drückte diese Besorgnis aus. Als sie über die Veränderungen in ihren Beziehungen und Lebensumständen sprachen, wehrten sie sich dagegen, in späteren Jahren allzu sehr um sich selbst zu kreisen. Marie gab zu: „Wenn ich nicht aufpasse, beschäftige ich mich nur noch mit mir selber – mit meinen Wehwehchen und Gebrechen, mit meinen Geldangelegenheiten, meiner Verdauung, meinen Verfallserscheinungen, meinem Tod –, und das Universum endet direkt an meiner Nasenspitze. Die Welt schrumpft, wenn ich nur noch an das denke, was *mich* und *meine* Probleme betrifft." – Pflegen wir keine Beziehungen mehr zu anderen, hört auch für uns selbst vieles auf. Das natürliche Interesse an unseren Mitmenschen endet abrupt, wenn wir egozentrisch werden.

Kümmern Sie sich um Ihre Familie
Wir müssen nicht mehr die Welt retten. James beschloss, vor seiner eigenen Haustür anzufangen; er kümmerte sich zuerst um die Mitglieder seiner Familie. „Ich wollte zunächst einmal einige Streitpunkte unter meinen Angehörigen beilegen", sagte er. „Ich habe angefangen, Kontakt mit denen aufzunehmen, die ich vernachlässigt habe oder zu denen meine Beziehung nicht gut war – ich wollte alles wieder ins Lot bringen, ehe es zu spät war. Ich habe sogar ein großes Familientreffen im Park organisiert und meine Cousins kamen von weit her. Wir haben gar nicht gewusst, dass wir so viele sind! Endlich haben wir uns wieder wie eine große Familie gefühlt."

Max war sein Leben lang ein stets beschäftigter Wirtschaftsprofessor gewesen und steckte noch voller Energie, als er emeritiert wurde. Anstatt einen Vertrag mit einer Unternehmensberatung abzuschließen, entschied er sich überraschend, all seine nun verfügbare Zeit und Energie seinen fünf Enkelkindern zu widmen. Er passte häufig auf sie auf, nahm sie mit auf Reisen, war Zuschauer bei Mannschaftsspielen und Aufführungen, verbrachte besondere Zeiten mit jedem seiner Enkelkinder und trug damit ihrer Einzigartigkeit Rechnung. Anstatt sie mit Geschenken zu überhäufen, verbrachte er mit ihnen seine *Zeit*.

„Endlich habe ich herausgefunden", sagte er lächelnd, „wie Kinder das Wort *Liebe* buchstabieren, nämlich: Z-E-I-T."

Kümmern Sie sich um Ihre Freunde

Luise, eine alleinstehende Frau, deren wenige Familienmitglieder weit entfernt wohnen, streckte ihre Fühler ganz bewusst nach ihren Freunden aus. „Ich hatte keine Lust mehr auf diese ewigen Entschuldigungen im Nachhinein, die man meist auf Beerdigungen hört: ‚Letzte Woche wollte ich sie noch besuchen, aber ich habe es einfach nicht geschafft.' Oder: ‚Ich wollte ihn schon längst anrufen, aber es lief gerade so ein netter alter Film im Fernsehen.'"

Wollen wir wirklich unsere eingefahrenen Wege verlassen, müssen wir nicht gleich den ganzen Erdball bereisen. Wir können ganz einfach damit anfangen, unserer Intuition zu folgen und den uns von Gott eingegebenen Impulsen menschlichen Mitgefühls. Plump ausgedrückt, wenn wir sagen, dass wir etwas tun wollen, dann sollten wir es auch *tun*. Aufschieberitis ist eine einfache Entschuldigung für unsere Faulheit und leere Floskeln.

Wenn wir *sagen*, dass eine Freundschaft uns etwas bedeutet, dann müssen wir uns auch dementsprechend *verhalten*. Ellen hat mir eine Unmenge darüber beigebracht, wie man Absichten auch wirklich in die Tat umsetzt. Sie ist eine jener seltenen Persönlichkeiten, die Freundschaften nicht nur als Lippenbekenntnis pflegt, sondern Nägel mit Köpfen macht. In Texas waren wir nur ein knappes Jahr lang Nachbarn, aber das hat ausgereicht, um eine Freundschaft zwischen uns entstehen zu lassen, die uns beiden sehr viel bedeutet.

Obwohl wir beide in den vergangenen zwanzig Jahren etliche Male umgezogen sind, haben wir mit Telefonanrufen, Briefen und E-Mails stets Kontakt gehalten und uns an allen möglichen Orten – von Miami bis New Mexico – getroffen, wobei wir jedes Mal eine intensive Zeit miteinander verbracht haben, die wir „Achtundvierzig-Stunden-Marathon" nannten. Unsere Freundschaft ist uns so wichtig geworden, dass wir ihr Fortbestehen längst nicht mehr infrage stellen, sondern nur noch absprechen, *wann* und *wo* wir uns das nächste Mal treffen.

Kümmern Sie sich um die Welt

„Ich kann zwar nicht die ganze Welt retten", sagte Johanna, „aber ich kann gemeinsam mit anderen daran arbeiten, dass sie ein wenig besser wird." Wenn wir allein sind, fühlen wir uns oft hilflos angesichts des Leids auf dem Globus. Aber gemeinsam können wir Berge versetzen. Wer sich selbst fit genug und gesund dafür fühlt, wird anderen gern seine Hilfe anbieten.

Viele Organisationen haben erprobte Erfolgsrezepte, wie man eine finanzielle Unterstützung aufbaut. Joan hat sich jedoch nicht damit zufriedengegeben, das herauszufinden und einen Scheck auszustellen, sondern sie half ehrenamtlich in einer Beratungsstelle für Obdachlose. Ihr ging es dabei vor allem darum, nicht nur Finanzspritzen zu geben, sondern auch Zuwendung zu spenden. Ihre Großzügigkeit und Entschlossenheit über die Grenzen ihrer eigenen Welt und Komfortzone hinaus zeugen von einer inneren Kraft, die sie jung hält.

Matthias wiederum hat eine Patenschaft für ein Kind in Kambodscha übernommen und spendet jeden Monat ein paar Dollar an eine internationale Hilfsorganisation. Und Sarah arbeitet als Nachhilfelehrerin für Mathe und Englisch an einer unterbesetzten Schule. Martha hat in ihrer Gemeinde eine Gruppe ins Leben gerufen, die sich als „Pate" der örtlichen Schule versteht. Wir können verschiedenste wohltätige

Wege finden, um die Gnade Gottes Wirklichkeit werden zu lassen. Und es ist erstaunlich, wie viel Freude es macht, wenn man uneigennützig Hilfe anbietet und ehrenamtliche Aufgaben übernimmt.

Wer über den eigenen Tellerrand hinaussieht, wird auch sehen, woran die Welt leidet, und sich für Frieden und Gerechtigkeit einsetzen. Clara beschloss, sich für soziale Gerechtigkeit einzusetzen, indem sie ehrenamtliche Tätigkeiten bei *Brot für die Welt* übernahm, während Henry seine handwerklichen Fähigkeiten zur Verfügung stellte, um Häuser für *Habitat for Humanity* zu bauen.

Viele Organisationen, die sich für soziale Belange einsetzen, sind auch auf die freiwillige Unterstützung durch ältere Mitbürger angewiesen, um überhaupt für ihre guten Zwecke tätig werden zu können.

Ich habe bei den Senioren, die bei Hilfsprojekten mitarbeiteten, eine interessante Beobachtung gemacht. Sie sprachen in gesellschaftlichem Kontext weniger von „wir gegen die". Sie fühlten sich nicht so stark von der Gesellschaft ausgeschlossen wie andere Zeitgenossen, sondern fingen an, Brücken zu bauen, statt Grenzen zu ziehen. Sie setzten auf Mitmenschlichkeit statt auf Überheblichkeit, auf Engagement statt Isolation.

Jeder, der eine echte Beziehung zu seiner inneren Seele und den darin eingebetteten gottgestifteten Werten entwickelt, bekommt größere Klarheit darüber, was wirklich im Leben zählt. Steht dem nichts mehr im Weg, kann die Liebe zur eigenen Familie, aber auch zu Freunden und in die ganze Welt hinaus wachsen. Wir empfinden tieferes Mitgefühl, aber auch mehr Dankbarkeit geht uns leichter über die Lippen als früher.

Außerdem gibt es ein Paradox: Wer Ohren hat zum Hören und ein Herz, das versteht (nach Matthäus 13,15), der weiß sicher auch: Es gibt da eine Sehnsucht in uns, die verlangt nach beidem: Zeiten der Einsamkeit und der Gemeinschaft. Denn mit der Zunahme, dass sich unsere mitmenschlichen Beziehungen verbessern, wächst auch das Bewusstsein, wie allein man letztlich selbst ist – nicht auf eine verzweifelte Art, sondern ganz realistisch betrachtet. Niemand außer Gott begleitet uns von unserer Geburt an bis in den Tod. Obwohl alle Lebewesen sich in dieser Lage befinden, muss jeder alleine auf diese Reise gehen – ohne menschliche Unterstützung. Wir sind zwar mit der Familie, Freundschaften und im sozialen Miteinander größtenteils in unserem Leben verbunden, aber am Ende haben wir Teile der Reise ohne Begleitung zu bestreiten.

Marie bezog diese Erkenntnis in ihre Antwort auf die Frage ein, was sie im Alter gerne noch erleben wollte. „Ich will Teil einer Gesellschaft sein, die Werte ganz bewusst lebt", sagte sie. „Gleichzeitig will ich mich in meiner Identität noch tiefer erkennen, wer ich eigentlich selbst bin in meiner Beziehung zu Gott." Der Schriftsteller Parker Palmer drückte das folgendermaßen aus:

„Wenn wir Einsamkeit und Gemeinschaft als Paradox leben wollen, brauchen wir ein größeres Verständnis beider Pole. Einsamkeit bedeutet nicht notwendigerweise, abgeschieden zu leben. Es heißt vielmehr, eins mit sich selbst zu sein. Auch die Abwesenheit anderer Menschen ist nicht unbedingt erforderlich – wir ruhen einfach ganz in uns selbst, ob wir nun mit anderen zusammen sind oder nicht. Gemeinschaft hingegen muss kein enges Miteinander bedeuten; es drückt eher aus,

dass wir das Bewusstsein dafür nicht verlieren, dass wir mit anderen verbunden sind. Dazu benötigen wir nicht unbedingt die Gegenwart anderer Leute – wir öffnen uns lediglich für die Möglichkeit, Beziehungen mit anderen einzugehen, ob wir nun allein sind oder nicht."[27]

Beziehungen sind anstrengend, auch im fortgeschrittenen Alter. Aber wenn man das ganze Leben betrachtet, sind sie wertvoller als alles Gold! Vielleicht sind wir mit all unserer Lebenserfahrung immer mehr dazu in der Lage, uns liebevoll mit einer Person zu beschäftigen, während wir gleichzeitig die ganze Welt umarmen.

Fragen

1. Wie hat sich Ihr Verständnis von Freundschaft während der letzten Jahre verändert? Ist die Messlatte die gleiche wie früher?
2. Wie halten Sie Freundschaften, die Ihnen wichtig sind, aufrecht?
3. Lassen Sie die Geschichte Ihrer Beziehungen mit anderen Menschen Revue passieren. Wie würden Sie die Zeiten beschreiben, in denen es darum ging, diese neu aufzustellen?
4. Wie trauern Sie um Ihre Toten? Können Sie sich vorstellen, wie Sie nach Ihrem Tod einmal betrauert und erinnert werden möchten?
5. Wie ist es derzeit um Ihre Zuwendung an andere Menschen, Familienangehörige, Freunde, an Ihre Umwelt und die Welt im Allgemeinen bestellt? Wie könnten Sie diese Bindungen stärken?

5

Geistliche Überraschungen

„Unruhig ist unser Herz, bis es ruht in dir!"
Augustinus

„Mein ganzes Leben lang habe ich auf der Kirchenbank gesessen, viel über Gott gelernt und in der Gemeinde mitgearbeitet. Immer habe ich mich bemüht, Gott zu gefallen", sinnierte Jennifer. „Ich habe alles getan, was in meinen Kräften stand, für jemanden, über den ich gelesen und von dem ich gehört hatte – dem ich aber nie persönlich begegnet bin. Während ich sozusagen die Anweisungen vom Chef entgegengenommen, ihm gehorcht und in seiner ‚Firma' einiges in Bewegung gesetzt habe, sah es immer so aus, als würde er sich in diesem abgelegenen, himmlischen Büro verschanzen. Aber jetzt wünsche ich mir noch etwas anderes. Es wäre schön, wenn er hier als mein Nachbar auf meine Etage einziehen würde, mit allem, was er hat!"

Jennifer verspürte tief in sich die Sehnsucht, nicht mehr nur über Gott nachzudenken, sondern seine Nähe wirklich zu spüren. Zu glauben und darüber nur theoretisch etwas zu wissen, scheint nur einen begrenzten Wert zu haben. Wie mal der Komiker Garrison Keillor im Spaß sagte: „Die Tatsache, dass man regelmäßig in einer Kirche sitzt, macht dich genauso wenig zum Christen wie dich zum Auto, wenn du in der Garage stehst."

Als ich die Senioren nach ihrem Glauben bzw. ganz generell nach ihren religiösen Ansichten fragte, bekam ich die erstaunlichsten Antworten. Alles schien möglich, vom Kirchenaustritt bis zum Wiedereintritt, von der Ablehnung des herkömmlichen Glaubens bis hin zu einem ganz neuen Verständnis. Einige sagten sogar, sie hätten ihr Gottvertrauen ganz verloren, andere wiederum hatten es erst jetzt im Alter gefunden. In den meisten Fällen jedoch mahnte ihr Alter sie dazu, ihr Glaubensbekenntnis und das Ausüben ihres Glaubens ehrlich zu prüfen. Ein Senior brachte es auf den Punkt: „Der Tod lässt sich nur schwer ignorieren, wenn er vor der Tür steht."

Auch der 85-jährige Daniel fand es unvermeidlich, sich kritisch mit dem eigenen Glauben auseinanderzusetzen: „Endlich brachte ich den Mut auf, mich selbst zu fragen, ob ich das alles wirklich glaubte oder ob ich nur in die Kirche gegangen war, um mich mit meinen Freunden gut zu stellen und den Kindern ein Vorbild zu sein. Jedenfalls verunsichert es mich, mir überhaupt diese Frage zu stellen."

Was die geistliche Welt betrifft, so fand ich heraus, dass viele Senioren alles sehr genau prüften, was mit Religion zu tun hatte – von einzelnen Gebeten bis zu ihren Vorstellungen von einem Leben nach dem Tod. Steven meinte: „Es gibt für mich einen Qualitätsunterschied zwischen einem kopfgesteuerten Glauben und einem Glauben aus tiefstem Herzen. Ich akzeptiere jedenfalls keine unzureichenden Antworten mehr, nur damit ich überhaupt etwas in der Hand habe."

Männer wie Frauen fortgeschrittenen Alters sehnen sich danach, Glaube und Religion als eine Art Zement zu verstehen, der ihr Leben zusammenhält und nicht nur aufgepinselte Fassade ist.

Gott und ich

„Mein Bild von Gott, das ich mir über die Jahre gemacht hatte, konnte einfach nicht mehr in den bisherigen Rahmen passen, sosehr ich es auch versuchte", erklärte Carla. „Früher sah ich Gott als fernen, strengen Vater an, dann als Freund und Begleiter sowie als fürsorgende Mutter, als mächtigen Schöpfer ... und heute? Gott kommt mir so gewaltig groß vor, dass ich ihn gar nicht fassen kann. Und gar nicht genug Namen für ihn finden kann ... Tröster, Erlöser, Friedefürst, Urquelle der Schöpfung ... Nichts reicht aus, um ihn wirklich zu beschreiben. Er ist einerseits über alles erhaben, dann wieder ganz menschlich und mir zugewandt."

Anton beschrieb sein Gottesbild, das sich verändert hatte, so: „Am Anfang hatte ich eine ganz gängige Vorstellung – ich hielt Gott für einen strengen Richter, der mir ein einfaches Ticket Richtung Himmel versprach, falls ich alles richtig machen würde. Irgendwann wurde mir aber bewusst, wie selbstsüchtig meine Motive waren. Unter dem Deckmantel meines Glaubens entdeckte ich den unausgesprochenen Wunsch, etwas zu meinen Gunsten auszuhandeln: den Himmel, meinen Seelenfrieden, einen guten Ruf – was auch immer. Inzwischen mache ich mir weniger Gedanken darüber, was ich bei Gott vielleicht bekommen kann, sondern ich frage mich, was ich ihm *geben* kann."

Auch Walters Gottesvorstellung hatte sich geändert. „Für mich ist Gott nicht mehr dieser wertende Alte, der Gebete nach eigenem Gutdünken beantwortet oder kühl ablehnt, sondern ein ganz eigener, überragender Schöpfer des Universums und all dessen, was darin lebt. Ich denke, für ein solches Mysterium kann man nichts als Liebe empfinden."

Diane stellte fest, dass ihre Beziehung zu Gott durch ihre eigene Kreativität gewachsen war. „Als ich im Alter anfing zu malen, wurde mein Gottesbild plötzlich ganz groß. Es schien mir wie ein heiliges, fortwährendes Festmahl zu sein. Etwas, das ich nicht einfangen oder bewahren konnte, das aber überall sichtbar wurde – im Lächeln eines Kindes, im eleganten Flug eines Adlers, im strahlenden Gelb der Tulpen, dem Geruch von frischem Hefebrot, in den Augen meines Mannes – alles atmet diese Heiligkeit. Es ist genau, wie jemand mal gesagt hat: Die Erde ist wirklich zum Bersten voll mit Himmlischem."

Einige fanden diesen Wandel des Gottesbilds von der menschgewordenen Person hin zu einer mystischen Omnipräsenz eher beunruhigend. „Ich wusste nicht mehr, woran ich mich festhalten sollte", sagte Susie. „Es war beängstigend, Gott überall wie einen körperlosen Geist zu spüren. Ich wollte, dass jemand mich liebt und für mich sorgt wie eine *Person*. Und als ich versuchte, all diese Dinge über die Dreieinigkeit, die mich immer verwirrt hat, zu verstehen, hatte ich einen Traum, der mir ein unglaublich friedliches Gefühl geschenkt hat:

In dem Traum besuchte mich eine unbeschreibliche Gegenwart – ein sehr angenehmes Gefühl – und sagte mir, dass ich mir keine Sorgen mehr machen und ‚mich einfach entspannen' sollte! Und dann hörte ich folgende Worte: ‚Es ist so, Susie: Gott der Schöpfer ist ein mächtiges, körperloses, kraftvolles Wesen, das alles durchdringt und lebendig macht. Gott der Sohn ist diese liebende Kraft in Person (Jesus), damit alle sehen können, wie diese Liebe aussieht. Der Heilige Geist wiederum ist die Weisheit, die fortwährende Führung, die die Menschen in sich spüren, jeden Augenblick ihres Lebens.'"[28]

Der Traum weitete Susies Verständnis von Gott, was für ihr weiteres Leben Bedeutung haben sollte.

Matthias' religiöse Erfahrung fand auf einer ganz persönlichen Ebene statt. Als er älter wurde und nachdem seine Frau an Alzheimer gestorben war, kam es ihm vor, als ob Jesus auf Schritt und Tritt bei ihm war und ihm Trost und Mut zusprach. „Ich habe mich Gott näher gefühlt als je zuvor in meinem Leben", sagte er mit einem zuversichtlichen Lächeln, „und Jesus ist mir so vertraut, als wäre er mein Bruder."

Etliche Senioren waren allerdings auch unsicher, wer genau Gott ist, und versuchten sich mit dieser mysteriösen Ungewissheit anzufreunden. Edgar zum Beispiel sagte: „Meine Lebenserfahrung hat mich gelehrt, dass die Religion – oder Gott – eher im alltäglichen Leben zu finden ist als in abstrakten Rätseln. Obwohl es so viele Gegenbeweise gibt, glaube ich immer noch, dass hinter allem ein wohlmeinender Wille steht … dass da oben jemand ist, der uns wirklich liebt. Ich bin nicht sicher, was für ein Wesen das sein könnte, und kann seine Existenz natürlich nicht beweisen, aber ich habe ein uneingeschränktes Vertrauen."

Manchmal führte die Suche nach religiöser Gewissheit auch in tiefe Zweifel. „All das Leid in der Welt lässt mich an der Liebe und Gnade Gottes zweifeln", gab ein früherer Pfarrer zu. „Ich wünsche mir ein Zeichen, dass Gott es gut mit uns meint und eine Erklärung liefert, warum das Universum so viel Schreckliches beinhaltet."

Genau das Gegenteil sagte Luise, und zwar mit folgender Metapher: „Ich sehe das Leben nicht als brutales ‚Ausbildungslager', sondern eher als eine Charakterschule, die uns schleift und mit der Zeit unseren guten Kern freilegt. Natürlich werden wir aus dieser Schule nie entlassen …"

Jim betonte in seiner Beziehung zu Gott vor allem das Gefühl von Freiheit. „Mein Verhältnis zu Gott ist authentischer als je zuvor", erklärte er, „seit mir klar geworden ist, dass ich keine Kompromisse zu machen brauche, wenn es darum geht, wer ich wirklich bin, und dass ich kein anderer werden muss. Ich fühle mich geliebt und weiß, dass mir vergeben wurde – mit all meinen Schwächen. Wer gut ist, darf trotzdem zu seinen Fehlern stehen, das ist kein Widerspruch."

Jim hatte eigentlich ein für ihn passendes Bild für Gott finden wollen und war abgeschweift. „Ich bin sicher, dass man ihn nicht sehen kann", betonte er. „Ich würde nicht einmal sagen, dass er aus einer schöpferischen Kraft besteht. Ich glaube, für Gott gibt es einfach keine Worte. Und irgendwie finde ich das tröstlich. Es gibt keine mathematische Formel, keinen Beweis, keine intellektuell befriedigende Erklärung – also muss er irgendwie größer sein als alles, was vor mir, nach mir, ein Teil von mir oder vom großen Ganzen ist. Ehrlich gesagt, ich habe es aufgegeben, das begreifen zu wollen."

Matthias sprach davon, dass er ein „inneres Königreich" entdeckt habe. „Ich denke nicht länger, dass Gott etwas *außerhalb* ist oder jemand, der das, was ich tue, beurteilt. Wenn Jesus sagt, dass ‚Gott in uns wohnt', gibt mir das einen Vorgeschmack auf dieses Mysterium – das Reich Gottes, das in der Bibel so oft erwähnt wird. Schließlich wurde ich nach Gottes Ebenbild erschaffen … bedeutet das nicht, dass in mir zumindest ein kleiner, göttlicher Funke ist?"

Am häufigsten wurde Gott jedoch als Licht beschrieben – nicht persönlich, aber durchdringend; kein Lebewesen, sondern das Sein als solches, das Pflanzen und Menschen gleichermaßen lebendig macht. Und ich war überrascht, dass trotz der unvermeidlichen Gedanken an den Tod viele

Senioren ein tiefes Vertrauen besaßen, das ihre Ängste abmilderte.

Im Laufe dieser Interviews bemerkte ich irgendwann, dass es noch weitere Aspekte des sich wandelnden Gottesbilds gab. Muster, die den verschiedenen Beschreibungen zugrunde lagen. Zwischen dem wachsenden Selbstverständnis und dem Herausbilden eines erweiterten Gottesbegriffs schien eine geheimnisvolle Verbindung zu bestehen. Die Beschäftigung mit der eigenen Seele schlug Funken und wirkte sich auf die Beziehung zu diesem höheren Wesen aus, von dem unsere Seelen durchdrungen sind. Etwas anderes, jemand anders lebt, eine großartige Präsenz, klüger, tapferer und liebevoller als unsere eigenen, eingeschränkten Wenigkeiten. Diese göttliche Stimme klopft an in unserem Herzen, drängt uns leise zu Einsichten und Herausforderungen und dahin, Gutes zu tun, indem sie uns hilft, unsere wahren Persönlichkeiten mit dieser Präsenz in Einklang zu bringen.

Dieses immer größer werdende Bild Gottes sprengt jeden Begriff, mit dem wir es auszudrücken versuchen. Es lässt sich nicht definieren. Die Wirkung dieses Bewusstwerdens ist erstaunlich: Wir fühlen uns als Partner, übernehmen Verantwortung für unser geistliches Wachstum, empfinden Gott mehr als Freund denn als dominierende Macht und möchten am liebsten der Gemeinschaft noch einen Dienst erweisen.

Weitet sich unser Bild von Gott, dann ist er mehr als bloß ein Herrscher, der zu fürchten und dem zu gehorchen ist. Diejenigen, die Gott bisher nur als den Allmächtigen gesehen hatten, der alles mit einem Blinzeln seines göttlichen Augenaufschlags geschehen lässt, waren ängstlich, zu schnellen Urteilen bereit und unterwürfig. Alles in ihrem Leben schien von Gott abzuhängen, als befänden sie sich in einer Beziehung mit jemandem, vor dem sie Angst hatten, und sie fühlten sich hilflos angesichts des Willens dieses mächtigen Gottes.

Diejenigen hingegen, die sich Gottes Kraft als etwas Wunderbares vorstellten, hatten ein besseres Verständnis dafür, den freien Willen auszuleben – das erstaunliche Bewusstsein, dass wir unser eigenes Leben mithilfe unserer Begabungen meistern können. Wir haben es immer in der Hand, wie wir auf die Dinge reagieren, die uns zustoßen, auch wenn es manchmal so scheint, als sei alles vorherbestimmt.

Wenn wir all das berücksichtigen, liegt die tiefere Bedeutung von Glauben vielleicht nicht mehr darin, Antworten auf unsere Befürchtungen zu finden, sondern unsere Angst in Ehrfurcht zu verwandeln.

Denken Sie neu über Ihre Gebete nach

Das Gebet scheint eins der Dinge zu sein, die Gott in uns Menschen angelegt hat. Wenn wir überschwängliche Freude empfinden, dann verspüren wir tief in uns den Impuls, „Danke" zu sagen. Und bei schrecklichen Erlebnissen rufen wir instinktiv um Hilfe und schicken ein Stoßgebet gen Himmel. In jeder Kultur ist das so: Derwische wirbeln herum, es wird für Regen getanzt, Büßer fallen auf ihre Knie. Allerdings gaben viele Senioren zu, dass sie sowohl Kraft wie auch Herausforderungen beim Beten erleben würden:

„Ich erwarte von Gott weniger als früher", sagte Karin. „Ich stelle mir ihn nicht mehr wie einen persönlichen Diener vor, der mir meine Wünsche erfüllt, wenn ich nur genug bete und mich gut benehme. Das scheint mir aus heutiger Sicht ziemlich arrogant ... Beten bedeutet viel mehr. Oder beweist man etwa viel Vertrauen, wenn man ständig um etwas bettelt?"

Richard sprach von seinem Grundvertrauen: „Ich bete nicht mehr dafür, dass Gott bei mir sein soll, weil mir das inzwischen ganz selbstverständlich ist ... Gott ist immer bei uns. Ich bete, dass ich mich für seine göttliche Gegenwart öffnen kann, ganz gleich, was passiert. Jesus hat auch nicht immer das bekommen, was er sich gewünscht hat. Als er im Garten Gethsemane darum bat, dass ‚er diesen Kelch von ihm nehme' (Lukas 22,42), wurde er trotzdem gekreuzigt. Aber Gott blieb die ganze Zeit bei ihm, sogar am Kreuz. Meine Gebete zielen weniger darauf ab, dass Gott die Dinge für mich verändert, sondern eher darauf, dass Gott mich ändert, damit die Liebe durch mich hindurchfließen kann, ganz gleich, was passiert."

Gebete tun unserer Beziehung zu Gott gut. Und dabei geht es mehr um die Beziehung zu Gott als um die erhörten Ergebnisse. Diesen Eindruck teilen viele ältere Menschen. Als bei Edgar eine lebensbedrohliche Herzschwäche festgestellt wurde, überlegte er: „Ich hatte gemischte Gefühle, als all diese Leute für meine Genesung gebetet haben. Obwohl ich natürlich dankbar dafür war, hat mir vor allem ihre liebevolle Zuwendung gutgetan. Denn in mir sagte eine nüchterne Stimme: ‚Wenn alle, für die auf unserem Planeten gebetet wird, überleben, dann gibt es eine furchtbare Überbevölkerung!' Das will man sich gar nicht vorstellen. Das Schöne an den Gebeten ist eigentlich die Liebe, die dadurch ausgedrückt wird."

Einer der nachdenklichsten Kommentare über das Beten kam von Betty, einer lebhaften, energischen 72-jährigen Frau, die an einer schweren Augenkrankheit litt. „Ich bin mein ganzes Leben lang gesund gewesen und sicher nicht daran gewöhnt, klein beizugeben und mich entmutigen zu lassen", erklärte sie. „Aber als mein Zustand nicht mehr besser wurde, hatte ich eine Krise – eine Glaubenskrise. Ich habe beschlossen, meinen Widerstand aufzugeben und die Dinge so zu akzeptieren, wie sie sind. Das war kein leichter Schritt für mich."

Betty hat auch über die Bedeutung des Betens nachgedacht. „Immer hieß es: ‚Überlass das Gott, begib dich in seine Hände und er wird dir dein Augenlicht zurückgeben' – und ich kämpfte doch so sehr mit der Verschlechterung meiner Sehfähigkeit. War ich etwa nicht gut genug? Hätte ich etwa mehr beten müssen? Die Ratschläge waren sicher gut gemeint, aber warum sollte Gott ausgerechnet mich heilen und nicht irgendein an Hunger leidendes Kind in Indien, für das auch Gebete gesprochen wurden? Das war alles so verwirrend für mich … Gottes Wege schienen so launisch und zufällig, und das war gar nicht der Gott, den ich mein Leben lang verehrt hatte."

Als sie schließlich das Protestieren und Bitten aufgab und sich vertrauensvoll den Tatsachen stellte, fing sie an mitzuarbeiten, die Anweisungen der Ärzte zu befolgen und das zu tun, was ihr trotz der Einschränkungen immer noch möglich war. „Ich glaube weiterhin an einen liebevollen Gott, auch wenn er mir geheimnisvoll erscheint. Nach allem, was ich erlebt habe, will ich ihn nicht als Zauberer sehen, der Tricks vollführt, wenn ich ihn darum bitte. Also habe ich mich von dieser ergebnisorientierten Vorstellung gelöst und freue mich stattdessen einfach über die Beziehung zu ihm."

Obwohl es mitunter schwierig sein kann, über das eigene Gebetsleben Auskunft zu geben, sind für viele Menschen im Alter statt der strukturierten Form liturgischer oder persönlicher Gebete eher wortlose, kontemplative Erfahrungen zunehmend von Bedeutung. Letztlich kann vieles Gebet sein. Fasst man das Beten als „liebevolle Hinwendung zu Gott" auf oder als „Pilgerfahrt der Seele in das Heilige", dann ist alles, was uns Gott näher bringt, Gebet – auch das Anhören einer schönen Musik, der Anblick eines Gemäldes, der Gleitflug eines Adlers, ein Marathonlauf, das Wiegen eines Kindes, Worte, die uns bewegen. **Gebet kann unendlich viele Formen annehmen.** Erfahrungen wie diese lassen uns dann zu bescheidenen Zuhörern werden. Wir werden still und öffnen unsere Ohren. Ein kluger Senior sagte dazu: „Haben Sie sich nie gefragt, warum wir nur einen Mund haben, aber zwei Ohren?"

Niemand vermag es, das Beten letztlich ausreichend erklären zu können. Aber ich glaube, dass wir dem, der uns das Anliegen zum Beten ins Herz gelegt hat, vertrauen sollten, dass er uns anhören wird … und dass beim Beten etwas mit uns geschieht. Vielleicht geht es wirklich mehr darum, uns eins zu fühlen mit *der Schöpfung und dem ihr innewohnenden Geist Gottes*, als darum, Gottes Wirken zu unseren Gunsten manipulieren zu wollen. Im Gebet ehren wir etwas, das größer ist als wir, liebevoller, als wir es uns vorstellen können, und eine göttliche Güte in allen Dingen besitzt. Daher bete ich persönlich, wie viele andere, einfach darum, mich als Teil dieser Liebe fühlen zu dürfen.

Himmel, Hölle oder vielleicht doch etwas anderes?

„Ich glaube, wenn wir sterben, gehen unsere Seelen eine Verbindung mit den Seelen anderer Verstorbener ein, aber wie genau das aussehen wird, kann ich mir nicht vorstellen", sagte Gerald zögernd. „Es ist wahrscheinlich eher ein kontinuierlicher Prozess … Wir werden geboren, wir sterben, dann passiert wieder etwas – wir treten durch eine *Tür* und prallen garantiert nicht gegen eine *Steinmauer*. Wahrscheinlich bewahren wir dabei einen Teil unserer Identität, aber gleichzeitig verwandeln wir uns auch."

Geralds Vorstellung eines Lebens nach dem Tod war nur eine von vielen nachdenklichen Antworten, die skeptische sowie zuversichtliche Äußerungen einschlossen. Einige hatten ihre Gedanken in eine Form gebracht, andere sprachen in Bildern. Die Details über das Leben nach dem Tod schienen dabei weniger zu interessieren als die Tatsache, dass es da etwas gab. Und letztlich hatten viele der Hochbetagten weniger Angst vor dem Tod als davor, in einem hilflosen, qualvollen Zustand vor sich hin zu vegetieren und vom Leben nichts mehr mitzubekommen.

Martha erklärte sich so: „Meine Vorstellung vom Leben nach dem Tod hat sich seit meiner Jugend dramatisch verändert. Ich bin als Freikirchlerin groß geworden mit einem traditionellen ‚Erlösungsplan'. Ich war ziemlich erpicht darauf, in den Himmel zu kommen. Inzwischen bin ich viel skeptischer geworden, aber auch offener. Natürlich denke ich, dass wir Menschen uns nach Gerechtigkeit sehnen und dass es schön wäre, wenn unser Leben hier auf Erden belohnt würde, aber ich bin mir da nicht mehr so sicher. Wie dem auch sei … Glaube dreht sich letztlich nicht allein um den Moment des Sterbens, sondern um die Frage, wie wir gelebt haben."

Raymond stimmte dem zu: „Mir ist es nicht wichtig, was nach meinem Tod geschieht. Ich will mich ganz auf die Realität konzentrieren, damit ich ein klein wenig zum Reich Gottes auf diesem Planeten beitrage. Für mich lautet daher die große Frage: Habe ich wirklich gelernt, zu *lieben*?"

Manche Menschen stärkt es, wenn sie dem Tod aus nächster Nähe begegnen. Sue erzählte vom Sterben ihrer Mutter: „Es war spürbar für mich, dass ihr Geist ihren Körper verließ", erinnerte sie sich. „Sie war nicht mehr im Zimmer anwesend, und die Atmosphäre war friedlich, liebevoll und von Licht durchdrungen. Das miterleben zu dürfen, hat mich sehr getröstet."

Laurenz, ein 85-jähriger, aristokratischer Gentleman, der ein erfolgreiches Unternehmen gegründet hatte, beschrieb ein sehr dramatisches Ableben. Als ich ihn fragte, ob es etwas am Altern gäbe, worüber er noch mit niemandem gesprochen habe, zögerte er einige Minuten. Dann musste er die Tränen zurückhalten, als er von einem Erlebnis in einem Krankenhauszimmer berichtete, in dem ein Freund gestorben war. „Als der Bischof das Sterbesakrament vorlas", erzählte er, „spürte ich – nein, ich *sah* – den Heiligen Geist am Bett stehen. In diesem Moment wurde alles, was ich immer für ein inhaltsloses Ritual gehalten hatte, ganz real. Ich habe mich seitdem sehr verändert", murmelte er, „und meine Angst ist wie weggeblasen. Es war ein unglaubliches Erlebnis."

Herberts Glaube wurde durch eine Nahtoderfahrung gestärkt. „Ich hatte einen Herzinfarkt, starb daran und wurde sechs Mal wiederbelebt", erklärte er. „Jedes Mal entstand in mir ein neues Bewusstsein, und wenn ich in meinen Körper zurückkehrte, empfand ich einen tiefen Frieden, Freude und Mitgefühl."

Diese verschiedenen Vorstellungen von einem Leben nach dem Tod spiegeln die Einzigartigkeit der Erfahrungen meiner Interviewpartner wider. Was sie sagten, hat mit ihrem

Aufwachsen, ihrem Glauben, ihrer Persönlichkeit und ihren Lebensläufen zu tun. Es gibt noch weitere Beispiele dafür, wie man den Tod sehen kann:

- Ich denke, es fühlt sich an wie ein Nachhausekommen, dass „Gott in mir" heimkehrt und meine Seele wieder dahin zurückkehrt, wo ich erdacht und geschaffen wurde.
- Es ist wie eine weitere Entwicklung, ein Wachsen, über den Tod hinaus; für mich wäre es die reine Hölle, wenn ich mich nicht weiterentwickeln könnte.
- Ich bezweifele, dass nach dem Tod noch etwas kommt; wir leben in unseren Kindern und Enkeln weiter.
- Ich hoffe, dass im Jenseits eine tiefe Wahrheit enthüllt wird. Darauf freue ich mich.
- Vielleicht ist das alles eher ein Aberglaube als ein unumstößliches Wissen – ein Kontrollmechanismus, der uns bei der Stange hält. Für ein anständiges Leben brauchen wir nicht belohnt zu werden; das Gute, das sich daraus für uns ergibt, ist doch genug.
- Es sieht dem Gott, von dem Jesus erzählt hat, nicht ähnlich, den einen in den Himmel zu schicken und den anderen in die Hölle. Jesus war voller Liebe, duldsam, wendete keine Gewalt an, er war die Vergebung selbst. Ich persönlich glaube, dass Gott uns immer und immer wieder vergibt!
- Ich denke, was nach dem Tod passiert, entzieht sich unserer Vorstellung, und wir sollten nicht versuchen, uns darüber vorzeitig Klarheit verschaffen zu wollen. Wenn wir unsere Zeit damit zubringen, dem Beispiel von Jesus zu folgen und Gott und unsere Nächsten zu lieben, dann sind wir hier auf Erden ausreichend beschäftigt.

- Himmel und Hölle gibt es nicht nur im Jenseits, wir haben sie auch hier auf Erden.

Einige drückten ihre Vorstellung vom Leben nach dem Tod in Bildern und Geschichten aus. Konrads Beschreibung sah so aus: „Ich stelle mir eine Situation vor, in der ich mich auf einer Seite eines durchsichtigen, roten Vorhangs befinde", sinnierte er. „Der Tod ist dann die Brise, die den Vorhang bewegt und schließlich ganz wegnimmt."

Bernds farbenfrohes Bild machte er an einem biblischen Gleichnis fest (und würzte es mit einer Prise Humor), das ihm Hoffnung auf ein Leben nach dem Tod gab. „Gibt es Straßen aus Gold? Oder ist der Tod nichts als eine Reihe von Fehlzündungen im Gehirn, die seltsame Bilder erzeugen? Ich weiß es nicht. Ich frage mich nicht mehr, *ob* es das gibt und *wie* es aussieht. Mich beschäftigt viel mehr, auf *wen* ich mein Vertrauen baue. Dazu fällt mir die Geschichte vom Vater und dem verlorenen Sohn ein. Der Vater begrüßt seinen missratenen Sohn mit offenen Armen und nimmt ihn liebevoll an. Er ist verrückt genug, ihm zu vergeben, und sagt ganz klar: ‚Ich feiere ein großes Fest für dich – wir wollen ein Kalb schlachten und es soll Musik geben und alles, was sonst noch dazugehört. Komm mit mir und deinem Bruder, das gibt ein Freudenfest!' Weitere Einzelheiten brauche ich nicht. Welches Orchester da zum Tanz aufspielt, wird sich zeigen."

Auf die innere Stimme des Heiligen Geistes hören

„Hört genau hin, und achtet darauf, was Gottes Geist den Gemeinden sagt."

Offenbarung 2,7

Peter stand mitten in einem Zimmer vollgestopft mit Büromaterial. Er sichtete einen Karton nach dem nächsten. Nachdem er seine Arbeit an der Universität beendet hatte, befand er sich nun mit seiner Frau Ruth mitten im Umzug in ein gemütliches Bauernhaus. Ihr Traum vom Rentnerleben lag mitten im Grünen, mit einer Scheune und allem Drum und Dran. In die Vorfreude mischte sich allerdings ein beunruhigendes Gefühl – eine unerklärliche Rastlosigkeit. Die Besorgnis war sogar in den ganz praktischen Entscheidungen zu spüren, etwa in der Frage: „Wie dekoriere ich mein neues Arbeitszimmer?" Als er sich gerade daranmachen wollte, seine Sammlung von Urkunden und Auszeichnungen aufzuhängen, nagte in ihm plötzlich ein Gedanke. Irgendetwas stimmte nicht. Eine Frage ging ihm durch den Kopf. „Sind das wirklich die Dinge, die mir jetzt, hier an diesem Punkt meines Lebens, wichtig sind?" Er legte den Hammer beiseite und holte sich eine Tasse Kaffee.

„Es hat lange gedauert, bis ich den Hammer wieder in die Hand genommen habe", gestand Peter. „Ich habe beschlossen, mir viel Zeit zu lassen und darüber nachzudenken, welche Gegenstände in den Kartons mir wirklich noch etwas bedeuten. Was ich schließlich aufgehängt habe, war – das Bild von meinem neuen Pferd, ein Gemälde eines meiner Enkelkinder, ein gerahmtes Gedicht, das ich sehr gern mag, und ein großes

Familienfoto. Das fühlte sich angemessen an und entspricht dem, was mir wirklich am Herzen liegt. So fühlte es sich richtig an."

Was für eine innere Stimme hatte Peter da vernommen? Wie ist das, wenn sich etwas „richtig" anfühlt? Wie hat er unterschieden zwischen der Stimme, die geistgeleitet aus seiner Seele sprach, und all den anderen Stimmen, die es da oft gibt? Wer kennt nicht die vielfach platt dahergesagten Antworten auf diese Fragen:

- „Alle Weisheit kommt von innen."
- „Höre auf die Bibel und alles wird dir offenbar."
- „Hab keine Angst, der Heilige Geist wird dich leiten."
- „Du musst nur ganz bei dir *selbst* sein!"

Leider wissen wir allzu oft nur theoretisch, was wir tun *sollten*. Die Probleme fangen erst an, wenn wir überlegen, *wie* wir das praktisch anstellen können. Zuhören geht leicht, wenn man sich die Zeit dazu nimmt, aber wirklich das Richtige *heraushören* ist viel schwerer. Wir brauchen eine echte Offenheit und müssen uns einer Weisheit ausliefern, die nicht notwendigerweise aus uns selbst kommt.

Wie wir in Kapitel 3 gesehen haben, kann uns unser Körper einige dieser Botschaften vermitteln, wenn wir seine Sprache gelernt haben. Wollen wir allerdings Gott in unserem Leben reden hören, brauchen wir noch feinere Antennen. Diese geistlichen Impulse kommen gewöhnlich ganz leise, sie werden nicht hinausposaunt – es verhält sich wie ein sanftes Anstupsen, kein Rempeln. Wollen wir also herausfinden, inmitten unserer inneren Landschaft, wo und wie der Heilige Geist uns leitet, haben wir dieses übernatürliche Gelände vorsichtig zu erkunden und kennenzulernen. Auch versteckte Minenfelder gilt es zu beachten.

Die meisten von uns tun dies ängstlich und verzagt – zu Recht. Max benannte eine dieser verborgenen Sprengladungen, der er sich immer wieder aussetzte: „Ich habe mein ganzes Leben lang versucht, alles richtig zu machen und auf alles eine Antwort zu finden. Allmählich wird mir klar, dass meine Rechthaberei meine Beziehungen gestört hat, mein persönliches Weiterkommen wie meinen Seelenfrieden. Ich war verbohrt und arrogant. Inzwischen habe ich ein ungutes Gefühl, wenn Leute sagen: ,Gott sagt mir ...' Ist es nicht besser, es so zu formulieren: ,Mir scheint es ...'? – Schließlich haben Menschen im Lauf der Jahre schreckliche Dinge getan, und zwar alles ,im Namen des Herrn'. Ich fürchte, wir alle neigen dazu, die Stimme unseres eigenen selbstsüchtigen Egos zu hören und zu behaupten, es sei die Stimme Gottes."

Der Autor und Theologe Robert Morris schlug vor, diesen Wunsch nach letztendlicher Sicherheit als achte Todsünde zu bezeichnen, und wies darauf hin, dass sie uns in unserem Streben nach Weisheit ungemein behindert. In einem Artikel schrieb er diesbezüglich:

„Aktiver Glaube, ein lebendiges Vertrauen in Gottes Fähigkeit, uns zu leiten und zu führen, schließt meistens ein gewisses Maß an Unsicherheit mit ein. Das heißt, wir kommen über eine Art Grundvertrauen nicht hinaus. Und warum sollten wir immer eine Extra-Botschaft erwarten, die eindeutig übernatürlich ist? Gott teilt sich zwar auch so gelegentlich mit, aber vor allem über unseren Verstand, wenn wir die Bibel lesen und sie auf uns und unsere Umwelt anwenden. Gott bedient sich auch unserer Hilfe und Fürsorge, wenn wir für

andere beten und Dinge aus Mitgefühl und Gerechtigkeits-
sinn unternehmen. Und besonders wirkt er durch Liebe, wenn
wir die Herzen anderer Menschen mit seiner Liebe berüh-
ren. Warum sollte Gott also nicht mit unseren angeborenen,
natürlichen Fähigkeiten arbeiten, imaginativ und intuitiv
kommunizieren? ... Die Tiefenpsychologie hat beobachtet,
dass alle Menschen über eine Art eingebautes Leitsystem ver-
fügen, das uns durch Ahnungen und Träume etwas mitteilt,
genauso wie durch Aha-Erlebnisse und Erleuchtungen."[29]

Die Autorin Marjorie Thompson sagte dasselbe noch einmal
in eindrücklichen Worten: „Der Zweifel schabt die Seepocken
vom Schiff unseres Glaubens."[30] Dabei unterschied sie mehrere Arten des Zweifelns. Nach ihrer Vorstellung gibt es den
angstbegründeten Zweifel, der Widerstand erzeugt. Positives
Infragestellen hingegen lädt uns dazu ein, Nachforschungen
anzustellen, weckt unsere Neugier und schickt uns auf die
Suche nach der Wahrheit. Diese Sichtweise ermutigt uns,
unsere Meinungen und Entscheidungen durch einen besonderen geistlichen Filter zu betrachten, indem wir den Wert
unserer Eingebungen überprüfen, beispielsweise durch Fragen wie:

- Löst dieses Ereignis bei mir Angst oder Freude aus?
- Was wird dabei herauskommen, wenn ich so denke oder
  handle?
- Ist dieser Weg der Liebe förderlich?
- Ist das für mich und andere ein Gewinn oder ein Verlust?

Harald unterstrich seinen Wunsch, am Ende des Lebens
gute Entscheidungen treffen zu wollen. Er gab aber auch

noch ein weiteres Rätsel auf: „Das Problem ist, dass man sich gewöhnlich nicht etwa zwischen einer guten und einer schlechten Alternative entscheiden muss, sondern zwischen etwas Gutem und etwas Besserem. Meine Frau und ich haben uns kürzlich wie eingenommen und begrenzt gefühlt durch all unsere Besitztümer. Natürlich genießen wir die Früchte unserer Arbeit, aber wir wollen nicht den Rest unseres Lebens damit zubringen, uns um all das *kümmern zu müssen*. Sollen wir das Haus nicht lieber verkaufen und in ein kleineres ziehen? Vielleicht in die Stadt zu den Kindern? Oder sollen wir diesen Zwischenschritt ganz überspringen und uns direkt in ein Alterswohnheim einquartieren? Tina und ich sind gläubige Kirchgänger und wir würden das gerne im Gebet herausfinden, wissen aber nicht, wie wir das anstellen sollen."

Obwohl den meisten in unserer Generation beigebracht wurde, nicht allein ihrem Gefühl zu trauen, nimmt bei vielen die Anerkennung zu, sich von Gott leiten zu lassen, was allerdings auch viel mit emotionalen Empfindungen zu tun hat. Harald und Tina fühlten sich später ermutigt, bei ihrem Entscheidungsprozess auf ihr „inneres Bauchgefühl" zu hören. Sie stellten sich vor, wie es wäre, an verschiedenen Orten zu leben, und analysierten dann ihre Reaktionen darauf. Stellte sich Erleichterung ein, Aufregung oder Zerknirschung? Und was fühlte sich machbar an? Während sie sich einige mögliche Wohnungen anschauten, hörten sie auf innere Signale und bauten das Vertrauen in die göttliche Leitung weiter aus. Sie fanden Mut, eine Zeit lang dieses Gebet miteinander zu sprechen:

„Lieber und fürsorglicher Gott, wenn das die beste Entscheidung für mich ist, das Beste, was ich tun kann, dann

bitte ich dich, das Verlangen danach in mir wachsen zu lassen. Aber falls es nicht zum Besten aller Beteiligten dient, bitte ich dich, dass du das Verlangen in mir schwinden lässt."

Um Vertrauen in diese Art von Führung und Leitung zu entwickeln, bedarf es, die Beziehung zu Gott zu vertiefen und eine Vertrautheit mit der religiösen Dimension in unserem Leben zu entwickeln. Und letztlich braucht es den Willen, die Augen offen zu halten und zu beten.

Motive und Methoden

„Eigentlich bin ich es leid, über das Leben mit dem Heiligen Geist zu reden und immer mehr Bücher darüber zu lesen", beschwerte sich Connie. „Ich brauche etwas Handfestes – irgendeine praktische Unterstützung, mit deren Hilfe ich vom bloßen Beziehungskonzept zu ganz praktischen Anwendungen vorstoße."

Die Unterhaltung mit Connie war typisch für die Haltung vieler älterer Menschen. Es klang das Bedauern durch, nur an der Oberfläche des Lebens gekratzt und sich nur im Schatten eines ach so geistlichen Lebens aufgehalten zu haben. Viele hatten das Gefühl, in ihrem Leben zu viele Baustellen aufgerissen zu haben, anstatt an einer Stelle tief genug zu graben, um dort das lebendige Wasser zu finden.

„Ich habe immer gedacht, dass mein Leben wie ein Boot oben auf dem Wasser schwimmt", fuhr Connie fort. „Dieses Boot wird vom Wind hin und her geworfen, es schwimmt mal dahin und mal dorthin. Manchmal hat es in meinem Leben einen großen Sturm gegeben und das Boot hat schwer gelitten. Aber es hat gehalten, weil es in etwas sehr Solidem und Sicherem verankert war – meinem Glauben an Gott –, und das hilft mir, Stürme zu überstehen."

Dann kam die überraschende Einsicht: „Das waren also die Gründe für die geistlichen Übungen und Versuche, denen ich mich mein ganzes Leben unterworfen habe. Ich wollte diesen Anker festhalten, damit er mich hielt, wenn ich ihn brauchte", überlegte sie. „Aber nun, da ich älter werde, sehe ich alles klarer – viel klarer, als mir lieb ist, um ehrlich zu sein. Mein Glaubensleben drehte sich immer nur um mich – nicht um Gott und vor allem nicht um andere Menschen.

Sie haben gefragt, was ich über mich im Alter gelernt habe – darauf habe ich eine gute und eine schlechte Antwort. Die gute ist, dass ich stärker bin, als ich geglaubt habe. Die schlechte ist, dass ich viel selbstsüchtiger bin, als ich es mir je hätte träumen lassen. Ich habe diesen eben erwähnten ‚Anker' festgehalten, der mich im Falle eines Sturms halten und schützen sollte. Können wir die Verbindung zu Gott nicht aus Liebe eingehen, anstatt nur dem Wunsch zu folgen, dass dabei etwas für uns herausspringt?"

Sie hielt einen Augenblick inne. „Ich erkenne allmählich, dass die ultimative Verbindung mit Gott bedeutet, dass wir ihn um seiner selbst willen lieben, nicht aus egoistischen Gründen. Wir können uns einer echten Lebensfreude hingeben, auch wenn im Leben nicht immer angenehme Dinge passieren. Einer Lebendigkeit, die auf andere abstrahlt – nicht, weil ich dadurch etwas bekomme, sondern weil ich etwas geben kann. Vielleicht ist das das Geheimnis allen Wachstums – je besser wir Gott kennen, umso mehr Kenntnis haben wir von uns selber und umgekehrt. Unsere Motive sind nie ganz selbstlos, egal wie sehr wir uns bemühen. Wir bleiben immer menschlich in unseren Entscheidungen. Aber wenn wir uns unsere Motive bewusst machen, können wir vielleicht darüber hinausblicken – und bescheiden bleiben!"

Diese Verbindung aufrechterhalten – den Anker fest im Griff haben – ist nichts, was für alle Menschen gleichermaßen möglich ist. Ganze Bücherregale biegen sich unter geistlichen Ratgebern und inspirierenden Texten, die uns wie „tragbare Pfarrer" begleiten und dabei helfen wollen, unsere Sicht auf alles Heilige zu erweitern.

Darüber zu lesen ist allerdings nicht dasselbe wie danach zu handeln – das war den meisten meiner Interviewpartner klar. „Ich habe das Konzept des allgegenwärtigen Gottes immer vor Augen gehabt", kommentierte Yvonne. „Aber ich habe mir nie die Zeit genommen, es in meinen Alltag zu integrieren. Jeglicher Glaube ist ziemlich nutzlos, wenn er mich nicht in meinem tatsächlichen Leben beeinflusst."

Wie bereits erwähnt, haben viele erst spät erkannt, dass durch das Erleben von Natur und Kreativität sie sich genauso wirkungsvoll gegenüber Gott öffnen ließen wie durch manches Bibellesen und den Besuch von Gottesdiensten. Andere erlebten heilige Momente bei täglichen Spaziergängen oder beim Pflanzen, Kochen, Töpfern, Tischlern, in der Meditation, beim Turnen, Tagebuchschreiben oder im Dienst für andere. Wenn es darum ging, die eigene „Verbindung" zu Gott zu finden, hatten die Senioren folgende allgemeine Vorschläge:

- Suchen Sie etwas, was zu Ihnen passt und worauf Sie sich freuen.
- Was immer es ist, tun Sie es täglich – nicht nur, „wenn die Zeit es erlaubt".

- Legen Sie dafür einen besonderen Ort fest – einen Altar, einen Stuhl am Fenster, eine Bank im Garten –, eine Stelle, die sich irgendwie heilig anfühlt.
- Halten Sie Ihr Streben lebendig! Wird eine Übung oder ein Andachtsbuch fade, suchen Sie nach etwas anderem. Es gibt unzählige Möglichkeiten. Lassen Sie sich immer wieder etwas Neues einfallen.
- Experimentieren Sie mit verschiedenen Gebeten; seien Sie bereit, Ihren Geist für die Länge und Tiefe von Gebeten zu erweitern.[31]
- Erfreuen Sie sich an der Stille. Erleben Sie sie als „Sprache Gottes". Üben Sie, *ruhig* zu werden, und die Stille wird Sie verändern. Wer sich in der Stille wohlfühlt, hört auf, sie ständig mit seinen eigenen Gedanken und Erwartungen zu füllen, sondern vertraut auf Gottes verwandelnde Gnade, die auch ohne unsere ständigen Impulse stattfindet.[32]
- Tun Sie alles langsamer – leben Sie im Augenblick. Verpassen Sie nicht das Leben, indem Sie immer schon zum nächsten Ereignis hasten.
- Machen Sie Nägel mit Köpfen und leben Sie Ihren Glauben! Praktizieren Sie Ihre geistlichen Übungen. Was nicht in die Tat umgesetzt wird, besteht nur aus leeren Worten.
- Denken Sie daran, nichts ist umsonst. Der Geist braucht ebenso Nahrung wie der Körper, und nur wenn wir uns bewusst mit den Dingen beschäftigen, können wir eigene Erfahrungen machen.
- *Seien Sie aufmerksam*, achten Sie auf Kleinigkeiten. Das macht uns dankbar, einfühlsam und liebevoll.

Fast alles kann unser Erleben erweitern, wenn es uns durch ein geistliches Bewusstsein gelingt, dafür sensibel zu werden. Ob wir einfach einen Sonnenuntergang betrachten, in einem Chor singen oder mit einem Freund zusammen weinen, alles enthält dann Elemente und Momente des Heiligen.

Ein geheimnisvolles Vertrauen

„Manche Dinge kann man auch totreden", meinte Christoph. „Ich stecke meinen Kopf nicht in den Sand – ich weiß, dass es viele Gemeinheiten in der Welt gibt –, aber ich sehe auch das erstaunliche Ausmaß der Gnade um mich herum." Er nannte einige Beispiele aus dem Alltag, zum Beispiel einen Fremden, der in den Fluss springt, um ein Kind vor dem Ertrinken zu retten, einen Feuerwehrmann, der in ein brennendes Gebäude stürmt, um einen Hund in Sicherheit zu bringen, oder jemand, der einfach bei einem anderen Auto, das mit leeren Batterien am Straßenrand liegen geblieben ist, anhält und dem Fahrer seine Starthilfe anbietet.

Das Paradox, dass Gut und Böse oft parallel auftreten, ist für uns eine bittere Pille. Ältere Menschen scheinen allerdings einen Punkt zu erreichen, wo sie das Schlucken dieser Pille akzeptieren und den Tatsachen ins Auge blicken können. Sie müssen sich nicht mehr damit auseinandersetzen, sie konnten dieses Rätsel unseres Seins einfach akzeptieren.

„Ich würde lieber meinen Frieden mit den Ungewissheiten des Lebens schließen, als mir eine Antwort zurechtzubasteln, die mich nur intellektuell befriedigt", sagte Samuel. „Wer sich mehr Offenheit für Gott wünscht, sucht nicht unbedingt nach den richtigen Antworten; es geht eher darum, den Mut für die richtigen Fragen aufzubringen – zum Beispiel: Was mache ich hier überhaupt? Wie kann ich mehr lieben? Wer oder was ist Gott? Was kann ich dazu beitragen, dass die Welt ein bisschen gerechter wird? Diese wichtigen Fragen machen uns aus … aber es gibt einen Punkt, an dem wir einen radikalen Vertrauenssprung erleben. Oder, wie Einstein einmal fragte: ‚Ist das Universum uns wohlgesonnen oder nicht?'"

Es gibt viele Gründe, diese schwierige Frage mit Nein zu beantworten. Auch die Unmenschlichkeit der Menschen untereinander ist erschreckend gut dokumentiert. Trotzdem bezeugt die Altersweisheit, dass am Ende doch ein Ja von Gott steht. Und wenn wir mit Ja antworten können, ändert das unsere Sicht auf das Leben und die Art, wie wir es angehen. Denn nehmen wir mit unserem Herz, unserer Seele und unserem Geist eine positive Haltung ein, entsteht plötzlich eine Harmonie. Die Wissenschaft erklärt uns, dass dann unsere Zellen ihre Struktur verändern, das Immunsystem stärker ist, Beziehungen tiefer werden und eine unheimliche Freude und Frieden sich einstellen. Nicht nur unser Körper reagiert auf diese göttliche Harmonie. Wir können sie sogar um uns in der schöpferischen Ordnung des Universums wahrnehmen – die Gezeiten, die Bahnen der Planeten und die Struktur der Atome.

Allerdings, so sagten etliche Senioren, wird der Glaube, wenn er sich festigt, gleichzeitig auch poröser. Es entsteht eine Bereitschaft, Löcher im Glauben und in Theorien zu erforschen, sich für neue Entdeckungen zu öffnen und sich frei zu fühlen für Rätsel und Widersprüche.

Obwohl wir also Gott nie ganz verstehen werden, dürfen wir ihm dennoch vertrauen. Und wenn wir ihn ernst nehmen, findet er seinen Weg an den Puls unseres Lebens und trägt uns voller Mitgefühl durch die Welt.

Fragen

1. Wie würden Sie Ihre aktuelle Beziehung zu Gott beschreiben? Hat sie sich verändert?
2. Erinnern Sie sich an Ihr allererstes Gebet? Führen Sie sich vor Augen, wie Sie in der Vergangenheit gebetet haben. Wie tun Sie es heute?
3. Wann hören oder spüren Sie Gottes Gegenwart besonders intensiv? Welche geistliche Übung würden Sie sich gerne aneignen?
4. Wann haben Sie zuletzt eine seelische Erschütterung erlebt, einen kurzen Blick in die Ewigkeit geworfen oder etwas *hinter den Dingen* geahnt? Welche Begleitumstände hatte diese Offenbarung?

6

Schmerzliche Überraschungen

„Wir können den Abends des Lebens nicht nach demselben Programm leben wie den Morgen, denn was am Morgen viel ist, wird am Abend wenig sein, und was am Morgen wahr ist, wird am Abend unwahr sein."
Carl Jung

„Diese letzten Jahre meines Lebens haben mich vor echte Herausforderungen gestellt", meinte Serena. „Gott sei Dank kommt immer schön eine nach der anderen, sonst hätte ich das wohl gar nicht alles verkraftet."

Ted behauptete, es sei so, als ob man alte Kraftproben gegen neue austausche. „Ich habe mich eine Zeit lang hauptsächlich um die Erziehung meiner Kinder gekümmert, jetzt muss ich meine Renteneinkünfte gut einteilen. Damals habe ich Babys versorgt, jetzt sind es meine körperlich gebrechlicher werdenden Eltern und Freunde – sogar meine Frau und mich selbst. Manchmal fühlt es sich an, als würde man eine Sache meistern und dann direkt vor der nächsten stehen."

Alleine leben, nicht mehr Auto fahren, der körperliche Verfall und der Verlust von Angehörigen, das Problem, nachts keinen Schlaf mehr zu finden, sowie die Frage, wie man ereignislose Stunden füllt – all das macht die Herausforderungen des Alters zu einer fortwährenden Aufgabe. „Eines habe ich über diese Lebensphase gelernt", fügte Ted hinzu. „Wenn ich darüber lamentiere, was früher war, dann saugt das meine Energie für die Gegenwart komplett auf. Ich will diese vor mir liegenden Jahre nicht einfach nur *überleben*, ich will, dass es mir *gut geht*, sofern das irgendwie möglich ist.“

Als ich die Frage stellte: „Was war Ihre größte Herausforderung beim Älterwerden?“, bekam ich eine derartige Flut an Antworten, dass es schwierig war, eine Struktur hineinzubringen. Darunter waren ganz einfache Sachen, wie gerade zu stehen oder das Glas mit dem Eingemachten zu öffnen. Andere waren schon komplexer, z. B. der Umgang mit dem neuen Mobiltelefon oder mit den eigenen Ängsten. Einige Senioren versuchten mit geringer werdenden Einnahmen hauszuhalten, andere hatten Probleme, mit dem Leben, das sie nun zu leben hatten, zurechtzukommen. Reue und Erinnerungen, Scheitern und Erfolg, Tragödien und Triumphe – all das sind Bestandteile des Teppichs, den das Leben webt. Einige Herausforderungen stachen allerdings häufiger hervor als andere:

Auf einmal alleine zurechtkommen

Alleine das Leben gestalten zu müssen, hat alles andere in den Schatten gestellt. „Das Problem ist nicht meine Hilflosigkeit“, sagte Maggie eindringlich, kurz nachdem sie Witwe geworden war. „Aber Henry hat sich immer um bestimmte Dinge gekümmert, wissen Sie – er hat den Ölwechsel beim Auto gemacht oder das Dach repariert und andere Sachen, die ich immer als selbstverständlich betrachtet habe. Inzwischen habe ich es geschafft, mich über Versicherungssummen zu informieren, und regele jetzt meine Finanzen selber, aber ich kann mich mit meiner Einsamkeit nicht abfinden. Meist scheint mir die Zeit von fünf Uhr nachmittags bis zehn Uhr abends endlos lang."

„Meine Welt schrumpft", bemerkte William. „Es ist nicht leicht, im Alter neue Beziehungen einzugehen, und ich merke, wie ich mich immer mehr zurückziehe. Männer scheinen damit übrigens mehr Probleme zu haben als Frauen."

Viele Senioren machten sich Gedanken darüber, dass sie ihren Familien zur Last werden könnten. „Ich will meinen Kindern nicht lästig sein, aber genau so ist es wohl, leider. Sie glauben, dass ich es allein nicht mehr schaffe, und vermutlich haben sie recht", sagte Gerald. „Aber wenn ich nach New York ziehe und dort in ihrer Nähe wohne, würde mich das nicht völlig entwurzeln? Ich würde lieber hier in meinem eigenen Häuschen weiterleben, aber ich weiß selbst nicht, wie das gehen soll. Schließlich waren Denise und ich fünfundfünfzig Jahre verheiratet, und ohne sie fühlt es sich so an, als müsste ich noch mal ganz von vorne beginnen."

Marianne griff einer solchen Entwicklung präventiv vorweg, indem sie sich direkt an ihre Kinder wendete. „Ich liebe immer noch meinen Garten und bin körperlich in der Lage, einfache Arbeiten zu verrichten. Deshalb habe ich mich einer ehrenamtlichen Gruppe angeschlossen, die den botanischen Garten hier vor Ort betreut. Die Bekanntschaft mit den anderen Gärtnern und unsere gemeinsamen Bemühungen für die Stadt haben mir viel Auftrieb gegeben – und auch neue Freundschaften entstehen lassen."

Aber selbst diejenigen, die ihr Leben täglich aktiv gestalteten, mussten abends in ein leeres Haus zurückkehren. „Ich will doch nicht so ein alter Kauz werden, der nur den Fernseher als Gesellschaft hat", protestierte Philip. „Ich versuche, mein eigener bester Freund zu werden und außerdem noch weitere dazuzugewinnen, aber ich muss zugeben, dass das für einen Eigenbrötler wie mich harte Arbeit ist."

Das Leben alleine wird erträglicher, wenn wir verlässliche Freunde haben – auch sie sind immer für eine Überraschung gut. „Derjenige, der behauptet hat, dass ‚Einsamkeit das beste Mittel gegen das Alleinsein ist‘, hat recht gehabt", meinte Annette. „Es macht wirklich einen entscheidenden Unterschied, ob man sich allein oder einsam fühlt. Die erste Zeit, in der ich allein gelebt habe, dachte ich, dass ich mich ständig unter Leute begeben müsste, aktiv sein, Leben um mich haben, und ich vermute, dass das im ersten Augenblick auch das Richtige für mich war. Aber dann habe ich festgestellt, wie einsam man sich mitten in einer Menschenmenge fühlen kann. Dieser Tatsache musste ich ins Auge blicken – und das hat dazu geführt, dass ich jetzt meine Beziehung zu mir selbst und zu Gott mehr erforsche."

Annette hatte noch weitere scharfsinnige Beobachtungen loszuwerden. „Ich habe herausgefunden, dass Alleinsein und Einsamkeit beides impliziert: Einerseits vermisst man die Gesellschaft anderer Menschen, andererseits kann man sich aber auch willentlich in die Einsamkeit begeben, um sich dort weiterzuentwickeln. Sobald ich das zugelassen habe, schien es, als würde ich in einer Art innerem ‚Chatroom‘ Selbstgespräche führen. Ich hoffe, Sie halten mich jetzt nicht für verrückt, aber irgendwie antwortete mir jemand oder etwas – mit Fragen, Analysen, Ermutigung, Zurechtweisung, Plänen und Träumen. Wenn ich jetzt einen dieser verzweifelten Jammeranfälle bekomme, dann legt dieser Jemand mir die Hand auf die Schulter und sagt fest und mitfühlend: ‚Annette, reiß dich zusammen, meine Liebe. Na komm – alles wird gut ... Du musst nur durchhalten!'"

Andere haben ähnliche Erfahrungen gemacht. „Wer diesen inneren Dialog führt, der befindet sich in guter Gesellschaft", sagte Mary und lächelte wissend. „Wer sich selbst versteht, kann mit Selbstkritik umgehen und sich selber helfen. Wir können uns sogar selbst aufmuntern und trösten!"

Die Autorin Sue Monk Kidd hat dafür eloquente Worte gefunden: „Einsamkeit bedeutet, dass man in die Labyrinthe der eigenen Persönlichkeit hinabsteigt und dort anfängt, in die eigene Tiefe hineinzureden."[33] Der Mut, Zeit ohne andere zu verbringen, und die Fähigkeit, das Alleinsein zu gestalten, haben tatsächlich eine heilende Wirkung auf uns. Oder anders gesagt, mit den klugen Worten meines Freundes Wayne: „Wenn du nicht kaputtgehen willst, musst du dich vorher selber geordnet auseinandernehmen."

Menschen, die eine lebhafte Fantasie besitzen, beschreiben diese inneren Charakterbilder als farbenfrohe Karikaturen. „In meinem Inneren gibt es eine ganze Reihe verschiedener ,Ichs'", lachte Victoria „Es gibt eins, das für die Moral zuständig ist, eins für die Kritik, die Kreativität, das Nachdenken, und es gibt ein verspieltes Ich sowie ein faules – und das ist erst der Anfang. Natürlich richtet sich meine Aufmerksamkeit mal auf das eine und mal auf das andere, aber ich habe festgestellt, dass ich sie nicht kennenlerne, indem ich vor ihnen weglaufe."

Fluchtversuche bestehen meist aus Ablenkungsversuchen – noch ein Projekt, noch eine Fernsehsendung, ein Besuch bei den Enkelkindern, eine weitere unnötige Einkaufstour ...

„Ich bin meinem eigenen Ich zufällig begegnet, als ich ein paar Einträge in mein Tagebuch machte", sagte Theo, ein

Schriftsteller. „Sobald ich diesen nervigen Herausgeber, der da die ganze Zeit in meinem Kopf saß, ausschaltete und anfing, direkt aus meinem Herzen heraus zu schreiben, lärmten und wüteten diese Stimmen in mir. Sie belehrten und inspirierten mich. Und sie machten mich darauf aufmerksam, dass Gott mir an diesem Ort, tief in meiner Seele, begegnen wollte."

Dass man durchaus die Wahl hat, ob man das Leben nun von der positiven oder von der negativen Seite wahrnimmt (was normalerweise zunächst einmal der Fall ist), war ein allgemeiner Konsens. Die Senioren gaben grummelnd zu, dass das Leben alleine auch einige angenehme Überraschungen bereithält:

- Man kann essen, wann man will und was man will.
- Man kann die Musik hören, die man wirklich mag, und die Lautstärke beliebig aufdrehen.
- Man kann sich jederzeit mit einem guten Buch zurückziehen oder in ein Konzert gehen.
- Das Licht um 2 Uhr morgens anschalten und einen alten Film ansehen.
- Die eigenen vier Wände schätzen lernen, trotz der Einsamkeit.
- Sich selbst genug sein.

Eine solche ehrliche Bestandsaufnahme zu machen, ist nur möglich, wenn man sich mit sich selbst auseinandersetzt. Eine Frau, die anonym bleiben wollte, hat dies in einem Essay über das weitverbreitete Phänomen getan, alleine in einem Ehebett zu schlafen.

Einsam im Ehebett

Plötzlich ist da keiner mehr. Ob Tod oder Scheidung – Trennungen aller Art passieren. Das Leben zieht jemanden ab und lässt viele von uns im Singular zurück – vielleicht noch intakt, aber irgendwie reduziert.

Und es gibt eine Vielzahl von Ratschlägen für diese Lebenslage – wie man für nur eine Person kocht, wie man mit dem Alleinsein klarkommt, wie man einen Versicherungsvertrag aushandelt, wie man neue Leute kennenlernt. Aber irgendwie hat sich noch nie jemand darüber ausgelassen, wie es ist, um 3 Uhr nachts aufzuwachen und festzustellen, dass man alleine im Ehebett liegt.

Alleinsein ist nicht gleich Einsamkeit, heißt es. Sicher, das stimmt, aber manchmal fühlt es sich genauso an, zum Beispiel wenn man mitten in der frostigen Nacht in einem großen, weiten Bett liegt. Und die ungeschminkte Wahrheit ist, dass ich das Kratzen eines unrasierten Gesichts vermisse, die Anwesenheit eines männlichen Körpers, das angenehme Gefühl, meine eisigen Füße gegen warme Waden zu drücken. Stattdessen schalte ich die Heizdecke ein.

Allerdings gibt es, wie so häufig, auch eine andere Seite der Medaille. Das Alleine-Schlafen hat auch Vorteile, das muss ich zugeben. Während dieser unvermeidlich schlaflosen Nächte, in denen ich mich unruhig wälze, ist es eine Erleichterung, die ganze Matratze für mich zu haben. Niemand schnarcht und stört die Stille, niemand zieht mir die Bettdecke weg oder rollt auf meine Seite und drängt mich ganz an den Rand. Und ich kann so viele Decken auf mich häufen, wie ich will … oder alle abwerfen.

In letzter Zeit habe ich häufiger Gesellschaft in meinem Ehebett. Wenn ein süß duftendes, knuddeliges Enkelkind mich mit seiner amüsanten Gesellschaft beehrt, morgens um 6 sanft mein Gesicht berührt und flüstert: „Müssen wir schon aufstehen, Omi?", ist das eine einzigartige Erfahrung und birgt viele schöne Momente. Aber selbst mit der außerordentlichen Freiheit, diesen Platz für mich beanspruchen zu können, sehne ich mich in manchen Nächten nach dem anderen, der kuscheligen Löffelstellung zweier Körper. Ja, dann ist es schwierig, in diesem Bett mit den großzügigen Ausmaßen wieder einzuschlafen – „Kingsize", aber leider ohne König.

Wenn es an der Zeit ist, kürzerzutreten

Nicht nur die Einsamkeit stellt uns im Alter vor Probleme. Es ist auch so, dass wir lernen müssen, kürzerzutreten – und je schneller wir das begreifen, desto besser. „Ich schaffe mein normales Pensum einfach nicht mehr, und damit kann ich mich nur schwer abfinden", erklärte Henry. Auf eine Leiter steigen, tanzen oder drei Enkelkinder gleichzeitig managen – das sind Herausforderungen, die Leute im fortgeschrittenen Alter irgendwann nicht mehr meistern, auch wenn sie es höchst bedauerlich finden, dass sie nicht mehr über so viel Energie, Ausdauer, handwerkliches Geschick und Mobilität verfügen. Dieser Tatsache muss man sich stellen, auch wenn das mit schwierigen Entscheidungen verbunden sein kann: Man muss kürzertreten, Dinge ab- und aufgeben und öfter Nein sagen.

„Mir war klar, dass ich manches verändern musste", sagte Denise, „aber ich wollte niemanden enttäuschen. Oder vielleicht war es auch eher so, dass ich mich nicht selber enttäuschen wollte. Wie dem auch sei, mit zunehmendem Alter brauchte ich mehr Ruhepausen als in früheren Jahren. Schließlich dämmerte es mir, dass ich niemandem mehr nutzen würde, wenn ich nicht besser auf mich achtgab. Ich musste lernen, Nein zu sagen."

Die Eltern der 70-jährigen Clara waren bereits in ihren Neunzigern und sie war erschöpft von ihrer Pflege. „Natürlich will ich jetzt für sie da sein, aber dieses Jahr haben sowohl mein Mann als auch ich selber körperlich einiges mitgemacht. Ich bin gar nicht mehr in der Lage, so viel zu stemmen. Mir fehlt einfach die Energie, mit alldem fertig zu werden. Ich sehe meine Enkel nur noch selten, ich bin zu müde, um zu den Chorproben zu gehen, mein Haus und mein Garten verwildern und ich bin chronisch müde. Aber so ist es – ich weiß, ich klage über die Situation und beschwere mich, anstatt die Verantwortung dafür zu übernehmen und etwas zu verändern."

Als sie einem emotionalen und körperlichen Burn-out immer näher kam, traf sie einige schwierige Entscheidungen.

- Sie brachte ihre Eltern in einer betreuten Wohnung in der Nähe unter und beschränkte ihre Besuche.
- Sie nahm eine Auszeit vom Chor.
- Sie und ihr Mann fingen an, die Möglichkeiten zum Verkleinern und Vereinfachen ihrer Lebensumstände zu erkunden. Schublade für Schublade, Schrank für Schrank arbeiteten sie sich voran, sortierten ihre Habseligkeiten und gaben viele Dinge weg.
- Sie suchte sich befristet eine Hilfe für Haus und Hof, soweit sie bezahlbar war.
- Sie machte einen Plan für gesünderes Essen, plante

Ruhezeiten ein und machte jeden Tag einen kurzen Spaziergang, um Sauerstoff zu tanken.

Wer kürzertreten will, muss Risiken eingehen, aber es lohnt sich. „Ich hatte Angst, meine Familie würde mich für vollkommen nutzlos halten, dass ich ab jetzt eher eine Last als eine Hilfe bin. Ich hätte gerne alle Erwartungen und Bedürfnisse erfüllt, so wie ich es immer getan habe", berichtete Pauline. „Allerdings habe ich festgestellt, dass ich vor allem meinen eigenen Erwartungen entsprechen wollte oder dem, wovon ich irrtümlicherweise glaubte, dass Gott es mir auferlegt hatte. Ich dachte, wenn ich nicht die Leistung einer Powerfrau erbringe, dann bin ich nichts wert. Also musste ich die Enttäuschung meiner Familie in Kauf nehmen – aber sie reagierte gar nicht so! Als ich mich endlich selbst von meinen Erwartungen gelöst hatte, konnte ich mir die Wahrheit eingestehen, ohne zu jammern. War das vielleicht eine Erleichterung!"

Wer bewusst Dinge abgibt, stößt manchmal auf überraschend positive Resonanz. John hat dabei folgende interessante Beobachtung gemacht: „Auf seltsame Weise habe ich selbst einen Bonus empfangen dürfen, als ich die Wahrheit gesagt habe. Denn als ich mir selber meine Grenzen eingestanden habe, fingen meine Kinder endlich wieder an, meinem Urteil zu trauen. Sie sahen, dass ich zwar körperlich eingeschränkter bin als früher, die Situation aber immer noch klar einschätzen und kluge Entscheidungen für mich treffen konnte. Ich denke, wenn ich das dauerhaft geleugnet oder versucht hätte, meine Möglichkeiten auszureizen, hätten sie sich gewundert, ob ich noch im Vollbesitz meiner geistigen Kräfte bin! Auf eine unausgesprochene Art und Weise hat es meiner Familie eine überraschende Sicherheit gegeben, dass ich meine eigenen Grenzen erkannt habe. So eine Reaktion hatte ich nicht erwartet."

Auch ein erfüllendes Berufsleben wird irgendwann zu viel. Stephen war der Gründer und Geschäftsführer eines erfolgreichen Familienunternehmens und zog sich von dieser Position erst mit Mitte siebzig freiwillig zurückzog. Er machte einen klaren Schlussstrich und sagte seinen Söhnen und Töchtern, was ihm im Ruhestand wichtig war: „Das Unternehmen gehört jetzt euch, aber ich will immer noch dabei sein. Ich würde gerne dienstags und donnerstags für ein paar Stunden in beratender Funktion in die Firma kommen – als ‚weiser alter Mann'. Könnt ihr euch das vorstellen?" Seine Art, dies zu kommunizieren, war so geradeheraus, dass dies den Weg für wichtige Diskussionen ebnete, wie zum Beispiel die Struktur des neuen Firmenmanagements und die zukünftige Aufteilung der Verantwortungsbereiche.

Ähnliches gilt auch für engagierte Hausfrauen und Gastgeberinnen. „Die Ferien haben immer alle bei mir verbracht", lachte Lucia. „Ich habe es immer gern gehabt, wenn bei mir Familientreffen stattfinden – nicht nur an Weihnachten, sondern auch zu Geburtstagen, Hochzeiten, Beförderungen – ganz gleich, ich bin einfach immer gerne Gastgeberin gewesen. Über die Jahre haben andere Familienmitglieder glücklicherweise damit angefangen, Essen mitzubringen, denn mittlerweile strengt es mich schon an, die Tische aufzustellen und das Haus für die Gäste vorzubereiten."

Lucia war eine talentierte und leidenschaftliche Köchin, aber mit 80 Jahren musste auch sie kürzertreten. Es war ganz klar an der Zeit, den Stab an jüngere Leute weiterzugeben. „Meinen Kindern und Enkeln habe ich gesagt, dass ich an einer chronischen ‚Ausdauerschwäche' leide", erklärte sie mit einem Augenzwinkern. „Ich habe zugegeben, dass ich nicht mehr unbegrenzt belastbar bin und in Zukunft keine Feste mehr ausrichten werde, dass ich aber immer noch einige meiner in Familienkreisen beliebten Pekannuss-Kuchen backen kann. Es fühlt sich gut an, die Wahrheit über meine eigenen Ressourcen den anderen mitzuteilen."

Treten wir kürzer, ist es vielleicht die größte Belohnung, dass wir von einem „Sie brauchen mich aber" zu einem „Das kann ich immerhin noch tun" übergehen, von einem „Ich sollte" zu „Das mache ich noch gerne", von „Ich muss" zu „Ich will". Tragen wir unseren eigenen Bedürfnissen auf gesunde Weise Rechnung, bedeutet das keineswegs, dass wir selbstsüchtig oder gleichgültig sind. Es zeigt anderen vielmehr, das wir unsere eigenen Kräfte realistisch einschätzen können, und trägt insofern zu ehrlichen Familienbeziehungen bei – ohne sich verstellen zu müssen und Schuld, Scham oder Zwang zu spüren.

Man steht dort, wo man ist, aber über den weiteren Weg entscheidet man selber.

Schuhe nicht mehr binden und nie mehr Auto fahren können?

„Schuhe binden ist der Oberhammer für mich", lachte Roger. „Seit ich im vorigen Jahr am Rücken operiert worden bin, kann ich mich nur noch sehr eingeschränkt bewegen, und die Arthritis behindert meine Fingerfertigkeit. Klingt ziemlich anstrengend, oder? Das *ist* es auch. Ich bin jeden Tag mit schlechter Laune aufgewacht und irgendwann konnte ich mein Gejammer selbst nicht mehr hören. Also habe ich ein

System erfunden, wie ich mit diesen Problemen besser klarkomme."

„Was meinen Sie damit – ein System?", fragte ich.

„Nun, zuerst sage ich: Es ist, wie es ist. Dann überlege ich mir, wie ich die Dinge trotzdem etwas verbessern kann. Zur Lösung meines Schuhproblems habe ich mir zum Beispiel einen dieser langstieligen Schuhlöffel angeschafft, damit ich mich nicht mehr bücken muss. Dann habe ich meine Schnürschuhe in den Schrank gestellt und Sneaker mit einfachen Klettverschlüssen gekauft und schicke Schlupfschuhe. Das macht schon einen gewaltigen Unterschied … Ich bin so dankbar, dass jemand sie erfunden hat. Außerdem habe ich eine Menge anderer Dinge entdeckt, die mein Leben erleichtern, z. B. einen Dosenöffner mit weichem Griff, und gestern habe ich ein wunderbares, batteriebetriebenes Werkzeug erstanden, das mir Weinflaschen öffnet!"

Clara erzählte eine ähnliche Geschichte. „Ich hatte es in meinem Leben immer ziemlich eilig", sagte sie mir, „ständig bin ich herumgerannt, immer von einer Veranstaltung zur nächsten. Letztes Jahr war ich wohl ein wenig zu schnell und habe mir in einem unachtsamen Moment bedauerlicherweise die Hüfte gebrochen. Meine Güte, das hat mich zu Boden geworfen – auch emotional. Die Reha verließ ich dann mit einer Gehhilfe und ziemlich niedergeschlagen. Meine Stimmung war auf dem Nullpunkt, bis ich es irgendwann selber nicht mehr ertragen konnte und beschlossen habe, anders mit meinem Zustand umzugehen. Ich habe mich durchgerungen, eine bessere Gehhilfe mit leichtgängigeren Rädern zu kaufen, und zische nun fast so schnell herum wie früher. Ich habe sogar einen großen Wimpel daran befestigt, damit die Leute mich kommen sehen!"

Viele Senioren fanden es hilfreich, wenn sie die negativen Aspekte ihrer Situation akzeptieren und mit positiven Dingen ausgleichen konnten, um in Kontrolle zu bleiben. Nicht mehr Auto fahren zu können, schien allerdings für viele der Inbegriff des schleichenden Verlusts ihrer Unabhängigkeit zu sein. Für einige brachte das ihre Welt erheblich ins Wanken.

„Als ich die Schlüssel abgeben musste", erinnerte sich der 88-jährige Christopher, „fühlte es sich so an, als würde mein Leben an dieser Stelle enden. Ich hatte eine ganze Reihe gesundheitlicher Probleme – schwindendes Augenlicht und nachlassendes Gehör, Arthritis und so weiter. Viele Dinge, die mich zu einer Gefahr auf der Straße machten – aber ich wollte mir das selbst nicht eingestehen. Ich habe hinter dem Steuer gesessen, seit ich achtzehn war, und ich bin immer ein verdammt guter Fahrer gewesen!"

Als Christopher das Autofahren aufgab, war das für ihn gleichbedeutend mit dem Eingeständnis, dass er sterben würde. Selbst als er bemerkte, wie häufig er haarscharf an einer Katastrophe vorbeischrammte, weigerte er sich immer noch, auf den Rat seiner besorgten Angehörigen zu hören, das Autofahren endlich sein zu lassen. Letztlich baute er dann doch einen Unfall mit geringfügigem Blechschaden (der aber auch schlimmer hätte ausgehen können) und in seinem Kopf fing ein rotes Alarmlicht an zu blinken. Er holte tief Luft, vergoss ein paar Tränen und gab die Autoschlüssel ab.

Eine Familie fand einen besonders kreativen Umgang mit dieser Grenzerfahrung, indem sie beschloss, dem Verlust dieses Lebensgefühls die Aufmerksamkeit zu zollen, die es verdiente. Robert war sein Leben lang ein Autonarr gewesen – er hatte alte Autos gesammelt und restauriert, hatte Autorennen besucht und lange Touren gemacht. Um Roberts Beziehung zu seinen Autos zu würdigen und den Übergang für ihn leichter zu machen, veranstalteten seine Kinder und Enkel eine richtige Party für ihn.

Freunde und Familienmitglieder sammelten alle alten Fotos, die sie von Robert und seinen Autos finden konnten, und klebten sie in ein besonders Album. Alle Autos und die Jahre, in denen er sie gefahren war, wurden dokumentiert. Hinzu kamen die Geschichten von seinen Fahrten und Urlauben, immer mit Erwähnung des Autos, das als Transportmittel gedient hatte. Sie entwarfen ein Poster und listeten die Vorteile auf, die das Leben ohne Auto mit sich bringen würde: keine Versicherung mehr zahlen zu müssen, keine teuren Reparaturkosten, kein Eiskratzen mehr im Winter. Dann beteiligte sich jeder mit einem Gutschein, um den Übergang angenehmer zu gestalten: drei Taxifahrten, zehn Freifahrten zum Arztbesuch, immer dienstags eine Fahrt zum Supermarkt, ein Chauffeur zum Restaurant seiner Wahl. Und das Ende des Festes krönten sie mit einem gigantischen Kuchen – in Form eines Autos!

Hilfreich kann es auch sein, den Übergang zum Leben ohne Auto Schritt für Schritt zu gestalten. „Zuerst habe ich mit Nachtfahrten aufgehört", sagte Earl. „Dann bin ich nicht mehr Autobahn gefahren. Dann nur noch Rechtsabbieger-Strecken um den Block herum. Schließlich habe ich nur noch auf dem Beifahrersitz gesessen und mich fahren lassen. So konnte ich mich über Monate langsam vom Fahren verabschieden, damit der Einschnitt nicht so abrupt war."

Eine Sache wurde allerdings mehr als einmal erwähnt: Viele, die den Verlust ihres Autos bereits hinter sich hatten, wünschten sich, dass Familienangehörige dieses Ereignis nicht herunterspielen sollten. „Es tut weh, wenn sie so tun, als wäre das nicht weiter von Bedeutung", sagte Edith. „Wenn man zu hören bekommt, dass das alles kein Problem darstellt, fühlt man sich nur noch elender. Es tut gut, wenn die Menschen um einen herum unsere Verlustgefühle ernst nehmen – denn es ist ein schwerer Schritt, die eigene Mobilität aufzugeben. Es geht dabei um viel mehr als nur um das Autofahren als solches."

Wer aber altersbedingte Veränderungen, wie nicht mehr Schuhe binden oder nicht mehr Auto fahren zu können, akzeptiert, macht letztlich den Weg frei für einen positiven Umgang damit.

Ich kann nicht schlafen

„Jeden Morgen fragen wir uns gegenseitig: ‚Hast du gut geschlafen?'", berichteten Sandra und Carlos.

Sicherlich kommt das dahinter stehende Gefühl vielen Senioren bekannt vor. Schlafmuster ändern sich, es wird geschnarcht, um 3 Uhr morgens werden Probleme gewälzt, die Toilettengänge häufen sich – alles Probleme, die viele von uns im Alter haben. „Wir lieben uns sehr", fügte Sandra hinzu, „aber wir haben schließlich eingesehen, dass wir gelegentlich lieber in getrennten Betten schlafen, damit wir besser zur Ruhe kommen. Es war erleichternd festzustellen, dass das uns beiden so geht!"

Beim Essen mit Freundinnen erwähnte Anna eine Unterhaltung, die sich entwickelte, nachdem jemand eingestanden hatte, dass er es im Alter vorzog, alleine zu schlafen. Der darauf folgende Chor „Ich auch, ich auch" zog ein herzhaftes Gelächter nach sich – und die Erkenntnis, dass es vermutlich Menschen auf der ganzen Welt so geht. Frauen äußerten dies häufiger als Männer, denn meist beschwerten sie sich dabei über ihre schnarchenden Ehepartner.

Kathy, eine Autorin, drückte ihre Frustration in einem klugen Gedicht aus, und sie hat mir die Erlaubnis gegeben, es hier abzudrucken. Es sagt so ziemlich alles:

GETRENNTE BETTEN

Das Ehebett,
das zwei vereint,
wo Bettgeflüster heimliche Sorgen vertreibt,
wo erhitzte Gemüter friedlich ins Kissen sinken,
wo nach getrennten Tagesläufen
zwei sich finden, gemeinsam zu ruhen.

Dort herrscht jetzt und heut
Schlaflosigkeit,
rastloses Sich wälzen,
körperliche Bedürfnisse
treiben uns um.
Unwillkommene Gäste
in einem Bett für zwei.

Das leise Trippeln ins Bad,
zum letzten Mal, sagt er.
Ach, schlaf endlich,
murmelt sie,
als dem zweiten Gang ein dritter folgt.
Mit schlechtem Gewissen weicht er aus und klagt,
was ist das bloß?
Und testet die Beinfreiheit auf dem Sofa.

Zeit, sich von idealen Visionen zu verabschieden,
die Dinge ändern sich, sagt sie.
Zeit, es sich einzugestehen,
den Schlaf getrennt anzunehmen als Geschenk
und sich morgens wieder zu begegnen
beim schläfrigen Stolpern in die Löffel-Umarmung.
Die zwei liegen wieder zusammen im Ehebett,
erfrischt, erneuert – jetzt ist's nett.

Angst und Glaube

„Furcht ist nicht in der Liebe, sondern die vollkommene Liebe treibt die Furcht aus."
1. Johannes 4,18 (LÜ)

„Was, wenn ich mitten in der Nacht hinfalle? Wer wird mich finden? Was kann ich bloß tun?" Sue sprach aus, wovor viele von uns sich im Alter fürchten, insbesondere die, die alleine wohnen. Krankheit und Tod rücken greifbar nah, und die Angst ist kein vages Gefühl mehr, sondern sie hat ganz ausgeprägte Gesichter. Was früher einmal eine ungewisse Besorgnis war, ist jetzt greifbare Realität geworden. Hier eine Auswahl der von meinen Interviewpartnern erwähnten Sorgen:

- alleine unterwegs zu sein, inmitten von immer neuen Verkehrsregeln
- sich verlaufen oder orientierungslos zu sein auf der Straße
- ein leichtes Opfer für Raubüberfälle zu sein

- weit weg zu sein von vertrauten Ärzten und guter medizinischer Versorgung
- stolpern, fallen und sich dabei die Knochen zu brechen
- als hilfloser, unselbstständiger alter Kauz wahrgenommen zu werden

„Es ist kein Leben, wenn man nur noch die ganze Zeit verängstigt herumsitzt", stellte Richard fest. „Ich bin schließlich immer öfter zu Hause geblieben, aus Angst, dass irgendetwas schiefläuft. Mein Fernseher und mein Computer stellten die einzige Verbindung zur Außenwelt dar. Da ich kein Einsiedler werden wollte, musste ich die Initiative ergreifen und einige Dinge verändern."

Richard ließ eine Alarmanlage einbauen. Zudem schaffte er sich wegen seines Herzleidens einen Monitor an, sodass er seine Herzschwäche selbst im Blick behalten konnte. Nach mehreren Monaten beschloss er, in eine betreute Wohnung zu ziehen, wo er mehr Kontakte pflegen konnte.

Offenbar hängt eine der häufigsten Grundängste damit zusammen, zu zögern, jemanden um Hilfe zu bitten, und damit verbunden ist die Einbildung, man könnte ja damit jemandem aufdringlich werden. Matilda verlieh dieser unterschwelligen Furcht Ausdruck, indem sie schüchtern sagte: „Ich wollte meinen Freunden und meiner Familie einfach nicht zur Last fallen. Schließlich hat eine Freundin mich deswegen einmal zurechtgewiesen und gesagt: ,Tja, wenn du *mich* nie um Hilfe bittest, habe ich auch keine Lust *dich* zu fragen, wenn ich dich brauche!' Dieses Gespräch führte zu einigen dramatischen Veränderungen in unserer ganzen Gruppe alleinstehender Frauen und bahnte den Weg für eine komplizierte Abmachung." Sie nannten es ihren ,Notruf-Kreis'. Dahinter verbirgt sich eine präventiv angelegte Handlungsweise auf ihre Ängste, in einer Notsituation selber keine Hilfe mehr holen zu können. Denn die meisten ihrer Verwandten lebten in anderen Städten und waren nicht so schnell abrufbar, also schlossen sie ein Bündnis miteinander, dass sie einander spontan beistehen und warten würden, bis ein Familienmitglied kommen und die Sache übernehmen konnte. Eine der computerversierten Frauen sammelte die notwendigen Informationen dazu und mailte sie den sechs Frauen aus der Gruppe. Jede stellte folgende Daten freiwillig zur Verfügung:

- Hausarzt mit Telefonnummer
- bevorzugtes Krankenhaus
- alle Versicherungsnummern und zugehörige Informationen
- Blutgruppe und Allergien
- Liste der zurzeit eingenommenen Medikamente und ihre Dosierungen
- zu benachrichtigende Familienangehörige (Adresse und Telefonnummern)

„Dass wir für den Ernstfall aktiv werden konnten, hat uns etwas unsere Ängste genommen", fügte Matilda hinzu. „Wir haben nicht nur dagesessen und die Hände gerungen wie bemitleidenswerte kleine alte Damen. Wir haben etwas getan."

Meistens braucht es Zeit, Konzentration und Entschlossenheit, solchen Ängsten die Stirn zu bieten. Angst treibt uns oft dahin, sofort und hektisch zu handeln – durch eine Medizin, die Abhilfe schafft, einen Ortswechsel, eine neue Heirat, nur, um wieder einen Gefährten zu haben, einen überstürzten

Umzug zu den Kindern. Gute Lösungen werden aber oft in einer funktionierenden Gemeinschaft gefunden und indem man sich auf seinen Glauben besinnt.

Clara und Ruth waren begeisterte Kinogängerinnen und fest entschlossen, sich nicht zu Hause anbinden zu lassen. Beide lebten in Wohnungen mitten in der Stadt, wo die Kriminalitätsrate entsprechend hoch war. Also gewöhnten sie sich an, immer noch einmal kurz zu telefonieren, wenn sie gut zu Hause angekommen waren. Außerdem meldeten sich diese beiden Seniorinnen zu einem Selbstverteidigungskurs für Ältere an.

Diese Geschichten zeigen, wie wichtig der Unterschied ist zwischen grundloser Sorge und angemessenen Bedenken. Es bringt nichts, das Älterwerden an sich zu beklagen; daran können wir schließlich nicht das Geringste ändern. Wer sich über Dinge aufregt, gegen die man nichts tun kann, schwimmt ständig in einem Pool aus Angst, der Körper und Geist erschöpft. Wenn eine Sorge berechtigt ist, kann man jedoch durch eine angemessene Handlung darauf reagieren, was nicht nur die Situation entschärft, sondern auch ein Gefühl von Selbstbestimmtheit erzeugt. Die Hilflosigkeit, die viele im späteren Leben empfinden, schmilzt dahin, wenn wir handeln. Man sollte den Wert der eigenen Unabhängigkeit nie unterschätzen.

James berichtete: „Wie Sie wissen, wurden die meisten von uns dazu erzogen, auf eigenen Füßen zu stehen. Unabhängigkeit war eine Grundtugend in meiner Familie, deshalb fühlt es sich für mich so verletzend und verzweifelt an, wenn ich um Hilfe bitten muss. Obwohl es mir gegen den Strich geht, ist es allerdings ganz schön dumm, nicht um Hilfe zu bitten, wenn man sie wirklich braucht.“

Was aber ist mit den Ängsten, die radikale Veränderungen des späteren Lebens betreffen: plötzliche Krankheit, Verlust des Ehepartners, unerwartete finanzielle Engpässe, Demenz? Zeiten, wenn das Leben, das wir gekannt haben, plötzlich unter unseren Füßen wegbricht?

Der Glaube gibt uns da einen Halt, der uns unter diesen Rissen trägt und wie ein Fundament unter den losgetretenen Steinen ist. Flora Wuellner, Pfarrerin und Autorin, schrieb über ihre eigene Erfahrung angesichts solcher Erschütterungen:

„Wenn ich einer Herausforderung begegne und von Angst gepackt werde ... wenn mein Herz zu rasen beginnt, wenn ich beim Öffnen eines Briefs die Luft anhalte, auf einen Telefonanruf warte, im Wartezimmer beim Arzt sitze und auf die Testergebnisse warte, die Bankauszüge überfliege, eine schwierige Begegnung vor mir habe, einen Verlust erlebe, einen schwerwiegenden Fehler zugeben muss, versuche ich innerlich aufzustehen, meinen Kopf zu heben und der Möglichkeit einer dadurch veränderten Welt direkt ins Auge zu blicken. Dann erinnere ich mich daran, dass in dem Augenblick, wo der Boden wackelt und meine alten Sicherheiten schwinden, Gott immer noch bei mir ist ... Wo wird seine Hand mich dieses Mal hinführen? Welches neue Leben beginnt hier?"[34]

Eine der größten Ängste, die wir im Alter haben, scheint sich allerdings jenseits allen hoffnungsvollen Denkens zu befinden – und das ist die Möglichkeit, eine Demenz oder ähnliche Krankheit zu entwickeln. Wir versuchen, mit witzigen Bemerkungen das Beste aus unserer Schusseligkeit zu machen, z. B. wenn wir den Schlüssel verloren haben – „Von allen Dingen, die ich verloren habe, fehlt mir mein Gedächtnis am meisten" –, aber wir wissen nur zu genau, dass das eine ernste Angelegenheit ist. Unser Humor reicht nicht ganz aus, um die darunterliegende Angst zu übertünchen.

Mit Alzheimer und anderen Demenzkrankheiten umzugehen, spricht eine ganz eigene Ebene des Alterungsprozesses an und ist eines der größten Hindernisse für ein friedvolles Älterwerden. Ob wir Patienten sind oder Pfleger, die Herausforderungen sind überwältigend und flößen uns Angst ein. Da dies den Rahmen dieses Buchs sprengt und meinen Erfahrungshorizont übersteigt, möchte ich Sie bitten, falls Sie zu den Betroffenen oder Angehörigen zählen, an dieser Stelle fachliche Hilfe aufzusuchen.

Eines lässt sich jedenfalls zusammenfassend sagen: Angst gehört zu unserem menschlichen Leben dazu. Sie folgt uns, wohin wir auch gehen. Deshalb ist sie gleichermaßen natürlich und problematisch. Sie kann uns antreiben, aber auch lähmen. Sie kann uns schützen, uns aber auch übervorsichtig werden lassen. Wenn wir schließlich willens sind, der Angst ins Auge zu blicken und sie uns einzugestehen, dann kann das wie eine Türe sein, um auf der anderen Seite heilende Kraft zu erfahren.

Denn der Glaube, dass Gott es mit allen Katastrophen, die uns heimsuchen, aufnehmen kann und uns hilft, die Scherben wieder aufzusammeln, gibt uns einen Frieden, der höher ist als alle Vernunft. Ich nenne das gerne „eine tiefe Ruhe in einem unruhigen Meer". Diese Gewissheit kann unserem Leben Stärke und Hoffnung geben, auch wenn wir stürmische Zeiten durchzustehen haben. Wer ein solches tiefes Vertrauen spüren möchte, hat mit seinem Glauben an Gott an einen Punkt zu kommen, der durch die „dunkle Nacht" der alternden Seele trägt. Geistliche Übungen, die Bibel und andere inspirierende Literatur lesen, die Gemeinschaft mit Gleichgesinnten suchen und anderen Gnade bringen, damit wir dieses Vertrauen aufbauen und festigen können – Stein für Stein, Augenblick für Augenblick.

Im Alter haben wir die Zeit, nach dem Sinn im Chaos zu suchen – und hoffentlich auch den Glauben, dass wir einen finden.

Fehler und Vergebung

Als ich mich danach erkundigte, wer noch mit offenen Rechnungen zu tun hatte oder nach Vergebung suchte, bekam ich eine Geschichte zu hören, bei der mir der Atem stockte.

„Vor Jahren, als unsere neunzehnjährige Tochter ermordet wurde, fing meine Schule in Sachen Vergebung an", erinnerte sich Walter. „Es war eine ziemliche Odyssee. Ich hätte das vorher nicht für möglich gehalten, aber so war es. Ich musste die Vergebung schrittweise bewältigen, nicht einmalig. Wenn ich es als Ereignis abgetan hätte, wäre ich allzu leicht gescheitert. Hätte ich gedacht, dass es unmöglich wäre, hätte ich mir eingestehen müssen, ich habe es versucht, aber es geht nicht. Tatsächlich bin ich ‚willens, den *Weg* der Vergebung einzuschlagen', habe mein Ziel aber noch lange nicht erreicht."

Zuerst musste Walter klar erkennen, was die Wut mit ihm machte – mit seinem Körper ebenso wie mit seiner Seele. „Ich erinnere mich daran, dass jemand mir gesagt hat, ‚dass Verbitterung das Gefäß, in dem sie aufbewahrt wird, mehr beschädigt als den Gegenstand, über dem sie ausgegossen wird'. Wenn sich also unsere Wut über Jahre anstaut, arbeitet sie in uns wie ein Gift. Es ist wie mit einem juckenden Ausschlag – zuerst fühlt es sich gut an, wenn man kratzt, aber dann werden wir irgendwann wund und verletzen uns selbst."

Walter gab zu, dass Vergebung ihre Zeit braucht. „Ich musste mich durch die Wut und den Zorn hindurchkämpfen, bevor ich loslassen konnte", erinnerte er sich. „Doch selbst dann war es unmöglich, das allein aus eigener Kraft durchzustehen. Wie konnte Gott etwas so Schreckliches vergeben – oder von mir erwarten, dass ich es tat? – Mit diesen Gedanken habe ich eine lange Zeit gerungen. Mein Glaube an Gottes Vergebung brauchte viele Stärkungen und Bestätigungen. Ich habe das Vaterunser gebetet, besonders den Satz ‚Und vergib uns unsere Schuld, wie auch wir vergeben unseren Schuldigern'. Ich habe alles über Vergebung gelesen, was mir in die Hände kam – auch die Worte von Jesus am Kreuz, als er seinen eigenen Mördern vergab."

Walter stellte sich Gottes Vergebung wie eine Art rauschenden Fluss vor, eine immer weiterfließende Liebeskraft. „Wir müssen es nicht aus uns selbst schaffen", fügte er hinzu, „aber wir müssen willens sein, uns davon tragen zu lassen. Es fühlt sich für mich so an, als würde ich in mein Boot steigen, lospaddeln und mich auf einen Fluss der Vergebung begeben, der stärker ist als ich. Ich brauche nur die Entscheidung zu treffen, muss aber nicht die ganze Kraft aufbringen."

Und noch eine andere Erkenntnis half Walter auf dem Weg zur Vergebung. „Zuerst dachte ich, wenn ich dem Mörder vergebe, dann sieht es ja so aus, als würde ich irgendwie gutheißen, was er getan hat, und sagen, dass es schon okay war und gar nicht so sehr wehgetan hat. Und das war natürlich unvorstellbar. Ich musste ein neues Verständnis dafür entwickeln, dass wir Menschen vergeben, ohne deshalb deren

Verhalten gutzuheißen. Vergeben heißt auch nicht vergessen. Aber ich konnte einfach diese Last der Anklage nicht länger in mir tragen; sie hätte mich zerstört."

Manchmal dauert es ein ganzes Leben, bis wir jemandem vergeben können. Ich bin allerdings auch vielen älteren Menschen begegnet, die Probleme damit hatten, sich selbst zu vergeben.

„Ich habe als Mutter so viele Fehler gemacht, und ich kann sie nicht mehr rückgängig machen", erinnerte sich Sandra: „Ich liebe meine Kinder, aber ehrlich, es fällt schwer, mir selbst zu vergeben für den Schaden, den ich im Lauf der Jahre mit Worten und Taten angerichtet habe."

Auch Peter empfand Reue. „Manche Dinge in meinem Leben kann ich mir nur schwer verzeihen. Aber wir Menschen sind gut darin, uns etwas schönzureden, es mit allen möglichen Gründen zu rechtfertigen und uns aus der Verantwortung zu nehmen. Jetzt, wo ich älter bin, scheint es gesünder zuzugeben, dass die meisten von uns ziemlich üble Sachen angestellt haben, oft ohne es besser zu wissen, manchmal aus Wut oder Bösartigkeit und häufig aus selbstsüchtigen Motiven – indem wir unserer Leidenschaft nachgegeben haben oder indem wir versucht haben, uns auf Kosten anderer einen Vorteil zu verschaffen. Aber wenn wir den Mut haben, unserem inneren Schweinehund ins Gesicht zu blicken, öffnet sich auch schon ein Weg zur Vergebung."

Marthas Worte über die Vergebung zielten darauf ab, dass man das Ergebnis notwendigerweise offenlassen muss. „Vergebung ist einseitig", sagte sie eindringlich. „Man kann Reaktionen anderer Menschen nicht dadurch erzwingen, dass man ihnen vergibt. Sie können ebenfalls einen Schritt in Richtung Versöhnung machen oder auch nicht. Man darf aber nicht zulassen, dass die Kleinmütigkeit der anderen einen selbst auch kleinmütig macht."

Ein gutes Schlusswort kam von Hannah, die den Zusammenhang zwischen Vergebung und dem Märtyrertum erwähnte. „Wenn man lange Zeit einen Groll in sich hegt, ohne vergeben zu können, dann wird das irgendwann ein Teil unserer Persönlichkeit", sagte sie bewegt. „Man fühlt sich permanent als Opfer und trägt das wie eine Ehrenmedaille vor sich her. Ich selbst musste lernen, auf der Verletzung nicht mehr herumzukauen, und aufhören, darüber zu reden. Sonst hätte ich mich selbst sabotiert."

Der Autor und Theologe Frederick Buechner hat den Zustand des Nicht-vergeben-Könnens sehr anschaulich beschrieben und motiviert uns, ihn zu überwinden:

„Die Wut ist unter den Sünden vermutlich die unterhaltsamste. Die eigenen Wunden lecken, das Schmatzen der Lippen über längst verjährtem Groll, mit der Zunge vorfühlen nach bitteren Begegnungen, die noch kommen, das letzte köstliche Krümchen der Schmerzen genießen, die uns zugefügt wurden und die wir ausgeteilt haben – in vielerlei Hinsicht handelt es sich dabei um ein Festmahl für Könige.
Der große Haken ist allerdings, dass man dabei sich selbst aufzehrt. Am Ende bleibt nur das eigene Skelett übrig."[35]

Akzeptieren Sie Ihr Leben, wie es war

Als frühere Golfspielerin schätze ich die Worte der benediktinischen Nonne Joan Chittister: „Reue ist … der Bunker der Seele."

Und es scheint, als wären viele von uns im Alter in diesen Bunker gefallen. Es ist schon ein Kunststück, unsere Lebensträume loszulassen, wenn viele davon sich nie erfüllt haben. Eine der großen Herausforderungen des Alters ist es, zu akzeptieren, wer wir sind und was wir getan haben, anstatt über unsere verpassten Chancen zu lamentieren. Unsere Träume sitzen im Unterbewusstsein, fest eingebaut unter der offiziellen Tagesordnung. Leider messen wir unser Glück allzu oft daran, ob sie sich erfüllt haben – oder nicht.

„Mein Leben ist nicht so gelaufen, wie ich es geplant habe", überlegte Caroline. „Ich habe gedacht, ich würde ab der Lebensmitte wieder unbekümmert und unbeschwert leben können. Stattdessen wohnt meine erwachsene Tochter noch zu Hause, mein Sohn und die Enkelkinder befinden sich in einem Scheidungskrieg und meine alten Eltern brauchen dauerhaft Pflege. Wenn es mir nicht gelingt, in den ständig wechselnden Höhen und Tiefen einen Sinn zu erkennen, werden sich diese Jahre wie eine gigantische Enttäuschung anfühlen."

Caroline und ihr Mann entschieden sich, einen neuen Blickwinkel einzunehmen. Sie wollten nicht im Bedauern stecken bleiben und haben deswegen ihre Prioritäten geändert. „Ein ruhiger Abend zu Hause ist viel mehr wert als eine Reise mit dem Orient Express", rief Dave lachend. „Es macht mehr Spaß, das zu schätzen, was man hat, als darüber zu klagen, was man hätte haben können." Andere Senioren hatten ähnliche Konflikte auszuhalten:

- „Meine Frau und ich dachten, dass wir zusammen alt werden würden, umgeben von einer Schar Enkelkinder. Aber unser Sohn und unsere Tochter leben jetzt in

Kalifornien. Sie sind zwar beide verheiratet und beruflich sehr erfolgreich, aber Kinder wollen sie keine."

- „Ich habe nicht damit gerechnet, dass die zweite Hälfte meines Lebens durch Diabetes überschattet sein würde!"
- „Ich habe mir nichts so sehr gewünscht wie eine gute, solide Ehe. Nach zwei Scheidungen und in meinem jetzigen Alter weiß ich aber nicht mehr, ob das wirklich realistisch war."
- „Warum habe ich nicht studiert, als ich die Gelegenheit dazu hatte? Nun werde ich nie Englischprofessor, wie ich es vorhatte."
- „Ich habe immer davon geträumt, auf diesem Gebirgskamm in Peru zu stehen und hinunter auf Machu Picchu zu schauen. Nun ist es zu spät. Mein Herz ist so schwach, dass ich es nicht mehr in diese Höhe hinaufschaffe."

Auch Thea nannte einige Dinge, die sie bedauerte, aber sie hielt die Traurigkeit deswegen nicht länger aus. Stattdessen ergriff sie die Initiative. „Ich vermute, es ist in Ordnung, wenn man das Bedauern ausspricht und die Enttäuschung zulässt, aber ich will mir das nicht jeden Tag antun", bemerkte sie. „Mein Leben geht vorüber, während ich die Zeit mit Jammern vertue. Schließlich habe ich alles Gute aufgeschrieben, an das ich mich erinnern kann – schöne Momente, glückliche Beziehungen, Erkenntnisse und Erfahrungen, die ich mir erkämpft habe. Dann habe ich angefangen, meine eigenen Gedanken und Worte zu überprüfen. Jedes Mal, wenn ich anfing zu jammern, habe ich mir die Liste vorgenommen und meine Gedanken auf all die guten Dinge gelenkt."

Obwohl ich selbst in der Lebensmitte Probleme damit hatte, mit manchen Dingen fertig zu werden, blieb mir dabei ein Bereich verschlossen. Es dauerte Jahre, bis mir bewusst wurde, dass ich mit eiserner Hand an meinem Lebenstraum festgehalten hatte. Meine Entschlossenheit, eine „erfolgreiche" Ehefrau und Mutter zu sein, war so stark, dass ich ihn vielleicht zeitweise ein wenig zur Seite rücken konnte, es aber nie wirklich aufgegeben habe. In meinem Kopf stand unverrückbar das weibliche Ideal dieser Zeit. Alles andere war zweitrangig. Als ich endlich frei war, konnte ich diesen Kampf folgendermaßen beschreiben:

„Vom Kopf her wusste ich, dass ich ein wertvoller Mensch war, auch ohne die perfekte Ehefrau und Mutter zu sein. Schließlich, so dachte ich, war ich ja nicht von Gott dazu berufen worden, perfekt zu sein. Vielmehr war ich berufen an ihn zu glauben und mit einem für ihn geöffneten Geist zu leben. Aber ich wollte, dass auch mein Herz das akzeptierte und seine sture Haltung aufgab. Es war alles nicht so gekommen, wie ich es geplant hatte. Was nun? Ich war es leid, mich von meinen eigenen Erwartungen so fertigmachen zu lassen. Ich wollte mich davon befreien …
Aber dafür … musste ich mir die großen Fragen meines Lebens neu stellen: ‚Was tue ich als Nächstes? Was kann ich aus meinen Fehlern lernen? Wie gebe ich meinem Leben einen neuen Sinn?' Als ich die ersten Schritte machte und Fragen stellte, konnte ich langsam anfangen, die Antworten zu leben, Minute um Minute. Ich musste damit aufhören, alles selbst in der Hand halten zu wollen. Stattdessen erlaubte ich Gott, den Scherbenhaufen, aus dem mein Leben bestand, aufzulesen und daraus ein neues Mosaik zu legen – eines mit neuen Farben und überraschenden Mustern …
Ich war bereit, in die mir verbleibenden Jahre zu gehen, mit

offenen Händen, nicht mit einem tödlichen Griff auf meine
selbst erstellte Tagesordnung von Glück, an meine engstirnige
Definition dessen geklammert, wer ich war und was aus mir
werden konnte. "[36]

Gelegentlich stolpern Menschen über die Vorstellung einer
ausgleichenden Gerechtigkeit und denken, dass man eben
das bekommt, was man „verdient". Bemerkungen wie „Sie
hat dieses harte Schicksal aber nicht verdient" oder „Er war
so ein Schurke, und jetzt sieh in dir an, was für einen Erfolg
er hat" befriedigen nicht unser Bedürfnis nach Fairness. Der
Autor und Pfarrer Steve Garnaas-Holmes erklärt das aus seiner theologischen Sicht sehr einleuchtend:

„Auf einer bestimmten Ebene glauben wir, dass es so etwas wie
einen ‚Verdienst' im Leben gibt, dass Gott oder das Univer-
sum eine Punktetabelle unserer vergangenen Entscheidungen
führt und uns irgendwann die Rechnung dafür präsentiert.
So ist es aber nicht. Weder Glück noch Pech bedeuten irgend-
etwas, das alles geschieht rein zufällig. (Arbeiter werden
ausgebeutet ... Betrüger gewinnen ... gläubige Menschen
bekommen Krebs ... böse Menschen erleben gute Dinge und
umgekehrt.) Aber unsere armen kleinen Egos, die in unserer
[linken] Gehirnhälfte sitzen, verstehen das nicht, weil sie an
die Vorhersehung glauben, an Formeln, an einen eindeutigen
Zusammenhang von Wirkung und Ursache. Also tun sie so,
als gäbe es dafür Regeln. Aber wir leben unser Leben in einer
ständigen Suche nach Schuld und mit dem Fällen von Wert-
urteilen. Wir leben ein falsches Leben, und die Person, die
wir eigentlich sind, geht dabei unter. Und wir sind dazu auf-
gefordert, aus diesem Karussell, das uns nirgends hinführt,

auszusteigen. ,Bereue', wird uns gesagt. Bereuen bedeutet
aber nicht, dass wir auf das Karussell der Belohnungen und
Strafen zurückspringen und uns dort endlich auf das richtige
Pferd setzen sollen! Nein, wir sollen einen ganz neuen Weg
einschlagen und uns etwas anderem zuwenden, den Kopf in
eine andere Richtung drehen, und indem wir das tun, drehen
wir uns selbst, das heißt, wir verändern uns.

Bereuen heißt, dass wir uns abwenden von der Illusion eines
Lebens, das belohnt oder bestraft wird ... Bereuen bedeutet,
dass wir uns in die Gegenwart Gottes begeben.

Sicher wenden wir uns auch vom Bösen und von unserer
Selbstsucht ab. Aber nicht, damit wir anschließend eine
bessere Note bekommen. Wir tun das, weil Gott aus reinem
Mitgefühl besteht, und wenn wir uns Gott zuwenden, werden
wir ihm darin ein bisschen ähnlicher."[37]

Wer es schafft, von dem Bedauern zu einer Akzeptanz zu
finden, hat gelernt, die Vergangenheit loszulassen und den
gegenwärtigen Moment zu genießen.

Fragen

1. Sind Sie im Alter schon einmal einsam gewesen? Wie haben
   Sie das erlebt? Was hat Ihnen geholfen?
2. Haben Sie kürzerzutreten? Welchen Preis müssen Sie dafür
   zahlen?
3. Welche Ängste beherrschen Ihr Leben? Können Sie mit
   jemandem darüber reden und versuchen, eine Lösung zu
   finden?
4. Nennen Sie eine wunderbare und eine schreckliche Erinnerung, die bis heute Bedeutung für Ihr Leben hat. Können
   Sie beides als Bestandteile Ihres Lebens akzeptieren?

7

Überraschende Geschenke

„Das Geschenk dieser Jahre ist nicht nur, dass wir sie erleben dürfen – es ist ein Geschenk, dass wir uns lebendiger fühlen dürfen als je zuvor."
Joan Chittister

„Die Leute reden immer davon, welche Probleme das Älterwerden mit sich bringt. ‚Das ist nichts für Weicheier', heißt es oder: ‚Warte nur ab, du kannst dir nicht vorstellen, wie das ist.' Das mag zwar durchaus stimmen, aber was ist mit den schönen Seiten des Alters – der Freude, der Freiheit, der Dankbarkeit? Glauben Sie mir, ein bisschen *Gold* steckt doch in diesen goldenen Jahren, wenn wir nur bereit sind, nach diesem Schatz zu graben", sagte Charlotte beharrlich. Und eine ganze Reihe ihrer Altersgenossen stimmte dem zu.

Als ich die Leute fragte, was sie an den Jahren nach dem 70. Geburtstag am meisten genossen hätten, zeigte sich meist ein breites Lächeln auf ihren Gesichtern, bevor auch nur ein Wort fiel. Obwohl ihre Antworten viele verschiedene Aspekte berührten, konnte jeder mit der Frage etwas anfangen. Sie fanden es allerdings überraschend, dass sie überhaupt gestellt wurde. Herausforderungen und Probleme wurden in den Gesprächen viel häufiger erwähnt als das Positive. Warum eigentlich?

In der Wirklichkeit des Alters ankommen

„O, was fühle ich mich erleichtert, mich endlich in meiner eigenen Haut wohlfühlen zu dürfen", überlegte Doreen. „Ich kann nicht glauben, dass es fast ein ganzes Leben gedauert hat, bis mir klar geworden ist, dass ich stets andere darüber habe bestimmen lassen, wer ich eigentlich bin. Oder dass ich das werden sollte, was sie für sich brauchten oder wollten oder in mir *sahen* – und all das wurde zu einer Sicht, wie ich mich selbst wahrnahm. Und ich musste erst so alt werden, wie ich jetzt bin, um zu begreifen, dass mir niemand vorschreiben kann, wer ich bin."

Selbsterkenntnis verlangt von uns mehr Verantwortungsbewusstsein, als die meisten sich das wünschen. Viele fügen sich in ein Verhaltensmuster, das es notwendig macht, von anderen anerkannt und bestätigt zu werden. Niemand ist ganz gegen dieses Bedürfnis gefeit. Obwohl ich hoffe, dass ich dieser besonderen Versuchung im Alter immer besser widerstehen kann, stelle ich fest, dass die Sehnsucht nach Anerkennung uns nie ganz verlässt. Immer lauert sie irgendwo in unserer Psyche, schleicht sich von hinten in neuer Gestalt an uns heran.

Als ich mit 65 Jahren mein erstes Buch veröffentlicht habe, war ich erstaunt, wie verletzlich mich das machte. Ich fühlte mich preisgegeben, emotional entblößt und hilflos der Kritik anderer ausgeliefert. Jeden Tag hing mein Selbstwertgefühl wieder von Neuem davon ab, ob die Leser mein Buch mochten oder nicht, ob sie mich für eine gute Autorin hielten oder es anmaßend fanden. Diese fremden Meinungen hoben oder senkten meine Stimmung – und ich ließ das einfach zu.

Es war schwierig für mich, dem ein Ende zu setzen, aber ich musste es unbedingt versuchen. Der Pädagoge und Philosoph Howard Thurman hat die folgenden Worte geprägt: „Folge der Maserung deines eigenen Holzes." Also widmete ich mich der Aufgabe, herauszufinden und wiederzuentdecken, wie diese Maserung eigentlich aussah – wer ich eigentlich war, welches von Gottes Kindern –, um dazu zu stehen, ganz gleich, ob ich dafür Applaus oder Kritik erntete. Das ist mir nicht leichtgefallen, denn schließlich waren die Meinungen der anderen alles andere als belanglos. Ich versuchte, jede kritische Äußerung ganz genau auf ihren Inhalt zu überprüfen, ohne mich von anderen Meinungen sofort angegriffen zu fühlen. Es war notwendig, klug zu reagieren, statt einfach um sich zu schlagen.

Eine der ältesten Metaphern für diese Art von Authentizität ist Jesu Vorschlag, „die Lilien anzusehen, wie sie wachsen" (Lukas 12,27). Sie entfalten sich langsam – wenden sich dem Licht zu und werden zu genau dem, wozu sie geschaffen wurden – nicht Rosen oder Veilchen, sondern Lilien. Im Alter haben wir die Möglichkeit, uns ganz bewusst auf diesen Prozess zu konzentrieren. Ich habe mir daher angewöhnt, stets eine Vase mit Lilien auf meinem Schreibtisch stehen zu haben, die mich genau daran erinnert – ich selbst zu werden und zu sein.

Bonnie, 65, schickte mir ihre Überlegungen diesbezüglich per E-Mail. Die quirlige Bewohnerin eines Altenheims kommentierte insbesondere das authentische Zusammenleben in der Gemeinschaft:

„Ich bin umgeben von vielen ausgezeichnet rüstigen älteren Menschen, und das ist wirklich eine Hilfe. Sicher vergessen wir

auch mal den Namen eines Enkels oder wo wir den Schlüs-
sel abgelegt haben, aber in unseren Gesprächen (über alles
und jedes) entsteht eine Tiefe, die mir kostbarer erscheint als
die Unterhaltungen in jüngeren Jahren. Wir verschwenden
keine Zeit und halten keinen Small Talk mehr. Und da gibt
es einen weiteren glücklichen Zufall: Je mehr Mut ich habe,
ich selbst zu sein, umso mehr kann ich die anderen ihr Ding
machen lassen. Wir müssen nicht mehr miteinander konkur-
rieren oder uns unsere Freundschaft verdienen, wir müssen
nicht überzeugen oder uns überreden oder eine Auseinander-
setzung für uns gewinnen. Wir glauben, dass wir das Recht
erworben haben, auch mal falschzuliegen, deshalb erzählen
wir ebenso viele Geschichten vom Scheitern wie von unseren
Erfolgen. Sie sind sowieso meistens interessanter. Wir gehen
nachsichtig miteinander um, besonders wenn wir uns nicht
einigen können, und am Ende nehmen wir uns einfach mal
kurz in den Arm. Niemand sollte sich einreden lassen, dass es
ganz schlecht sei, alt zu werden; in Wirklichkeit ist auch viel
Gutes dabei."

Auf dem Weg, das eigene wahre Selbst auszuleben, gab es
bemerkenswerte Unterschiede bei den Geschlechtern. Viele
Männer waren erleichtert, endlich frei zu sein von dem
gesellschaftlichen Erfolgsdruck, den sie ihr ganzes Leben
lang zumindest beruflich gespürt hatten. Frauen fühlten sich
meist von dem Bedürfnis befreit, sich immer den Anfor-
derungen und Vorschriften anderer anpassen zu müssen –
obwohl viele einen tief sitzenden Glauben besaßen, dass es
egoistisch sei, sich nur um sich selbst zu kümmern. Authentisch und freundlich zu sein, muss jedoch nicht auf Gegen-
seitigkeit beruhen.

„Gut mit sich selbst umzugehen, bedeutet nicht: ,Ich tue, was ich will, und die anderen sind mir egal'", sagte Gloria. „Besonnenes Handeln war mir immer wichtig, aber meine Motivation ist jetzt eine andere. Heute bin ich nicht mehr nur deshalb freundlich, weil ich dann von den anderen gemocht werde oder einen guten Eindruck mache. Ich will wirklich Liebe schenken, weil Gott mir gezeigt hat, dass ich in meinem innersten Wesen so viel davon habe. Wenn ich danach leben will, muss ich körperlich und spirituell in guter Verfassung sein, und das heißt, dass ich auch ehrlich meine eigenen Wünsche und Bedürfnisse berücksichtige."

In der Realität ankommen heißt auch, sich von fremden Vorstellungen zu lösen, wer man sein soll. Als blonde Frau aus dem Bibelgürtel (dem Südosten der USA) – und zwar genau aus der Schnalle dieses Gürtels – bin ich manchmal in eine Schublade gesteckt worden und wurde mit Blondinen-Witzen geärgert. Früher habe ich immer gehofft, dass die Leute irgendwann selber merken, dass ich nicht dumm bin. Aber wie andere Frauen über 70 kümmert es mich heute nicht mehr, was die Leute über mich denken. Das ist ein befreiendes Gefühl, wenn man älter wird.

Humor hilft

Das Geheimnis meiner Vitalität und Aktivität ist, dass ich immer eine Menge Spaß im Leben gehabt habe.
Lowell Thomas

Die Teilnehmerinnen eines Seminarwochenendes für Rentnerinnen teilten mir mit, dass das Wochenende mit einer

„Mitleidsparty" startete. Danach sollte ich die alljährlich stattfindende Veranstaltung zu dem Thema „Das Gold in den goldenen Jahren" organisieren. Meine reflexartige Reaktion (als optimistischer Mensch) war zunächst eine tiefe Ratlosigkeit wegen des negativen Warm-ups. Ich fragte mich, wie sich das mit den hoffnungsvollen Impulsen vertragen sollte, die ich vorbereitet hatte, stellte aber bald fest, dass eine witzige Logik dahintersteckte und durchaus Sinn machte.

„Es gibt so vieles am Alter, worüber wir ständig klagen", erklärten die Frauen mir. „Deshalb wollen wir erst mal reinen Tisch machen. Anstatt unsere Sorgen unter den Teppich zu kehren, werden wir jammern und grollen und uns am Freitagabend gemeinsam darüber kaputtlachen. Wenn Sie dann am Samstagmorgen mit dem Workshop anfangen, sind wir bereit!"

Und sie hatten natürlich vollkommen recht! Nachdem sie sich öffentlich über ihr Übergewicht ausgelassen hatten, ihr nachlassendes Gedächtnis, graue Haare, Falten und knarzende Gelenke (um nur ein paar Dinge zu nennen), war der Weg frei für eine andere Sicht auf das Alter. Die Beschwerden wurden auf so freundschaftliche und humorvolle Weise zur Schau gestellt, dass es der Angst ihren Stachel nahm. Es wurde gelacht, bis die Tränen kamen. Jeder versuchte, die anderen zu übertreffen, und sie hatten einen Riesenspaß dabei. Natürlich dauerte es nicht lange, bis das Mitgefühl alle zusammenschweißte.

Uns Menschen tut es gut (besonders in der Gesellschaft anderer, die verstehen, wovon wir sprechen), wenn wir uns nach Herzenslust da kratzen können, wo es uns juckt – ob es nun ein äußerlicher Ausschlag ist oder ein Gift von innen.

Deshalb verkaufen sich ja auch diese schrecklichen Grußkarten über den Horror des Alterns wie warme Brötchen. Die

Last ist für jeden leichter zu tragen, wenn sie mit einer guten Prise Humor gewürzt ist.

Laura veranstaltete eine eigene und ganz persönliche Form einer Mitleidsparty. „Liegt mir etwas schwer im Magen, dann nehme ich meine Eieruhr aus der Küche", sagte sie mit einem Augenzwinkern. „Ich gebe mir zwanzig Minuten, um mich darüber zu ärgern, aber sobald der Wecker klingelt, höre ich auf damit. Dann ist es genug. Ich will dieses Gift nicht in mir haben."

Eine Freundin von mir, die eine nicht kleinzukriegende Lebensfreude versprüht, hat einen Weg gefunden, sogar die Diagnose Brustkrebs mit ihrer ganz eigenen Art von Humor zu nehmen. „Als ich zur Amputation ins Krankenhaus kam, habe ich mir mein kleines, persönliches Nest dort gebaut, mit Make-up und Ohrringen", berichtete Patrizia. „Sobald ich nach dem Eingriff wieder mit den Augen fokussieren konnte, habe ich mir eine Perlenkette angelegt."

Ihre persönliche Heilungserfahrung mit Humor ist in ein fortlaufendes Projekt eingeflossen, das unter dem Namen „Pat's Pearls" bekannt wurde. Sie hat dafür einen Beutel entworfen, der eine Perlenkette und eine Genesungskarte enthält. Sie gibt diesen Beutel anderen Krebspatientinnen im Krankenhaus, die ihr symbolisches Geschenk zur Genesung gerne annehmen und die Perlen der Klinik bei ihrer Entlassung zurückgeben. Dieser spielerische Umgang mit einer ernsten Angelegenheit hat bereits viele andere angesteckt.

Etliche Senioren sprachen davon, dass sie ihr Bedürfnis nach Spaß und guter Laune in dieser Lebensphase neu überdenken mussten. Ellen und Edgar berichteten, dass keine Reise rund um den Globus ihnen so viel Vergnügen bereiten konnte wie ein großes Familientreffen mit gegrillten Hamburgern. Martha erzählte von ihrer neuen Angewohnheit, ihre Enkelkinder mit auf „Schatzsuche" zu nehmen. Dabei bekommt jedes Kind einen Korb, in dem es ungewöhnliche Steine, farbige Blätter und Wildblumen sammelt. „Während wir langsam umherspazieren, genieße ich es, ihren unbefangenen Gesprächen zuzuhören. Das ist viel schöner als die gestelzten, höflichen Antworten, die ich normalerweise bekomme, wenn ich sie mit Fragen bombardiere."

Es ist für uns Ältere herausfordernd, den goldenen Mittelweg zu finden zwischen einem allzu anstrengenden Spiel und der Anstrengung, überhaupt zu spielen. „Seinem Alter angemessen" benimmt man sich vielleicht mit 35, aber mit 70 kann das schon wieder ein Fehler sein, denn es wird häufig als faule Ausrede benutzt. Einige Dinge befinden sich allerdings definitiv jenseits unserer finanziellen oder körperlichen Möglichkeiten, und hier sind wohlüberlegte Entscheidungen angebracht.

Vor einigen Jahren hatte ich mir ehrlicherweise einzugestehen, dass ich es nicht mehr schaffte, auf Neujahrspartys zu gehen. Andererseits wollte ich den Beginn des Neuen Jahrs irgendwie feiern. Ich musste also einen anderen Weg finden. Ein frühes, zwangloses Treffen schien mir dafür am passendsten, also schickte ich meinen Freunden folgende Einladung:

„In London feiert man Neujahr um sechs,
um sieben sind alle Gläser schon leer,
um acht tönt ‚Auld Lang Syne' übers Meer,
auf der Queen Elizabeth tanzt man auf allen Decks!
Kommt schick oder lässig, ganz egal,
in Jeans oder Smoking, gekämmt, mit Locken,
stündlich läuten die Neujahrsglocken.
Wir prosten uns zu, auch dieses Mal!"

Diejenigen, die noch eine spätere Einladung hatten, verabschiedeten sich zeitig, und die frühen Vögel unter uns konnten zur gewohnten Zeit wieder zu Hause sein.

Robert war entschlossen, seine Knieschmerzen mit zusammengebissenen Zähnen auszuhalten, weil er seine Position in einer wöchentlichen Tennis-Vierergruppe halten wollte. Als die Schmerzen allerdings irgendwann zu stark wurden, musste er einen Gang zurückschalten. Er schloss sich einer Lauf- und Radgruppe an, um weiterhin sportlich in einer Gruppe unterwegs zu sein, und seine erleichterten Knie dankten es ihm.

Ohne Zweifel hebt Lachen unsere Stimmung und tut unseren Körpern gut, sogar wenn die Witze auf unsere eigenen Kosten gehen. Mary berichtete von folgender komischer Situation, als sie Spinat zwischen den Zähnen hatte:

„Ich bin nicht sicher, wann mein Mund angefangen hat, sich zu verändern. Falten und Wülste habe ich erwartet, aber Lücken zwischen meinen Zähnen? Woher sollte ich das wissen? Diese winzigen Ritzen schienen alles festzuhalten, was in ihre Nähe kam, und für Spinat hatten sie offenbar eine ganz besondere Anziehungskraft. Dunkelgrüne Fetzen lieben es, sich dort einzunisten. Ein Lächeln verwandelt sich dann in eine komische Fratze. Und ich bin überzeugt, dass es ein Lackmustest der Liebe ist, wenn eine Freundin mir diskret signalisiert, dass ich Spinat zwischen den Zähnen habe."

Sehen Sie zu, dass Sie das Lachen nie verlernen! Oder anders gesagt, mit den Worten des berühmten irischen Dramatikers George Bernard Shaw: „Wer älter wird, der wird nicht *aufhören* zu *spielen*. Aber wer *aufhört* zu *spielen*, der wird älter."

Dankbarkeit ist mehr als eine Floskel

„Wäre das Wort ‚danke‘ das einzige Gebet, das du jemals sprichst, so wäre es genug."
Meister Eckhart

Ich habe immer geglaubt, ich wüsste, was Dankbarkeit ist. Bis ich versuchte, ein Buch darüber zu schreiben. Alle empfindsamen Lebewesen sind in der Lage, sich auf die eine oder andere Art zu bedanken, es ist ein ganz alltägliches Ereignis, sogar bei Tieren. Babys drücken fröhlich krächzend ihre Dankbarkeit aus, Hunde wedeln mit dem Schwanz und Katzen schnurren. Was wäre natürlicher? Einige der ersten Worte, die man in einer anderen Sprache lernt, sind *thank you, muchas gracias, merci beaucoup.* Der Impuls dazu scheint uns in die Wiege gelegt zu sein. Und wir Menschen scheinen wie geschaffen dazu, unseren Dank auszusprechen. Trotzdem ist es schwierig, das Gefühl adäquat zu beschreiben.

Wer in unserer Kultur gut erzogen ist, lernt für gewöhnlich, Dank für Mahlzeiten auszudrücken. Oft, aufrichtig und wie aus der Pistole geschossen sollte er über die Lippen kommen. Und jeder sollte in der Lage sein, ein förmliches Dankesschreiben aufzusetzen. Dieses Verhalten bezieht sich jedoch immer auf den Kontext – nämlich die Bestätigung, dass in unserem Leben alles gut läuft. Dann nämlich danken wir nahezu automatisch für alles, was uns Vergnügen bereitet und was wir als Segen betrachten.

Diejenigen älteren Menschen, mit denen ich gesprochen habe, verstanden Dankbarkeit jedoch weiter, als wir es in jüngeren Jahren tun. Christina sagte: „Hört man denn auf, eine dankbare Person zu sein, wenn im Leben plötzlich alles schiefläuft? Bei schlimmen Schicksalsschlägen? Wenn Gebete nicht mehr beantwortet werden? Wenn das Glück uns nicht mehr hold ist? Dankbarkeit kann doch nicht nur dann bestehen, wenn alles glattläuft. Es ist eine Einstellungsfrage, und deshalb muss mehr daran sein."

Die Bedeutung von Dankbarkeit wird nicht nur in zahlreichen Bibeltexten betont, sondern auch in der aktuellen Wissenschaft. Studien zeigen zusammenfassend, dass es uns guttut, dankbar zu sein: Dankbare Menschen leben glücklicher. Das Danken bewirkt, dass unsere Körper positive Hormone ausschütten, unser Immunsystem wird durch optimistische Emotionen gestärkt, Beziehungen funktionieren besser, wenn sie von Anerkennung genährt werden. Ganz gleich, worum es geht – Dankbarkeit hilft.

Raymond nannte diese positive Tendenz seinen „Dankesmuskel", der durch unterschiedliche Dinge stimuliert werden kann. „Wird mein Dankesmuskel schlaff, werde ich schlecht gelaunt, bitter und deprimiert. Ich versuche daher diesen Muskel zu trainieren und ihm immer wieder bewusst einen Gedanken zu widmen, ein Wort, eine kleine Tat. Das macht mir regelrecht Spaß. Vielleicht klingt es albern, aber ich habe sogar einen kleinen Stein in meiner Tasche, den ich den Dankesstein nenne. Jedes Mal, wenn ich die Hand in die Tasche stecke, erinnert er mich daran, dankbar zu sein."

Frida fing an, sich selbst genau zu beobachten. „Ich bin entsetzt, wenn ich merke, dass ich nur noch jammere", erzählte sie. „Meine Freunde und ich kennen die Statistiken darüber, wie wichtig Dankbarkeit für uns ist, und wir haben die entsprechenden Stellen in der Bibel gelesen, aber trotzdem tun wir manchmal so, als wäre alles ganz schrecklich. Es ist eine schleichende Abwärtsbewegung – oft fängt ein Gespräch mit einer harmlosen Bemerkung über den nervtötenden Verkehr an, es geht weiter mit aus dem Ruder gelaufenen Schulden hin zu verzogenen Kindern, zu schmerzenden Gelenken und dem beklagenswerten Zustand der ganzen Welt. – Und ich war bei diesem kollektiven Jammern alles andere als eine unschuldige Zuschauerin! Ich habe mit meinen eigenen Klagen freiwillig in den Chor eingestimmt."

Wir müssen das heimtückische Spiel des „Es-ist-alles-ganz-schrecklich" aber nicht mitmachen. Rita entschied sich ganz bewusst dagegen. „Ich halte mich fern von diesen Klagen um mich herum und schweige, wenn über jemanden oder etwas hergezogen wird. Ich habe es auch nicht nötig, die Leute, die sich dauernd beschweren, zurechtzuweisen oder zu verurteilen. Ab und zu werfe ich eine hoffnungsvolle oder dankbare Bemerkung ein und lasse die negative Stimmung gar nicht an mich heran."

Louis fand zu einer ähnlichen Haltung. „Als ich mich entschieden habe, meine Augen dafür zu öffnen, wofür ich alles dankbar sein kann, wusste ich, dass ich mein Leben ganzheitlich betrachten musste. Ich konnte mir nicht nur die Rosinen herauspicken", sagte er. „Mir ist klar geworden, wie viel ich dabei gelernt habe, wenn etwas schiefgegangen ist – all die Misserfolge, die Hindernisse, die Irrungen und Wirrungen. Jetzt bin ich einfach dankbar dafür, dass ich lebe, dass Gott in guten wie in schlechten Zeiten bei mir ist und mein fester Fels ist, egal was passiert. Und ich habe ein Bild, das mir viel bedeutet. Ich stelle mir Gottes Gnade wie einen großen Wasserball vor, der halb schwarz und halb weiß ist und immer wieder an die Oberfläche kommt. Sicher schwimmt er in etwas, das größer ist als er, er wird vom Wasser getragen, hält sich oben, hat einen eigenen Antrieb, strebt zuverlässig hinauf. Dieser runde

Gnadenball beinhaltet die hellen und die dunklen Momente gleichzeitig und wird immer wieder umhergeworfen, aber er sinkt nie hinab in die Tiefe.‟

Wahre Dankbarkeit hat nicht nur damit zu tun, ob man gesegnet wurde oder ob etwas im Leben gut funktioniert hat. Sicher hat das seinen Wert, aber was tun wir mit den Zeiten, in denen es nicht so gut läuft? Der Autor und Theologe Henry Nouwen packt dieses Dilemma in treffende Worte:

„Wie oft wollen wir unsere Vergangenheit einteilen in gute Dinge, an die wir uns mit Dankbarkeit erinnern, und in schmerzhafte Ereignisse, die wir zwar akzeptieren, aber lieber vergessen würden … Wir entwickeln eine Mentalität, die von der Hoffnung getragen wird, dass wir immer mehr gute Erinnerungen sammeln anstatt schlechte … Wahre Dankbarkeit bedeutet aber, dass wir das Leben als ein Geschenk leben, das wir dankbar annehmen. Dankbarkeit, wie sie die Bibel versteht, schließt das ganze Leben mit ein: das Gute und das Schlechte, die Freude und den Schmerz, das Heilige und das nicht so Heilige …
Es ist so einfach, die schlechten Erinnerungen einfach unter den Teppich zu kehren und nur an das Gute zu denken, das uns gefällt. Aber wer das tut, hindert sich selbst daran, die Freude unter den Sorgen zu entdecken, den Frieden, der sich manchmal mitten in Konflikten verbirgt, und die Stärke, die erst sichtbar wird mitten in meinen Schwächen … Solange wir Bitterkeit empfinden über die Dinge, die wir lieber nicht erlebt hätten, über Beziehungen, die anders hätten laufen sollen, über Fehler, die wir ungeschehen machen möchten, bleibt ein Teil unseres Herzens iso-

*liert, unfähig, in dem neuen Leben, das vor uns liegt, Früchte
zu tragen.* "[38]

Eric sprach davon, wie seine Einstellung zur Dankbarkeit
sich über die Jahre verändert hatte. „Früher habe ich immer
geglaubt, dass ‚Dankbarkeit für alles' nur ein Schönreden und
ein Verstellen ist", erinnerte er sich. „Dann habe ich angefangen zu unterscheiden zwischen ‚dankbar sein' und ‚froh sein'.
Es war möglich, auch den Schmerz mitzufühlen, zuzugeben,
dass wir vieles nicht ändern können, und trotzdem dankbar
zu sein – vielleicht einen kleinen Hoffnungsschimmer erkennen – und auch das bestätigen, als würde man sagen: ‚Ich
bin dankbar, dass ich diesen furchtbaren Tag durchgestanden
habe.' Irgendwie öffnete diese Veränderung für mich einen
anderen Blick auf die Dankbarkeit trotz all der unschönen
Ereignisse."

Wir können uns bewusst dafür entscheiden, unseren „Dankesmuskel" zu trainieren. Wir können uns von den Herausforderungen des Lebens niederschlagen lassen oder wir können uns dafür öffnen. Wenn Dankbarkeit ein natürlicher
Bestandteil unseres Lebens wird, hören wir auf, vorschnell zu
urteilen, wir beschweren uns weniger, wir haben weniger Sorgen, Leute fühlen sich wohler in unserer Gesellschaft und wir
können uns von Gott besser benutzen lassen. Wir verwandeln
uns buchstäblich in mobile, redende Dankbarkeit, weil sie
unser Wesen bestimmt und weniger das, was wir tun – wie
das Freudenbündel, das Reverend John Claypool im Krankenhaus besuchte:

*„Einmal besuchte ich zwei Gemeindemitglieder, beide schon
Mitte achtzig und konfrontiert mit enormen körperlichen*

Problemen. Als ich das Zimmer der ersten Lady betrat, merkte ich, dass sie von ihrer Situation sehr niedergeschlagen war. Sofort fing sie an, mir von all ihren Beschwerden zu erzählen. Es sei so schlimm für sie, ihr Haus zu verlassen und ins Krankenhaus zu kommen, und sie könne hier unmöglich zu Schlaf kommen, weil sie Tag und Nacht gestört werde. Sie berichtete, dass sich die Bettlaken rau anfühlten wie Schleifpapier, und vielleicht am schlimmsten war das schreckliche Essen … all das stimmte. Ich tat mein Bestes, um sie aufzumuntern. Ich sagte, dass Gott bei ihr bleiben würde …, aber als ich sie verließ, war ihr Herz immer noch schwer …, und ich fühlte mich selbst ganz unglücklich nach dieser Begegnung. Zwei Stockwerke weiter unten betrat ich das Zimmer einer anderen Frau, auch sie alt und gebrechlich, aber ich konnte von dem Moment, als ich die Tür öffnete, sagen, dass hier ein ganz anderer Wind wehte. Als ich mein Mitgefühl ausdrückte, dass sie im Krankenhaus war, sagte sie: ‚Ja, sicher ist das bedauerlich, aber die Leute hier können viel besser für mich sorgen als meine Familie zu Hause. Ich bin so froh, dass es dieses Krankenhaus gibt.‘ Ich fragte: ‚Fühlen Sie sich nicht durch die ganze Unruhe hier gestört?‘ Sie sagte: ‚Wissen Sie, ich habe eine wunderbare Familie, aber sie sind alle beschäftigt, und deshalb bin ich oft alleine … Hier im Krankenhaus sehe ich jedes Mal, wenn sich die Tür öffnet, ein frisches junges Ding hereinkommen.‘

‚Können Sie denn hier schlafen?‘, fragte ich … Da leuchteten ihre Augen … ‚Zu Hause wechseln wir nur einmal pro Woche die Bettwäsche. Hier machen sie das jeden Tag! Das ist der reine Luxus, oder?‘ Erneut versuchte ich, ihr Trost zu spenden. ‚Und das Essen, können Sie das gut kauen?‘ Wieder sagte sie: ‚Wissen Sie, meine Schwiegertochter kocht wun-

dervoll, aber bei ihr schmeckt immer alles gleich und das wird mit der Zeit ein wenig eintönig. Ich genieße wirklich die Abwechslung hier im Krankenhaus.' Und dann fügte sie noch hinzu: ,Das Essen fällt mir schwer, weil ich nur noch zwei Zähne habe. Aber Gott sei Dank treffen sie noch aufeinander!' Als sie diese letzte Bemerkung machte, wäre ich am liebsten einen Schritt zurückgetreten und hätte meine Knie gebeugt. Es gibt so unglaublich tapfere Menschen ... der Unterschied der versprühten Energien in diesen beiden Krankenhauszimmern war absolut erstaunlich."[39]

Die von mir interviewten Senioren lehrten mich, dass man Dankbarkeit nicht nur für eine Reihe von segensreichen Ereignissen empfinden kann, sondern dass sie eine Lebenseinstellung beschreibt, bei der man alles aus einer hoffnungsvollen Perspektive sieht. Larry meinte: „Es geht um Folgendes. In welcher Situation wir uns auch befinden, wir müssen uns immer folgende Frage stellen: *Aus welchem Blickwinkel sehe ich das?* Je nachdem, wie man diese Frage beantwortet, verändert sie auch die Entwicklung der Dinge von diesem Moment an."

Erfreuen Sie sich an den kleinen Dingen

*„Um die Welt in einem Sandkorn zu sehen und den Himmel in
einer wilden Blume, halte die Unendlichkeit auf deiner flachen
Hand, und die Stunde rückt in die Ewigkeit."*
William Blake

„Eine der größten Überraschungen für mich in diesem Lebensabschnitt ist, dass ich ihn als wesentlich erfüllender empfinde,
als ich erwartet habe. Vermutlich liegt das auch daran, dass ich
die kleinen Dinge viel intensiver wahrnehme", sinnierte der
85-jährige Henry. „Ich war in meinem Berufsleben immer in
Eile und habe vergessen, anzuhalten und den Geruch der Rosen
einzuatmen. Ich habe meinen Beruf geliebt, aber das hier ist
etwas ganz anderes … in vielerlei Hinsicht ist es jetzt besser."

Eines der widersprüchlichen Geschenke im fortgeschrittenen Alter besteht darin, dass unsere Sicht auf die Welt zwar
weiter wird, gleichzeitig aber auf die Größe eines Spinnennet-
zes zusammenschrumpfen kann. Man kann beeindruckt sein
von der Unendlichkeit des Universums und von Ehrfurcht
ergriffen beim Anblick eines kreisenden Adlers.

In meinen Interviews gab es immer wieder Kommentare,
die sich auf diese intensive Wahrnehmung bezogen:

- „Heute fühle ich mich viel lebendiger, wenn ich meiner Enkeltochter eine Gutenachtgeschichte vorlese, als
  damals, als ich meinem Chef Bericht über unsere Ge-
  winne erstatten musste.
- „Wenn mein alter, struppiger Hund mich mit diesen lieben Augen und Schwanzwedeln begrüßt, dann zehre ich
  den ganzen Tag davon."

- „Der Arzt sagt, dass ich langsamer essen soll, und jetzt, wo ich nicht mehr alles herunterschlinge, fange ich erst richtig an zu genießen."
- „Ich kann heute besser zuhören als früher, irgendwie ist es mir nicht mehr so wichtig, gleich eine Lösung parat zu haben."

Barbara Brown Taylor beschrieb ihre Erfahrung so:

„Als ich einmal eine ganze Woche das Bett hüten musste, habe ich Stunden damit verbracht, das Sonnenlicht zu beobachten, das durch die Ritzen meiner Holzrollläden hereindrang und sich auf den weißen Wänden meines Schlafzimmers fortbewegte. Am Morgen machte es zuerst honigfarbene Rechtecke mit weichen Rändern. Um 10 Uhr war die Wand mit Lichtstrahlen gestreift, so klar gezogen wie mit einem Lineal. Mittags sahen sie mehr aus wie die Sprossen einer Leiter, gesprenkelt mit den Blättern der herabhängenden Ulmenzweige vor meinem Fenster. Gegen 14 Uhr konnte ich kaum mehr ihre Konturen erkennen, weil die Sonne über das Hausdach gestiegen war und den Hof in tiefen Schatten fallen ließ ... Das sind jetzt vielleicht keine weltbewegenden Ereignisse, aber für mich war es etwas Wunderschönes. Es hat mich aufgebaut. Ich hatte einen Ort, an den ich gehen konnte, außerhalb meiner selbst."[40]

Manchmal ist die Aufmerksamkeit für Details nach innen gerichtet anstatt nach außen. Claire fing an, ihr wachsendes Interesse für den gegenwärtigen Augenblick zu entdecken. „Ich habe in viel kleineren Abschnitten gedacht, zum Beispiel daran, ob ich einfach die nächste, liebevolle kleine Geste planen kann, und wenn es auch nur das Loslassen all dieser Ablenkungen ist, wenn ich einem Freund zuhöre und mit all meinen Sinnen ganz im Augenblick lebe. Diese Konzentration auf das Hier und Jetzt ist wie eine ‚Schutzimpfung‘ gegen meine chronische Rastlosigkeit. Wenn ich an allem nur vorbeihaste, entgehen mir so viele Details."

Gewisse geistliche Übungen können uns dabei helfen. „Wenn ich mich an den Kleinigkeiten erfreue", sagte Charles, „muss ich jenem Teil in mir, der diese Gefühle erlebt, besondere Beachtung schenken und mit den Augen meines Herzens sehen. Jede Nacht versuche ich mit guten Gedanken einzuschlafen, den Tag noch einmal durchzuspielen und mich an vier oder fünf Momente zu erinnern, in denen ich die reine Freude empfunden habe."

Als Spaziergängerin wählt Kiara häufig Wege in Form einer „Parabel". „Ich laufe nicht besonders schnell, im Gegenteil, ich versuche meinen Schritt zu verlangsamen", informierte sie mich. „Wenn mein Auge dann an etwas hängen bleibt, halte ich an und betrachte es für einige Minuten ganz intensiv, bis ich etwas daraus gelernt habe. Das kann ein Blatt sein, das sich vom Baum löst und zu Boden schwebt. *Was brauche ich, um loszulassen?* Oder ein frischer grüner Trieb kommt unerwartet aus einem alten Baumstumpf. *Gibt es etwas in mir, was mit aller Macht weiterwachsen will, gegen alle Widerstände? Welcher gottgeschenkte Lebenstrieb stärkt mich und gibt mir die nötige Kraft?* Die Natur ist ein großartiger Lehrer in allen Lebensfragen."

Ich stieß auf einen alten Tagebucheintrag, der einen langsamen, nachdenklichen Moment in meinem eigenen Leben beschrieb, als das Betrachten von Details mir eine tiefere Wahrheit aufzeigte:

„Das ist mein erster Sonnenaufgang am Strand seit drei Jahren. Ich habe müde Augen, fühle mich aber munter wie ein Fisch im Wasser. Seit einer Stunde warte ich geduldig auf die ersten Lichtstrahlen und schwelge in den Erinnerungen an vergangene Sonnenaufgänge, die ich in meiner Hand drehe und wende wie Muschelschalen, befühle ihre Form und Struktur, bewundere ihre Schönheit und die Seepocken darauf.

O, wie diese Szenerie, die Mischung von Sand und Muscheln und Salz, mich mein Leben lang begleitet hat – schöne Zeiten mit sonnengebräunten Kleinkindern, verzweifelte Zeiten wegen zerbrochener Beziehungen, Zeiten harter Entschlossenheit und irrationaler Hoffnung.

Dieser Strand hat mich zu allen Zeiten gekannt, er hat meine Geschichte miterlebt.

Aus dem Augenwinkel sehe ich eine langbeinige Läuferin in pinkfarbenen Shorts über den Sand näher kommen, und ich lächele. Es ist ein schwaches Wiedererkennen. Auch ich war einmal ein so sorgloses Wesen, mit flatternden Haaren im Wind, das Herz den Herausforderungen des Lebens entgegenwerfend. In meinem Innern bin ich immer noch so.

So war es damals, und so ist es heute, trotzdem erscheint dieses morgendliche Spektakel in seinem immer wiederkehrenden Rhythmus. Ich kann zwar die Zeit nicht anhalten, aber ich kann innehalten. Ich kann lange genug hier sitzen, um die verlässliche Sonne zu beobachten, die sich über den Horizont verbreitet, den Pelikan, der nach seinem Frühstück taucht, die Wellen, wie sie vorhersehbar ans Ufer schlagen. Und mir stockt der Atem vor Vertrauen in die unsichtbare Hand Gottes, die diese Gezeiten in Bewegung hält – und mich auch."

Zeit: Freund oder Feind?

„Jeden Morgen erwache ich mit zwei Wünschen, nämlich die Welt zu retten und das Leben zu genießen, und das erschwert meine Tagesplanung ganz außerordentlich."
E. B. White

Im Alter …
- ist es eine gute Nachricht, dass wir endlich Zeit haben.
- ist es eine schlechte Nachricht, dass wir endlich Zeit haben.

Dieses Paradox wurde wiederholt deutlich, als ich den widersprüchlichen Berichten der Senioren zuhörte. James sagte: „Ich bin überrascht, wie schnell ich alt geworden bin. Die Zeit fliegt und ich will jeden Augenblick genießen. Ich wünschte, ich könnte die Uhr anhalten. Ich habe einfach nicht genug Zeit, um alles in mich aufzunehmen."

Richards Standpunkt war ein ganz anderer. „Jetzt, wo ich so viel Zeit zur Verfügung habe, weiß ich nicht, was ich damit anfangen soll. Ich habe keine Lust, immer nur so herumzuwerkeln und sinnlosen Beschäftigungen nachzugehen, nur um die leeren Stunden irgendwie zu füllen. Aber vermutlich gibt es einen guten Grund dafür, dass das Leben sich so in die Länge zieht."

Eine ganze Reihe von Leuten haben sich dazu entschieden, mit einem neugierigen Interesse auf das Leben zuzugehen, das sie lange Zeit nicht genährt haben, weil sie mit anderen Dingen beschäftigt waren. „In meinem Fall hat sich mein Wissensdurst im Alter eher vergrößert", kommentierte Sylvia. „Wenn ein Heft mit Weiterbildungskursen im Briefkasten steckt, freue ich mich wie ein Kind an Weihnachten", lachte sie. „Ich melde mich für Sachen an, die mir absolut keinen praktischen Nutzen mehr bringen. Und das ist es vielleicht gerade, was mir so gefällt. Es geht mir darum, Leute von etwas reden zu hören, wovon ich wenig oder nichts verstehe und worüber ich mir Gedanken machen kann. Ich brauche keine Klausuren mehr bestehen, keine Hausarbeiten abgeben, ich muss niemandem etwas beweisen! Ich arbeite nicht auf ein Ergebnis hin – ich brauche kein Geld mehr zu verdienen oder andere mit meinem Wissen zu beeindrucken – und das ist die reine Freude."

Meine eigene Liebesaffäre mit dem Lernen begann schon vor Jahrzehnten, aber in den letzten Jahren habe ich sie wieder neu entfacht. In den Tagen, bevor man Reifenpannen mit dem Mobiltelefon beheben konnte, bedeutete das Liegenbleiben auf der Autobahn, dass man wirklich dort *festsaß*, und ich meldete mich für einen Kurs über Grundkenntnisse der Automechanik an. Als alleinstehende Frau, die häufig weite Strecken fuhr, konnte ich einen Keilriemen nicht vom Lenkrad unterscheiden. Nachdem ich an drei Abenden einiges über die Reparatur von Autos gelernt hatte, fühlte ich mich ziemlich entmutigt, aber immerhin konnte ich nun einen platten Reifen ebenso gut wechseln wie andere Leute auch. Gott sei Dank habe ich diese neue Fähigkeit nie anwenden müssen, aber es tat gut zu wissen, dass ich dazu in der Lage war, wenn es denn sein musste. Egal, ob man nun eine moderne Sprache lernt oder Altgriechisch, es gibt eine verführerische Auswahl an Wissensbereichen. Als ich die 78-jährige Noelle fragte, warum sie sich für eine Einführung in die Quantenphysik eingeschrieben hatte, zuckte sie die Schultern und antwortete: „O, … einfach nur so …"

Eine der Interviewten sprach davon, dass ihre Motivation für das Lernen sich grundlegend geändert hatte. „Ich habe erst kürzlich festgestellt, dass ich aus anderen Gründen lese als früher", behauptete sie. „In früheren Jahren habe ich mich an die Trends und aktuellen Bestseller gehalten, um im Buchklub mitreden zu können und mein Gehirn zu trainieren, damit es nicht verkümmert – die üblichen Gründe eben. Inzwischen lese ich nur noch zum *Vergnügen* – weil ich in eine gute Geschichte hineingerate oder wissen will, wie ein Autor schreibt – zur reinen Unterhaltung. Ich brauche keine anderen Gründe mehr. Es ist meine Zeit, und ich tue damit, was ich will."

Und dann gibt es auch diejenigen, die ihre Zeit dazu verwenden, um vernachlässigte Beziehungen zu pflegen. „Ich lade jetzt wieder Leute zu mir zum Essen ein – eine angenehme Beschäftigung, die ich ganz aus den Augen verloren hatte", bezeugte Marie. „Aber es ist anders als früher. Ich muss meine Freunde nicht mehr mit meinen Kochkünsten beeindrucken, meiner aufgeräumten und geputzten Wohnung oder mit einem meisterhaften Blumengesteck auf dem Tisch. Es ist für uns alle viel wichtiger, dass wir uns gut unterhalten, als dass auf dem Tisch die Kristallgläser funkeln. Ich habe mich sogar von dem sozialen Zwang gelöst, dass ‚ich alle einladen muss, die mich auch eingeladen haben'. Wenn ich jetzt überlege, wen ich einlade, frage ich mich: ‚Welche Leute verstehen sich gut miteinander? Gibt es gemeinsame Interessen? Wer ist authentisch, wer eine soziale Karikatur?' Wir haben wirklich einige sehr angeregte Abende miteinander verbracht, auch wenn wir uns Pizza kommen ließen oder jeder etwas zu essen mitbrachte. Das Wesentliche sind unsere Beziehungen, nicht das ganze Drumherum."

Andere wollen gerne mit der Welt in Verbindung treten und Wege finden, wie sie anderen nützlich sein können. „Meine Frau und ich haben beschlossen, dass ‚weiser alter Mann‘ und ‚alte Hexe‘ gar nicht so geringschätzige Begriffe sind", witzelte Carl. „Wir finden es toll, wenn wir aufgrund unserer Lebenserfahrung um Rat gefragt werden."

„Wir haben nicht darauf gewartet, dass die Gelegenheiten plötzlich vor unserer Tür stehen", fügte Mary hinzu, „sondern wir haben gezielt nach Orten gesucht, wo das, was wir anbieten können, gebraucht wird. Als früherer Rechtsanwalt arbeitet Carl jetzt ehrenamtlich bei der örtlichen Rechtshilfe, und ich nutze meinen Hintergrund als Sozialarbeiterin für die Beratung von Frauen, die einen Missbrauch erlebt haben. Um ehrlich zu sein: Mit dieser praktischen Hilfe tun wir aber auch uns selbst etwas Gutes!"

Frederick Buechners berühmte Formel für das Dienen hat vielen geholfen, die nach einem Weg suchen, der Gesellschaft etwas zurückzugeben. Er hat den Platz, an dem wir dienen, als „Ort der tiefen Freude" bezeichnet, „an dem wir der Welt geben, was sie dringend braucht".[41]

Parker Palmer führt Buechners Worte weiter aus:

„Buechners Definition beginnt bei uns selbst und schwenkt dann zu dem, was die Welt braucht: Am Anfang steht klugerweise unsere Berufung – nicht in Bezug auf die Bedürfnisse der Welt (was ja praktisch alles einschließt), sondern unsere menschliche Natur betreffend. Schließlich macht es uns Freude, die tiefste Freude überhaupt, die wir kennen, dass wir hier auf der Erde sind und uns als Geschenke Gottes fühlen dürfen."[42]

Demnach sind wir aufgefordert, unsere Talente und Interessen zu entdecken, die Bedürfnisse um uns herum wahrzunehmen und herauszufinden, wo beides zusammenpasst.

„Ich bin eine frustrierte Schauspielerin", gab Veronika zu, „deshalb habe ich eine Erzieherin ausfindig gemacht, die eine ehrenamtliche Hilfe dabei gebrauchen konnte, den Kindern einmal pro Woche vorzulesen. Und diese Kinder haben wirklich Glück", kicherte sie. „Denn sie hören nicht nur eine Geschichte, sondern sie wird ihnen mit aller Dramatik nahegebracht, die ich als alte Oma noch zu bieten habe! Wir profitieren alle davon."

„Jeder hat etwas, das er geben kann", sagte Wayne bestimmt. „Ob wir nun Telefonumfragen machen oder Briefumschläge zukleben oder Nachhilfe im Rechnen geben. Wir müssen nicht darauf warten, dass diese sinnvolle Tätigkeit eines Tages an unsere Tür klopft, oder dafür beten, dass Gott uns wunderbarerweise mit der Nase darauf stößt. Nicht, dass Dinge auch manchmal auf diese Art und Weise passieren können, aber ich denke, wir müssen auch selbst etwas dazu tun und unser Leben in sinnvolle Bahnen lenken."

Zeit und Begabung sind in der Tat wertvolle Güter und wir müssen sie besonnen einsetzen. Wenn wir älter werden, kann die Zeit unser Freund werden statt unser Feind.

Zwiespältige Freiheit

Freiheit wurde öfter als alles andere genannt, wenn es um Geschenke des Alters ging. Wie das Geschenk der Zeit ist Freiheit allerdings ein zweischneidiges Schwert. Sie trägt eine paradoxe Bedeutung in sich, wenn es darum geht, wie wir damit umgehen:

Die gute Nachricht ist, dass wir niemanden mehr um Erlaubnis zu fragen brauchen.

Die schlechte Nachricht ist, dass niemand mehr da ist, den wir fragen können.

Freiheit bedeutet, dass wir die Verantwortung für unsere eigenen Entscheidungen übernehmen. Das kann belebend sein, aber auch Furcht einflößend. „Manchmal ruhen wir uns darauf aus, dass wir andere dafür verantwortlich machen können, insbesondere, wenn schwierige Entscheidungen getroffen werden müssen oder unangenehme Umstände eintreten – allzu gerne wälzen wir die Schuld von uns ab", berichtete Susanne. „Mir ist klar, dass mein Sohn und seine Familie sich in einer schwierigen Situation befinden. Sie wünschen sich, dass wir zu ihnen ziehen und mit anpacken. Natürlich wollen wir auch helfen. Aber sollen wir dafür die Freiheit, die wir in unserem jetzigen Leben genießen, völlig aufgeben?"

„Es gibt nichts Berauschenderes als die Freiheit, selbst wählen zu können", bestätigte Anthony. „Ich denke, es tut unserer geistigen Gesundheit gut. Allerdings gibt es auch ein Risiko: Vielleicht geht es nicht so aus, wie man es gedacht hat. Und dann? Wer bereit ist, auch mal auf die Nase zu fallen oder mittendrin seine Meinung zu ändern, bleibt lebendig und kann mit Herausforderungen umgehen – es ist wie das Balancieren auf einem Seil, ohne herunterzufallen. Sicherheit und Schutz sind ein schlechter Tausch für die Wahlfreiheit, besonders im fortgeschrittenen Alter. Ich nehme meine Freiheit in Anspruch, auch Fehler machen zu dürfen."

Frei von den Zwängen früherer Jahre – Familienaufgaben, gesellschaftlichen Erwartungen, Verantwortung für die Kinder – dachten Maggie und Christoph darüber nach, was es für sie bedeutete, wieder so viele Möglichkeiten zu haben.

„Ich fühle mich frei, mich nicht mehr so über meine eigenen Urteile zu ärgern", sagte Maggie und nahm sich noch einen Schokokeks. „Ich entschuldige mich bei niemandem mehr für meine grauen Haare oder Extrapfunde oder dafür, dass ich den Nachtisch zuerst esse. Ich mag diese Freiheit so sehr, dass ich dafür gern auf einen flachen Bauch verzichte."

Christoph äußerte diesen nachdenklichen Kommentar über die Macht der Freiheit: „Wir wollen in diesem letzten Lebensabschnitt Verantwortung für uns übernehmen, eben weil wir diese Freiheit spüren. Wir können uns aussuchen, ob wir Bauchweh bekommen, weil unsere Kinder uns schlecht behandeln oder die Enkel sich nicht um uns kümmern, ob wir endlos über unsere Wehwehchen und Gebrechen klagen – oder ob wir uns wie erwachsene Menschen aufführen und den Nektar aus diesem Lebensstadium heraussaugen, so gut wir können. Die meisten von uns haben in diesen Jahren einige wichtige Wahrheiten erkannt, und selbst wenn die Jungen nichts davon wissen wollen, was das Leben uns gelehrt hat, können wir wenigstens selbst von diesen Erfahrungen profitieren."

Franziska wollte gerne das Geschenk der Freiheit nutzen, um verborgene Aspekte ihrer Persönlichkeit zu entdecken. „Obwohl ich sehr aktiv gewesen bin, fünf Kinder großgezogen habe mit allem, was dazugehört, habe ich mich immer gefragt, ob ich nicht auch eine introvertierte Seite habe. Also habe ich mich für eine Woche in die Stille in ein Kloster begeben. Da ist etwas in mir, das gerne herausfinden möchte, wie es sich anfühlt, von Gott als Kind geliebt zu werden, anstatt immer ein ethischer Dienstbote zu sein."

Für viele ist es hilfreich, sich diese neu gefundene Freiheit so vorzustellen, als stünden wir vor einem köstlichen Buffet der Möglichkeiten. Wir fühlen uns manchmal wie gelähmt und empfinden die Qual der Wahl. Es tut gut, wenn wir von allem erst einmal probieren, bis wir herausfinden, was unserem Geschmack am meisten entspricht. Dann können wir uns eine große Portion davon nehmen und den Teller so richtig vollhäufen.

Diese Art von Freiheit scheint dem, was die meisten von uns in religiöser Hinsicht gelernt haben, zu widersprechen – wir sind dazu erzogen worden, gehorsam zu sein und uns zu beherrschen. Gehorsam, so wie wir ihn über die Jahre definiert haben, hat immer etwas Gezwungenes, weil wir unsere Pflicht erfüllen müssen und das tun, was von uns erwartet wird. Wahre Freiheit trägt uns aber über diesen Pflichtgehorsam hinaus zu einer echten Entscheidung unseres Herzens. Wenn wir gehorchen, dann tun wir das oft mit zusammengebissenen Zähnen. Wenn wir uns frei entscheiden, lächeln wir!

Fragen

1. In welcher Situation könnten Sie Ihrem wahren Ich untreu werden? Was treibt Sie dazu – der Wunsch, es anderen recht zu machen? Akzeptiert zu werden? Im Einklang mit einem religiösen Dogma zu stehen? Geliebt zu werden?

2. Was ist für Sie „Spiel"? Wann haben Sie sich zuletzt vor Lachen den Bauch gehalten? Lächeln Sie häufig?

3. Müssen Sie immer gleich das Schlimmste denken, wenn ein Problem auftaucht? Wie kann man sich selbst daran erinnern, dankbar zu sein und den „Dankesmuskel" zu trainieren?

4. Wie viel Prozent Ihrer Aufmerksamkeit beschäftigt sich ganz mit der Gegenwart? Denken Sie viel an Vergangenes? Oder an die Zukunft?

5. Was fangen Sie mit der Wahlfreiheit im Alter an? Wie wollen Sie Ihre Zeit verbringen?

6. Verändern Sie durch Ihre Entscheidungen die Gesellschaft? Oder sogar die ganze Welt?

8

Überraschende Weisheit

„Mach uns bewusst, wie kurz unser Leben ist, damit wir endlich zur Besinnung kommen!"
Psalm 90,12

„Hört! Die Weisheit ruft, und die Einsicht lässt ihre Stimme erschallen!"
Sprüche 8,1

Der Schauspieler Alan Alda soll einmal gesagt haben, es sei besser, weise zu sein, als clever. Mir ist die volle Bedeutung dieser Aussage während der Interviews für dieses Buch erst richtig aufgegangen, denn Weisheit und Cleverness sind in der Tat nicht dasselbe.

Unter Weisheit versteht man ein Wissen, das verstanden wurde und auch angewendet wird. Wenn wir beispielsweise diese soeben geäußerte Definition analysieren und anpassen, wird sie zu Wissen (das wir im Kopf abspeichern). Anschließend dringen wir vor zu einem tieferen Verständnis (wenn wir es selbst erfahren haben) und schließlich wird es zu angewendetem Wissen (wenn wir entsprechend leben). In anderen Worten geht es bei Weisheit darum, dass Erkenntnisse ihren Weg vom Kopf ins Herz finden und dann unsere Hände bewegen. Wer sich auf den Weg macht, nach Weisheit zu suchen, der muss dem Leben gut zuhören, seine Lektionen daraus lernen und ein tieferes Verständnis dafür entwickeln, was wahr ist und was wirklich Bedeutung hat.

Weise zu werden im Laufe des Lebens kann man auch als eine Art göttliche Chemie beschreiben – man nehme das „Rohmaterial" des Lebens (all das grobe Zeug) und mache pures Gold daraus. Oder mit den Worten des Psalmbeters gesagt: Wir „zählen" unsere Tage nicht anhand ihrer Zahl, sondern schätzen ihren Wert anhand des Destillats, das wir aus unserer Lebenserfahrung gewinnen. Das ist so wertvoll, dass wir diesen Schatz sogar noch an andere weitergeben.

Kathrin verstand den Erhalt von Weisheit ebenfalls als eine Art „chemischen" Prozess. „Ich glaube, wir benötigen Gottes Hilfe, um echte Weisheit zu erlangen", erklärte sie. „Es ist doch so, als ob wir alles, was unser Leben ausmacht, durchmischen würden. Anschließend mengen wir viel von Gottes Gnade und Vergebung darunter und bitten ihn dann, diese Substanz in Gold zu verwandeln. Am Ende ist es dann unsere Aufgabe, genau das auch zu verkörpern und auszustrahlen."

Der humorvollste Ansatz zu dem Thema Weisheit kam von einem gut gelaunten Gentleman, der über fast alles eine witzige Bemerkung machen konnte. Nick beugte sich grinsend vor und meinte: **„Wissen ist, wenn man eine Tomate den Früchten zuordnen kann, Weisheit, wenn man sie trotzdem nicht für einen Obstsalat verwendet."**

Die meisten der von mir interviewten Senioren wurden allerdings todernst, wenn es um den Zugewinn an Weisheit ging. Hier das Ergebnis:

Verluste verkraften

„Wer nicht gelernt hat, mit Verlusten umzugehen, dem wird es im fortgeschrittenen Alter ziemlich schlecht gehen", sagte

Erik. „Als Gina gestorben ist, war ich überwältigt von meinen Gefühlen über ihren Verlust – meine Frau, meine Gefährtin, meine Freundin, meine Lebenspartnerin war nicht mehr da – ganz zu schweigen von unserem Leben als Paar! Aber schließlich wollte ich nicht länger in dieser verheerenden Verzweiflung verharren und lenkte meinen Blick wieder auf andere Dinge."

Ich fragte Erik, wie er das angestellt habe. Er konnte das sehr genau beschreiben. „Anstatt mich mit den Verlusten zu beschäftigen, die ich durch ihren Tod erlitt, fing ich an, an das zu denken, was ich durch das Leben mit ihr alles gewonnen hatte – unsere drei Kinder und acht Enkelkinder, das schöne Sofa, das sie für unser Wohnzimmer ausgesucht hatte, und ihre Liebe, die einen besseren Menschen aus mir gemacht hatte. ,Dankbar und traurig' fühlt sich für mich besser an als ,bitter und traurig'. Wie ein Freund mir einmal sagte: ,Die Trauer lehrt uns Dinge, von denen die Freude gar keine Ahnung hat.'"

Ein anderer Witwer war gleicher Meinung. Winston war kein Mann der großen Worte, hatte aber einen ausgeprägten Willen. „Manchmal ist alles einfach nur zum Verzweifeln", stellte er fest. „Ich will das nicht beschönigen, aber man muss lernen, Dinge auszuhalten, zu trauern und dann weiterzumachen. Ich will mich schließlich *lebendig* fühlen, solange ich noch lebe."

Sieht man sich einmal Statistiken darüber an, welche Gründe dafür ausschlaggebend sind, ein hohes Alter zu erreichen, dann fällt auf, dass es einen gemeinsamen Nenner gibt, der mehr ins Gewicht fällt als das Essen von Gemüse und die tägliche Bewegung. Es ist die Fähigkeit, mit Verlusten umzugehen. Sie wird uns mit zunehmendem Alter in ungeahntem

Ausmaß abverlangt. Selbst Optimisten stellt das vor Herausforderungen. Wenn wir mit Verlusten konfrontiert werden, denken wir gewöhnlich an die Beerdigung geliebter Menschen oder an den Umzugswagen, der uns ins Altenheim verfrachtet. Das sind in der Tat heftige Einschnitte, aber Veronika fand für sich heraus, dass es sich dabei auch um ganz andere Dinge handeln kann.

„Zuerst dachte ich, es geht primär ums Loslassen, und zwar das Loslassen dessen, was ich mit meinen Augen sehen kann – meinen Ehemann, mein Zuhause, ein geliebtes Bild. Ich hatte aber nicht im Blick, dass man auch Dinge verlieren kann, die unsichtbar sind – meine Jugend, meine Energie, meine Unabhängigkeit –, damit konfrontiert zu sein, hat mich wirklich sehr überrascht. Um mit Verlusten umgehen zu lernen, muss man eine gesunde Einstellung dazu entwickeln, dass Verluste irgendwann zur Gewohnheit werden und einfach dazugehören. Verlust zu erleben, lässt sich einfach nicht an einem einzigen Ereignis festmachen, er kehrt immer wieder.“

Helen unterschied zwischen Verlusten, die uns unfreiwillig zustoßen, und Dingen, von denen wir uns ganz bewusst und nicht einmal ungern trennen. „Gegen den Tod und gegen die Steuern bin ich machtlos“, berichtete sie, „aber ich habe festgestellt, dass ich manche Dinge *gerne* verliere!“ Hier ist ihre vorläufige Liste bewussten Abschiednehmens, die sie täglich neu formuliert:

- die Angewohnheit, sich ständig zu beklagen
- Bitterkeit gegenüber einem Familienmitglied
- die Tendenz, über andere zu urteilen
- das Gefühl, nutzlos zu sein
- unbegründete Sorgen

Viele Antworten zeigten, dass jeder von uns die Freiheit besitzt, auf Verluste weise zu reagieren. Franziska fasste das mit einem Lächeln zusammen: „Schließlich sind wir doch alle für unsere Entscheidungen selbst verantwortlich. Es ist uns durchaus möglich, eine positive Einstellung dazu zu finden. Ich will es einmal so sagen: Ich verliere vielleicht meine gute Figur, aber deshalb will ich nicht gleich auch noch meinen Humor verlieren!"

Als die Kolumnistin Ellen Goodman über Verluste schrieb, die wir erleben, wenn wir in den Ruhestand gehen, hatte sie folgende Ratschläge parat:

„Es gibt einen Trick, mit dem man einen würdevollen Abgang schafft. Es fängt damit an, zu erkennen – wenn ein Job, ein Lebensabschnitt, eine Beziehung zu Ende sind –, dass es an der Zeit ist, loszulassen. Es geht also darum, das zurückzulassen, was nun der Vergangenheit angehört, ohne seinen Wert zu leugnen oder die Bedeutung, die es in der Vergangenheit für uns besaß. Was wir aber brauchen, ist der Blick auf die Zukunft und den Glauben, dass jeder Abschied auch ein Anfang ist. Dass wir uns fortbewegen und nicht einfach stillstehen. Und wer zuvor gut und klug gelebt hat, kommt gewöhnlich auch gut mit dem Ruhestand zurecht. Allerdings fällt es uns schwer zu erkennen, dass der Eintritt in den Ruhestand nicht ein für sich isoliertes Ereignis ist, sondern ein fortwährender Prozess. Wir lassen vielleicht gar nicht die besten Jahre unseres Lebens hinter uns, wenn wir aus der Tretmühle aussteigen. Denn das, was wir dort gelernt haben, nehmen wir ja mit. Und vor allen Dingen nehmen wir uns selbst mit, wenn wir gehen – in aller Würde."[43]

Letztlich können wir in unserem Leben alles verlieren – unsere Gesundheit, unser Zuhause, die Familie, Freunde. Und es steckt eine tiefe Weisheit darin, wenn man schon heute den Mut hat zu wissen, was einem eines Tages bleiben wird, wenn alles andere genommen wurde. Die Muster von Verlust und Haben, Weg und Hinzu, sind auf vielen Ebenen in unsere Leben eingebettet, selbst in dem natürlichen Akt des Atmens, wenn wir Luft in unsere Lungen ziehen und wieder abgeben.

- Wir haben auszuatmen, ehe wir wieder einatmen können. Unsere Gesundheit hängt davon ab.
- Und wir haben negative Gedanken erst loszulassen, ehe wir wieder positive fassen können. Davon hängt unsere seelische Gesundheit ab.

Die „Knoten und Knäuel" der Verluste im fortgeschrittenen Alter führen dazu, dass wir alle wie an Webstühlen zu sitzen scheinen. Ständig haben wir neue Muster für unsere Tage und Gemütszustände zu finden. Eine Seniorin, die von Beruf Weberin war, teilte uns Folgendes mit: Die Liebe, mit der unsere komplexen Lebensläufe gewebt wurden, stammen in der Tat von einem Meisterweber!

Setzen Sie Ihre Vorsätze in die Tat um

Die Sprüche in Schaukästen von Kirchengemeinden fallen häufiger durch ihre Prägnanz ins Auge als durch ihre Tiefsinnigkeit, aber kürzlich habe ich einen gelesen, den ich hier erwähnen möchte: „Holen Sie tief Luft und sagen Sie etwas Sinnvolles – jeder Atemzug könnte Ihr letzter sein." In anderen Worten: Zögern Sie nicht, wenn Sie etwas Bedeutsames zu sagen haben.

Am Ende ihres Lebens wollen viele ihren Familienangehörigen noch sagen, wie sehr sie sie lieben und schätzen, auch wenn sie immer zurückhaltend mit der Äußerung ihrer Gefühle waren. Die Reue, unsere Zuneigung und Wertschätzung nie ausgesprochen zu haben, kann wie ein Schatten sein, der uns während unserer letzten Jahre begleitet. Aber es ist nie zu spät, damit anzufangen, seine Gefühle loszuwerden.

Vicky entschloss sich, keine weitere Minute mehr zu vergeuden. „Ich sage meinem Mann jeden Tag, dass ich ihn liebe", erklärte sie. „Wenn mein Enkel einen Legoturm baut, lobe ich ihn: ‚Toll gemacht – du wirst bestimmt eines Tages Ingenieur!‘ Ich habe sogar meinem Pfarrer gesagt, wie seine Predigten mein Glaubensleben bereichert haben. Warum sollte ich damit hinter dem Berg halten? Ich muss diese Dinge loswerden, solange ich noch den Atem dazu habe!"

Peter weitete seine Dankbarkeit über den Kreis seiner Familienangehörigen aus: „Haben Sie schon einmal bemerkt, dass viele Angestellte ein Namensschild tragen? Ich habe angefangen, diese Menschen mit ihrem Namen anzusprechen, wenn es irgendwie geht; das gibt ihnen das Gefühl, dass ich sie wirklich *sehe*."

„Der Supermarkt ist sehr gut dafür geeignet, Menschen Mut zuzusprechen", meinte Belle. „Er ist wie ein Labor für verschiedenste menschliche Verhaltensweisen. Anstatt nur zu denken, dass die Kassiererin es schwer hat, sage ich einfach: ‚Sally, deine Geduld ist bewundernswert, du bleibst wirklich immer ruhig!‘ Oder wenn die Person, die an der Kasse hinter mir steht, statt meines vollen Einkaufswagens nur zwei Sachen in der Hand hat, lasse ich sie vorgehen."

Als ein Fernsehtechniker geduldig die Kabel verlegte und ihr erklärte, wozu sie gut waren, notierte Wilma seinen Namen und rief seinen Vorgesetzten an, um von der hervorragenden Dienstleistung zu berichten. „Sonst tut es mir vielleicht irgendwann leid, dass ich all diese Dinge, die ich sagen wollte, nicht gesagt habe, nur weil ich zu faul dafür war", meinte sie.

Das gilt für unsere Taten ebenso wie für unsere Worte. „‚Das mache ich später' sollte man durch ‚Das mache ich gleich' ersetzen", schlug Molly, eine ehrenamtliche Hospizmitarbeiterin, vor. „Ich hatte das Privileg, bei einer ganzen Anzahl sterbender Menschen zu sitzen, und keiner von ihnen hat sich gewünscht, dass er mehr Zeit im Büro verbracht hätte", enthüllte sie. „Manchmal bedauern sie, dass sie das Leben nach den Erwartungen anderer ausgerichtet haben, anstatt selbst Entscheidungen zu treffen. Sie sprachen von Dingen, die sie gerne getan hätten, und von Risiken, die sie hätten eingehen sollen."

In meiner seelsorgerlichen Arbeit habe ich häufig mit folgenden Gefühlen zu tun:

„Was soll ich *jetzt* bloß tun?"

„Was hat Gott für einen Plan mit mir?"

„Ich habe gebetet und gebetet, dass mir offenbart wird, was ich mit meinem Leben anfangen soll, und warte immer noch auf Antwort."

Häufig suchen wir nach einer abgehobenen, komplizierten Mission, damit das, wozu wir berufen sind, die Person vor uns in Staunen versetzt! Was aber, wenn Gott und unseren Nächsten zu lieben unsere große Aufgabe ist? Bei diesem größten Gebot, das uns Gott gegeben hat, genügt es, wenn wir einfach mit etwas in unserer unmittelbaren Umgebung anfangen.

Nur, wenn wir viel Zeit damit verbringen, uns für etwas endlich entscheiden zu wollen, bleibt für die Sache selbst nicht mehr viel Zeit übrig.

Diese Worte einer anonymen Verfasserin unterstreichen die Dringlichkeit unseres Handelns:

„Zuerst war ich erpicht darauf, die Schule abzuschließen und
zu studieren,
dann wollte ich das Studium abschließen und arbeiten,
und dann wollte ich heiraten und Kinder bekommen,
und dann wollte ich, dass meine Kinder flügge wurden,
damit ich endlich wieder arbeiten konnte.
Und dann wollte ich in den Ruhestand gehen
und jetzt sterbe ich …
Und plötzlich fällt mir auf, dass ich gar nicht gelebt habe.“

Weniger ist mehr – lernen Sie Dinge abzugeben!

- „Wir haben einfach zu viele *Sachen* angesammelt. Wir sind rund um die Uhr damit beschäftigt, uns um alles zu kümmern.“
- „Ich will mein Leben vereinfachen – alles auf ein Minimum reduzieren.“
- „Der Satz ‚Das letzte Hemd hat keine Taschen‘ erhält im Alter seine besondere Bedeutung – man möchte viele Dinge einfach loswerden.“
- „Während ich an Jahren und Weisheit dazugewinne, wächst mein Bedürfnis, immer *weniger* zu besitzen und zu tun.“

Viele Senioren hatten gute Ratschläge, was das Entrümpeln von Häusern, überfüllten Terminkalendern, vollgestopfter Köpfe und beladener Herzen angeht. Ihr simpler Tipp lautete: Vereinfachen, vereinfachen, vereinfachen!

„Ich dachte, wenn ich anfange die Garage aufzuräumen, geht meine Frau die Wände hoch", gestand Harold. „Ich habe einen Ordnungstick und Charlotte ist ein Messie – sie kann nichts wegwerfen. Wir haben schließlich eine Abmachung getroffen und uns auf einen Fragenkatalog verständigt, der uns beiden dabei helfen sollte." Fragen, um sich von Dingen zu trennen, kann vielleicht auch anderen eine Hilfe sein:

- Hänge ich daran?
- Brauche ich das zu meinem Glück?
- Hilft es mir in meiner aktuellen Lebenssituation?
- Ruft es schöne Erinnerungen hervor?
- Muss es repariert werden, und bin ich *willens*, das jetzt anzugehen?
- Wenn es an der Zeit ist, sich davon zu trennen: Gehört es in den Stapel für Flohmarktsachen, will ich es verschenken oder wegwerfen?
- Wer in meinem Umkreis könnte das gebrauchen?

Wer das eigene Programm herunterfahren will, sollte einiges bedenken. Alice meinte: „Nun, da ich klüger bin als früher, halte ich erst mal inne, bevor ich zu allem Ja sage – sogar wenn ich eine Einladung zum Abendessen bekomme. Ich frage mich, ob ich wirklich dahin gehen will oder ob ich mich nur dazu verpflichtet fühle. Ich versuche sogar so ehrlich zu sein, dass ich mich frage, ob ich in dieser Gesellschaft ganz ich selbst sein kann. Ich will mich nicht länger verstellen."

Wer genau überlegt, wie er seine Zeit verbringt, gerät auch leicht in einen Zwiespalt mit unserer Kultur, in der alles davon abzuhängen scheint, dass man stets beschäftigt wirkt. „Als ich anfing, meine Motive für einige meiner Zeitvertreibe zu hinterfragen, begegnete ich unerwartet einem Teil von mir selbst", gestand Maria. „Ich hatte die Werte unserer Gesellschaft verinnerlicht – mit allem, was dazugehört. Mein ganzes Leben zielte darauf ab, mir ständig neue Beschäftigungen zu suchen. Das machte mich stolz. Nur, dann habe ich entdeckt, dass ich damit unbewusst eine Art psychologisches Kapital anhäufte – so als müsste ich mich meiner eigenen Wichtigkeit vergewissern. Natürlich tut es gut, gegenüber anderen energisch und aktiv zu wirken – aber es war längst nicht mehr das, was ich wollte oder brauchte. Nach alldem weiß ich nun, die Leute halten nicht viel von jemandem, der aus dem Fenster starrt, den Gang verlangsamt oder so viel gibt, bis er nur noch kriecht."

Georg hatte auch einen großartigen Beitrag zum Thema Beschäftigung mit sich selbst: „Es ist besser, sich ruhig auf einige wichtige Dinge zu konzentrieren, als atemlos und verwirrt von einer Sache zur nächsten zu hetzen."

Der innere Entschluss, unser Leben zu vereinfachen, ist ein Schlag gegen die gesellschaftliche Botschaft, dass wir geboren werden, um „immer mehr zu produzieren und Besitztümer anzuhäufen". Man sollte sich die Motive für die Übernahme dieser Werte einmal genauer ansehen. Gelten diese beiden Imperative auch für uns – immer mehr produzieren und Besitz anhäufen – und ist das für uns und für andere wirklich der richtige Maßstab? Die Weisheit der späten Jahre lässt uns letztlich mehr darauf schauen, wer wir sind, als auf das, was wir tun oder haben.

Es bedarf allerdings einiger gedanklicher Anstrengung, wenn wir in unseren Gedanken aufräumen wollen. Wenn wir den Kopf voll haben, raubt uns das die Ruhe, die für Frieden und Stabilität sorgt. „Ich habe gelernt, die Dinge langsamer anzugehen, und es ist das Beste, was mir je passiert ist", berichtete Mark. „Meditative Zeiten der Stille (Einkehrzeiten) erlauben uns beispielsweise, weniger zu tun, anstatt immer mehr. Ich denke, dadurch bekommen wir Raum für mehr Weisheit in unserem Leben. Andernfalls stopfen wir unseren Kopf nur mit gedankenlosem Kram voll."

„Es ist schon eine große Verantwortung, der Torhüter der eigenen Gedanken zu sein, aber diese Aufgabe nimmt uns niemand ab", meinte Kim. „Ich achte genau darauf, was ich in mein inneres Heiligtum hineinlasse – nicht nur angenehme Gedanken, sondern auch herausfordernde Fragen. Wenn ich mich mit anstrengenden Dingen beschäftige, gehe ich sicher, dass sie das auch wert sind. Sachen, die einen herunterziehen, muss man letztlich nicht ständig neu durchkauen."

Unsere Gedanken haben die Kraft, uns zu etwas Großartigem zu führen oder uns ins Elend zu stürzen. Wenn wir unser Gehirn beispielsweise als Orchesterdirigent der Psyche verstehen, ist die Frage, die sich uns stellt: Lassen wir Mozart erklingen oder irgendeine Melodie?

Ein Geist, der mit allem Möglichen vollgestopft ist, verlangt danach, dass er wieder neu verbunden wird mit dem Heiligen. Er verlangt nach verstärkter Aufmerksamkeit für unsere Beziehung mit Gott, einer Bewegung hin zu mehr innerer Freiheit. Richard betonte die Notwendigkeit, immer noch dazuzulernen: „Seid stille und erkennet, dass ich Gott bin!" (Psalm 46,10 [LÜ]). „Ich habe tatsächlich nie gelernt, mit Stille umzugehen", gestand er. „Ich war immer ein Machertyp. Ich habe geistliches

Wachstum mit dem Lesen von Büchern assoziiert oder damit, ein sinnvolles Projekt anzufangen oder von einem Seelsorger zu lernen. Aber all diese äußeren Einflüsse bewirkten nur, dass mein Geist immer mehr aufnahm. Was ich mir angewöhnen musste, war, einfach still zu sein vor Gott – mein Inneres ihm neu zu öffnen, ganz ohne Erwartungen."

Alles in allem sahen die Senioren eine deutliche Verbindung zwischen äußeren und inneren Zuständen der Verwirrtheit. Nur wer seine eigenen Lebens- und Verhaltensmuster gut kennt, kann auf ihre Vereinfachung hinarbeiten.

Ein Lächeln genügt

Die 98-jährige Mary hat eine faszinierende morgendliche Routine. Sie lebt immer noch selbstständig in einer Wohnanlage für ältere Menschen und beginnt jeden Tag mit folgender Botschaft an sich selbst: „Dies ist ein guter Tag, und er ist alles, was ich habe. Wer kann das, was ich anzubieten habe, gebrauchen? Ich werde anderen schenken, was immer ich habe, auch wenn es heute vielleicht nichts weiter ist als ein Lächeln." Dann fügt sie mit einem Augenzwinkern hinzu: „Außerdem hat mir mal jemand gesagt, dass ein Lächeln einen ganz kostengünstig besser aussehen lässt!"

Später im Interview fragte ich sie, was sie im Laufe der letzten Jahre gelernt hätte. „Ich bin immer optimistisch gewesen", sagte sie, „aber ich habe nicht gewusst, wie wichtig dieser Charakterzug in diesen Jahren werden würde. Ohne eine positive Lebenseinstellung ist es hart, mit all den Herausforderungen fertig zu werden. Sie hält einen über Wasser und lässt das Schöne sehen."

Die Senioren, denen es gut zu gehen schien und die nicht nur einfach den Tag hinter sich bringen wollten, hatten eines gemeinsam: Sie hatten einen Weg gefunden, regelmäßig für andere da zu sein. Ihre Taten der Barmherzigkeit bestanden dabei oft nur aus winzigen Gesten. Für gewöhnlich konnten sie keine großen Projekte mehr stemmen. Getreu Marys Worten war es manchmal wirklich nicht mehr als „ein schlichtes Lächeln".

Raymond schwor sich, jeden Tag mindestens eine gute Tat zu tun. „Es muss ja nichts Großartiges sein", meinte er. „Einfach jemandem über die Fahrbahn helfen oder am Zebrastreifen für jemanden anhalten – einfach etwas für jemanden tun, der sich dafür nicht revanchieren kann. Vor Kurzem verließ ich ein Restaurant und bemerkte, wie sich ein junger Mann an den Tischen zu schaffen machte. Ich wusste, dass er der letzte war, der vom Trinkgeld etwas abbekam, also ging ich zu ihm hinüber, sagte ihm, dass er gute Arbeit leistete, und drückte ihm eine Fünfdollarnote in die Hand. Er war so überrascht, dass er mich ganz spontan umarmte!"

Albert sprach darüber, dass er keine vorschnellen Schlüsse mehr ziehen wollte und dass das auch sein Bemühen zeige, freundlich zu sein. „Ich habe eine sehr ausgeprägte Meinung zu praktisch allem", lachte er, „aber ich habe gelernt, dass es gar nicht das Wichtigste ist, recht zu haben, sondern dass man lieber zuvorkommend sein sollte als überzeugend. Ich muss nicht mehr jede Auseinandersetzung gewinnen." Er zeigte mir dann, wie sich das ganz einfach beweisen ließ.

1. Nennen Sie die fünf reichsten Menschen auf der Welt.
2. Nennen Sie die letzten fünf Vereine der 1. Fußball-Bundesliga, die Meister geworden sind.

3. Nennen Sie die letzte Siegerin von Germanys Next Topmodel.
4. Nennen Sie zwei Leute, die kürzlich den Nobelpreis oder den Büchnerpreis gewonnen haben.
5. Nennen Sie die beiden letzten Oscar-Gewinner für die beste schauspielerische Leistung.

Das sind die Titel derjenigen, die vor nicht allzu langer Zeit Erstklassiges geleistet haben, die Besten ihres Fachs. Aber der Applaus dafür verhallt irgendwann, die Pokale stehen verstaubt in der Ecke und die Zertifikate werden nach dem Tod ihrer Besitzer nahezu bedeutungslos. Nun beantworten Sie folgende Fragen:

1. Nennen Sie drei Lehrer, die Ihnen in der Schule wirklich weitergeholfen haben.
2. Nennen Sie drei Freunde, die Ihnen in einer schwierigen Zeit beigestanden haben.
3. Denken Sie an drei Menschen, von denen Sie Anerkennung bekommen haben.
4. Denken Sie an fünf Leute, mit denen Sie gerne zusammen gewesen sind.
5. Nennen Sie drei Romanhelden, deren Geschichten Sie inspiriert haben.

Was ich damit sagen will? Die Menschen, die wichtig sind in unserem Leben, sind gar nicht die mit den höchsten Auszeichnungen. Es sind diejenigen, die *für uns da sind*.

Celina brachte diese zufälligen Gesten der Freundlichkeit in den größeren Zusammenhang mit dem Glauben. „Ich glaube nicht, dass es jemanden gibt, der zu viel Freundlichkeit versprüht", sagte sie, „ganz gleich, wie unbedeutend das zu sein scheint. Jede liebevolle Geste ist wie ein Tropfen im Meer der geistlichen Entwicklung auf diesem Planeten. Selbst wenn wir nicht verstehen, wie dies funktioniert, bedeutet das nicht, dass sie nicht stattfindet."

Barmherzigkeit spielt dabei auf geheimnisvolle Weise eine tragende Rolle. Das gilt auch für unsere liebevollen Gedanken und Gebete. Selbst wenn ich flach auf dem Rücken liege, kann ich ein Gebet sprechen und weiß dabei, dass es auf irgendeine Art wirkt."

Diese Segenskraft ist Thema eines Gedichts von Steve Garnaas-Holmes. Hier ein Auszug:

„Ich trage meine geheime Macht durch diese Welt,
heimlich, sodass man sie nicht sieht …
Sie schwindet, irrt und scheitert nicht,
sie besteht vor aller Augen oder unsichtbar,
sie gehört jedem Einzelnen oder auch allen.
Sie beschützt mich nicht oder macht mich erfolgreich,
aber sie triumphiert immer, lebt ewig,
obwohl ich oft darunter leide, ein kleines bisschen …
Sie strömt aus meinem Herzen zu allen, die ich treffe,
aber sie wissen selten, dass das von mir kam,
denn die Wirkung zeigt sich erst später.
Ich laufe durch den Laden, ich lese die Zeitung,
ich sehe dem Mann zu, der den Trockner repariert, dem
Mann an der Kasse,
Leute, die fahren, laufen, mich anschreien.
Selten spreche ich davon, aber ich lasse ihn fließen:
,Segen.',Segen.',Segen.'"[44]

Lernen Sie zu empfangen

„Ich bin mein ganzes Leben lang für andere da gewesen", erklärte Edith, „und dass ich nun auf andere angewiesen bin, geht mir völlig gegen den Strich. Während ich mich von meiner Hüftoperation erhole, werde ich wirklich unausstehlich, weil ich nichts mehr selber machen kann."

Rogers Herausforderung kam, als er sich selbst jammern hörte (zum soundsovielten Mal): „Ich konnte die Weihnachtsbeleuchtung immer problemlos am Dach anbringen, aber seht mich jetzt an. Ich bin zu nichts mehr zu gebrauchen!" Ihm wurde bewusst, dass sein verletzter Stolz ihn in ein jammerndes Häufchen Elend verwandelte. Obwohl er insgesamt freundlicher sein wollte, empfand er seine Hilfsbedürftigkeit als Zeichen von Schwäche – sogar als moralisches Versagen.

Es ist eine bittere Pille, die wir schlucken müssen, wenn wir älter werden, dass wir immer mehr auf Hilfe angewiesen sind. Das wirft die Frage auf: „Wer bin ich jetzt, wo ich das, was ich immer getan habe, nicht mehr schaffe?" Oder anders gefragt: Können wir die Fähigkeit, unsere Abhängigkeit von anderen anzuerkennen und zu akzeptieren, nicht auch als Stärke betrachten?

Corinna wollte sich neu orientieren, um nicht schrullig zu werden, aber dafür musste sie ihren Anspruch aufgeben. „Innerlich hatte ich einen Wutanfall und fragte mich, warum ich an dieser unerwarteten (und *unverdienten*, wie ich dachte) Herzschwäche leiden musste. Schließlich dämmerte es mir, dass jeder seine eigenen Anfechtungen hat und dass dieses Schicksal nicht nur mich alleine betraf. Machen nicht die meisten Leute irgendwann etwas Ähnliches durch? So ist es nun einmal im Leben." Dann fügte sie mit einem Lachen hinzu: „Wahrscheinlich habe ich wirklich geglaubt, wenn ich mich gut verhalte und gesund lebe, dann machen die Götter in meinem Fall eine Ausnahme. So arrogant war ich."

Joan Chittister schreibt dazu:

„Das Leben eines jeden Menschen ist irgendwann eine Reise vom Dunklen ins Licht, vom Widerspruch in die Hoffnung, von einem Lebensumstand oder Stadium in ein anderes – all das bedeutet, dass wir uns ganz entfalten und die wahre Bedeutung dessen erkennen, was es heißt, lebendig zu sein ... Im Ergebnis kommt es nur darauf an, wie wir mit den dunklen und schwierigen Momenten umgehen, und davon hängt es ab, ob sie uns auf lange Sicht beeinträchtigen ... Letzten Endes geht es darum, in die Tiefe hineinzugelangen, es so gut wie möglich anzupacken und unsere Glaubenser- fahrungen in den Vordergrund zu rücken, anstatt das Leben als ständige Last zu empfinden oder als ewiges Disneyland."[45]

Samuel hielt seinen körperlichen Verfall in Ehren, indem er ihn als geistliche Herausforderung ansah. „Früher habe ich mich immer darüber beschwert, dass mein Körper mich im Stich zu lassen schien. Dann ist mir bewusst geworden, dass er genau das gemacht hat, was er sollte – er ist von Natur aus einem allmählichen Verschleiß anheimgegeben. Das ohne Bitterkeit zu akzeptieren, ist eine Herausforderung im Glau- ben für mich."

„Wenn du glaubst, dass das Leben sorgenfrei sein sollte, und du dich darum irgendwie betrogen fühlst, dann kämpfst du auf verlorenem Posten", lautete Terrys Beitrag. „Wer immer unzufrieden ist und in Selbstmitleid badet oder glaubt, dass er etwas verpasst im Leben, der hat sich vermutlich noch nie klargemacht, was alles gut gelaufen ist. Man muss eine andere Sicht auf die Welt entwickeln. Ich stelle mir am Ende jeden Tages drei Fragen: *Wofür bin ich heute dankbar? Konnte ich etwas für andere tun? Und womit bin ich heute zufrieden?* Dazu fällt einem immer etwas ein."

Dass man zunächst einmal mit der eigenen Situation einen gewissen Zufriedenheitsgrad erreicht, scheint eine Vorbedingung für die Freiheit zu sein, anderen helfen zu können. „Sobald ich aufgehört habe, mich selbst immer als Opfer zu fühlen, war ich in der Lage, von dem ‚Warum kann ich das nicht tun?' zu einem ‚Was kann ich denn noch tun?' zu wechseln", bestätigte Valerie. „Obwohl ich eine Zeit lang in der Klinik bleiben musste, konnte ich immer noch Essenspläne machen und Einkaufslisten schreiben. Außerdem konnte ich ganz klare Anweisungen geben, was ich brauchte, anstatt darauf zu warten, dass andere meine Gedanken lesen. Meine Freunde wollten wirklich helfen, aber sie brauchten meine Unterstützung bei der Umsetzung ihrer Hilfsbereitschaft. Wenn sie mich besuchten und fragten, ob sie mir etwas mitbringen konnten, sagte ich zum Beispiel: ‚Könntest du mir vielleicht ein paar Eier und ein Pfund Kaffee mitbringen?' Sie taten das natürlich gerne und waren froh, dass ich so praktische Wünsche hatte. Ich bin sicher, dass sie das angenehmer fanden, als wenn ich ihnen nur die Ohren vollgejammert hätte!", sagte sie kichernd.

Valerie konnte sich in die Lage ihrer Freunde hineinversetzen. Sie bat sie, ehrlich ihre Bedürfnisse zu kommunizieren, und entschloss sich, ebenso direkt zu antworten. „Man kann einiges dabei lernen, wenn man hilfsbedürftig ist", schloss sie. „Es ist eine gute Gelegenheit, ein wenig demütig zu werden und eine Menge Dankbarkeit zu empfinden.

Ich habe mir abgewöhnt, mich ständig für meine Abhängigkeit von anderen zu entschuldigen, und bedanke mich stattdessen für die Unterstützung, die mir angeboten wird. Gelegentlich bitte ich sogar jemanden, mir meinen wunden Rücken einzureiben."

Das Alter macht uns zu Empfängern. Das bedeutet allerdings nicht, dass wir nichts mehr zu geben hätten. Man sollte sich allerdings ehrlich eingestehen, dass niemand etwas geben kann, was er gar nicht besitzt. Oder lässt sich aus einer leeren Kanne noch Tee ausschenken? Wenn wir Wege finden, uns für die Liebe Gottes zu öffnen, dann füllt er unseren Tank mit seiner Gnade auf, und wir können eine Menge Liebe und Dienste in der Welt hinterlassen. Wieder hilft uns hier die Übung des Atmens, hier als Beispiel des täglichen Empfangens:

Einatmen: Wir stellen uns dabei vor, dass wir mit Gottes Liebe und seiner Kraft, Heilung zu schenken, gefüllt werden.

Ausatmen: Vor uns entsteht ein Bild, wie seine heilige Kraft und Macht von uns zu anderen ausströmen.

Was könnte einfacher sein? Wir können immer ein freundliches Wort spenden, ein wenig Ermutigung, eine Umarmung voller Gnade, ein warmes Lächeln oder (wenn unsere Energie dafür ausreicht) auch einen Topf Hühnersuppe.

Wofür können Sie sich begeistern?

„Der Ruhm Gottes ist der lebendige Mensch."
Irenaeus

„Der beste Weg, im Alter herauszufinden, wie wir uns wirklich lebendig fühlen können, ist, wenn wir ein Feuer anzünden und in die Glut blasen", schlug Christopher vor. „Natürlich müssen wir auch herausfinden, was die Flamme erlöschen lässt." Weisheiten aus vielen verschiedenen Quellen bestätigen seine Behauptung:

- *„Folge deinem eigenen Entzücken."* Joseph Campbell
- *„Unsere Aufmerksamkeit lenkt unsere Energie."* Serge Kahili King
- *„Orientiert euch an dem, was wahrhaftig, gut und gerecht, was redlich und liebenswert ist und einen guten Ruf hat, an dem, was auch bei euren Mitmenschen als Tugend gilt und Lob verdient."* Philipper 4,8
- *„Wo nämlich eure Schätze sind, da wird auch euer Herz sein."* Matthäus 6,21
- *„Frage nicht, was die Welt braucht. Frage dich selbst, was dich lebendig macht, und gehe und tue das, denn die Welt braucht Leute, die lebendig geworden sind."* (Howard Thurman)

Wofür empfinden wir echte Begeisterung? Um das herauszufinden, sollten wir uns alles ansehen, was unser Interesse erregt. Was weckt unsere Neugier? Wobei verlieren wir unser Zeitgefühl? Wann vertiefen wir uns in eine Sache und leben ganz im Augenblick? Was macht uns froh? (In Kapitel 2 habe ich einige Fragen aufgelistet, die helfen, diese Gefühle zu entdecken.)

Wenn wir nur von dem zehren, was wir uns angeeignet haben – was uns beigebracht wurde –, dann erschöpft uns das schnell. Wenn wir hingegen unsere wahren Talente und Leidenschaften ausleben, gibt uns das ungeahnte Energieschübe, sowohl körperlich als auch emotional. Wir sollten im Alter nicht nur „überleben" und unsere Tage irgendwie hinter uns bringen, sondern es uns richtig gut gehen lassen! Wir können immer noch wachsen, in jeder Lebensphase. Die kluge Gruppe der Senioren hatte gezielte Vorschläge, wie man die eigene Begeisterung etwas anheizen kann.

Bleiben Sie neugierig!

Die Lebensfreude kann manchmal abnehmen, weil wir etwas ganz Wichtiges vergessen: Wir achten nicht mehr darauf, was uns neugierig macht. Wenn dieses zündende Gefühl nicht wachgehalten wird, fühlen wir uns kalt und leer.

„Ich wollte immer mehr über China wissen – alles in Asien hat mich interessiert –, aber ich hatte nie die Zeit, mich damit zu beschäftigen", erinnerte sich Howard. „Schließlich habe ich mir selber einen Tritt in den Hintern gegeben und mich für einen Kurs an der Universität eingeschrieben. Dazu musste ich allerdings meine eigenen Zweifel beiseiteräumen. Wo soll ich parken? Werden die Studenten mich alten Sack in Ruhe lassen? Werde ich das intellektuell überhaupt hinbekommen? Aber irgendetwas hatte in mir Feuer gefangen und das war es mir wert. Ich fühlte mich verjüngt und es hat meine Gehirnzellen in Schwung gebracht."

Howard und andere beschrieben einen unglaublichen Energieschub, als sie etwas Neues, Riskantes oder Abenteuerlustiges versuchten. Nora machte mit ihren beiden Enkelsöhnen einen Ausflug nach Disneyland. „Sie haben mir keine Ruhe gelassen, bis ich mit ihnen in diese verrückten Bahnen gestiegen bin. Sie hatten keine Ausreden akzeptiert. Als ich in der Schlange für den ‚Turm des Schreckens' stand, haben mir die Knie gezittert. Ich habe es aber überlebt und mich unter ihren anerkennenden Blicken ziemlich tapfer und mutig für eine 70-Jährige gefühlt. Aber bei dieser Achterbahn, in der man verkehrt herum hängt, war bei mir Schluss!"

Ich erinnerte mich an die Worte einer Hospizmitarbeiterin, die berichtet hatte, dass die Sterbenden am Ende ihres Lebens vor allem die Risiken bedauerten, die sie nicht eingegangen waren. Die Abenteuer, die sie nicht erlebt hatten, und die unbefriedigte Neugier. Mit den Worten Mark Twains ausgedrückt: „In zwanzig Jahren wirst du mehr von den Dingen enttäuscht sein, die du nicht gemacht hast, als von den Dingen, die du getan hast."

Studien zeigen außerdem, dass es weniger wichtig ist, was man tut, als dass man intensiv bei der Sache ist. Ob man nun im Garten gräbt, einen Pullover strickt, ein Steak brät, auf dem Golfplatz steht oder wandert – es ist wichtig, dass man mit Begeisterung bei der Sache ist.

Bleiben Sie optimistisch

„Es gibt keine Gedanken, für die man sich schämen muss", sagte Lisa. „Unsere Gedanken formen aber unsere Realität, deshalb ist es klug, wenn man achtsam damit umgeht. Die Wissenschaftler sagen uns, dass Gedanken Gefühle produzieren. Gefühle produzieren Emotionen, Emotionen führen zu Taten, Taten münden in Erfahrungen."

Unsere Kultur scheint wesentlich mehr davon besessen, womit wir unsere Körper füttern, als dass sie unsere geistige Nahrung infrage stellt. Wie viele Kalorien nehmen wir zu uns? Wie viele Ballaststoffe? Haben wir heute unsere fünf Portionen Obst und Gemüse verzehrt? Aber unser Geist nimmt große „Bissen" von einem riesigen Buffet an Angeboten: Filme, in denen Gewalt gezeigt wird, alberne TV-Sitcoms, schlechte Romanverfilmungen, Klatsch und Tratsch – alles

Junkfood für unser Gehirn. Kein Wunder, dass es uns da schwerfällt, hoffnungsvoll und optimistisch zu bleiben – und wir sind selbst schuld an unserer Misere.

Kurt kämpfte darum, eine Balance zwischen Realität und Hoffnung zu finden. „Die Aufregungen und Tragödien auf dieser Welt sind mir nicht gleichgültig, aber ich versuche auch, das Schöne in der Welt zu sehen und so einen Ausgleich zu finden."

Freunde und Familie sind wichtig

Nichts bringt so viel Schwung ins Leben wie gute Beziehungen. Umgekehrt dämpft nichts diese lebhafte Flamme so drastisch wie eine Abnahme an Beziehungen. „Manchmal sind wir mit Menschen zusammen, die uns Energie aus der Seele ziehen, einfach weil wir nicht innehalten und darüber nachdenken, was wir eigentlich tun", sagte Sabine verzweifelt. „Dabei ist das gar keine komplizierte Wissenschaft, sondern ein einfaches Prinzip von Ursache und Wirkung."

Gewöhnlich reicht es, wenn wir uns bewusst machen, wie eine Beziehung uns beeinflusst. Tut sie uns gut? Geht es mir besser oder schlechter, wenn ich am Telefon mit einer bestimmten Person rede? Werde ich von ihm oder ihr unterdrückt? Fühle ich mich sicher und akzeptiert? Wir können entscheiden, mit wem wir den Großteil unserer Zeit verbringen. Selbst wenn anstrengende Leute in unserer unmittelbaren Nähe leben, muss das kein Schicksal sein. Wir können die Dinge, die an unseren Kräften zehren, ansprechen und die Art der Beziehung ändern.

Aber wir können nichts gegen eine giftige Atmosphäre tun, wenn wir nicht den Mut haben, sie uns bewusst zu machen und entsprechend zu *handeln*. Die Lösung für dieses Dilemma ist normalerweise, dass man weniger Zeit mit einer Person oder einer Gruppe verbringt oder klarer Grenzen zieht.

Gigi fragte weiter nach: „Haben Sie das Gefühl, keine Luft mehr zu bekommen, wenn Sie sich in dieser Gruppe aufhalten? Sind Sie gelangweilt oder angeregt? Macht das die Alltagslast leichter oder schwerer? Überwiegt Hoffnung oder Entmutigung? Sind Sie entspannt oder verkrampft? Lächeln Sie oder runzeln Sie die Stirn? Fühlen Sie sich geschätzt oder herabgestuft? All diese Reaktionen sagen Ihnen etwas darüber, was Ihnen guttut und was nicht."

Kümmern Sie sich um Ihren Glauben

„Ich gehe nicht mehr viel in die Kirche", gab Diane zu. „Es langweilt mich. Außerdem gefällt mir die Musik in meiner Gemeinde nicht."

Diane bemerkte allmählich, dass die Musik und die Gestaltung immer mehr Bedeutung für sie hatten und ihre Beziehung zu Gott beeinflussten. Sie beschäftigte sich mit alten Gesängen und zeitgenössischen Kompositionen, bis sie den liturgischen und musikalischen Stil fand, der sie Gott näher brachte. Dann widmete sie sich einer Vielzahl persönlicher Gebete und geistlicher Übungen, die ihren sinkenden Lebensmut wieder neu belebten.

Annette hatte nie viel von Einkehrzeiten gehalten und suchte nach einer geistlichen Übung, die ihre Seele bereichern würde. Sie fand im malenden Gebet genau die richtige Ausdrucksform für sich. Die Technik verlangt keine besonderen künstlerischen Fähigkeiten, sondern nur den Willen, einige leuchtend bunte Stifte in die Hand zu nehmen und beim Gebet vor sich hin zu kritzeln. Als ihr Körper in das Gebet einbezogen wurde und die Farben ihre Vorstellungskraft anregten, fand Annette einen ganz besonderen Weg, ihre Beziehung zu Gott zu nähren.

Der Schlüssel zu einem lebendigeren Leben im Alter liegt in den Aktivitäten, in Verhaltensweisen und Beziehungen, die Sie und andere bereichern – und davon kann es gar nicht genug geben. Oder, wie eine befreundete Pferdenärrin mir riet: „Steig einfach auf ein großartiges Pferd und los geht's im Galopp!"

Einer, der uns nie verlässt

„Denn ich bin gewiss, dass weder Tod noch Leben, weder Engel noch Mächte noch Gewalten, weder Gegenwärtiges noch Zukünftiges, weder Hohes noch Tiefes noch eine andere Kreatur uns scheiden kann von der Liebe Gottes, die in Christus Jesus ist, unserem Herrn."
Römer 8,38–39 (LÜ)

Diese Zusage ist die Basis, ein Geschenk, auf das wir immer bauen können. Von der Wiege bis zur Bahre, von den ersten Minuten bis ins hohe Alter und darüber hinaus folgt sie uns und hält uns lebendig. Diese Liebe ist das solideste Gold unserer goldenen Jahre.

Alles, was wir uns nur vorstellen können, werden wir verlieren – unser Haus, unseren Job, unsere Gesundheit, Freunde und Familienangehörige – sogar das eigene Leben. Diejenigen, die wir lieben, bleiben vielleicht bis zum Ende bei uns, aber sie können nicht mit uns gehen.

Weil ich jemand bin, der gerne im Voraus plant, habe ich bereits die Musik ausgesucht, die bei meiner Beerdigung gespielt werden soll. Ironischerweise steht ganz oben auf der Liste ein Lied aus dem frühen 20. Jahrhundert, das dieses Gefühl widerspiegelt:

O Liebe, du verlässt mich nicht,
meine müde Seele kehrt heim zu dir,
ich gebe dir mein Leben zurück,
das wieder in deine Tiefen fließt,
geborgen in deinem Reichtum.

O Licht, das mir auf meinen Wegen folgt,
nun lösche ich meine schwache Lampe aus;
mein Herz erglüht in deinem starken Strahl,
deine Sonne lässt einen Tag heraufleuchten,
der heller und schöner ist.[46]

Ich will dieses Buch nicht melancholisch enden lassen, aber ich möchte ehrlich bleiben. Das Leben im Alter ist eine Zeit, in der wir die großen Zusammenhänge erkennen können, zu unserem innersten Kern vordringen, die letztendliche Realität wahrnehmen. Es ist eine Zeit, in der wir uns verwandeln und innerlich wachsen können, denn dauerhafte Freude kommt von innen.

„Ich fühle mich als Teil von etwas, das größer ist als ich selbst", sagte Marie, „etwas, das meine begrenzte kleine Welt übersteigt, ein Teil der ganzen Schöpfung." Es ist nicht möglich, sich davon getrennt zu betrachten.

Das Bild von einer Welle und Wasser kann uns diesem Geheimnis etwas näher bringen: Eine einzelne Welle beginnt und endet, aber gleichzeitig besteht sie aus Wasser, das keinen Anfang und kein Ende kennt. Wenn wir uns die Welle als die wechselnden Umstände des Lebens im Alter vorstellen, dann ist das Wasser unsere Substanz, die sich nicht ändert und die nicht altert. Das Wissen um dieses „lebendige Wasser" und die Erfahrung sind allerdings zwei unterschiedliche Dinge.

Joan Chittister schreibt: „Es ist einfach, eine religiöse Checkliste zu führen und das als religiöses Leben zu bezeichnen. Aber es ist viel schwieriger, eine Persönlichkeit zu entwickeln, für die das Leben ein geistliches Abenteuer bedeutet und nicht eine Reihe von Rückschlägen oder eine endlose Liste von Leiden. Gott hat uns nicht erschaffen, um unseren Appetit anzuregen und unsere Ausdauer zu testen. Gott hat uns erschaffen, damit wir Gottes Angesicht sehen in jeder Dimension, die das Leben bietet."[47]

Das schließt auch die letzte Dimension mit ein – unsere letzten Jahre und unseren Übergang von diesem Leben in den nächsten Abschnitt. Wir erhalten die Chance, diese Tage als die Schätze zu behandeln, die sie sind, und jeden Tag zu genießen. Die Psalmen erinnern uns daran, dass „dies der Tag ist, den der Herr gemacht hat", nicht etwa gestern oder morgen. Nein, genau heute ist der Tag. Gottes Gegenwart ist immer da – sowohl in den schlimmen als auch in den besonderen Momenten.

Es ist allzu menschlich, dass wir uns gerne absichern möchten. Wir wollen wissen, was als Nächstes kommt, damit wir uns darauf vorbereiten können. Aber niemand besitzt eine verlässliche Kristallkugel, die uns diese Zukunft zeigen könnte. Letztlich entfaltet und bewahrheitet sich an diesem Punkt die Dimension der geistlichen Überraschung: zu vertrauen und zu glauben. Nur, wenn uns das ablenken sollte, von der Beschäftigung mit der Gegenwart, können wir uns leicht in Spekulationen und quälender Ungewissheit verlieren.

Gott finden wir nicht, indem wir in den Himmel starren oder unsere Köpfe in die Wolken stecken, sondern indem wir ihn ganz bewusst an unserem Leben teilnehmen lassen, an unseren Beziehungen und an unserem Mitgefühl. „Ihr dürft sicher sein: Ich bin immer bei euch, bis das Ende dieser Welt gekommen ist!" (Matthäus 28,20). Nur dann können wir die geistlichen Überraschungen des Alters genießen. Nur dann können wir ein Erbe der Liebe hinterlassen.

Epilog

Als ich das letzte Kapitel dieses Buchs schrieb, fuhr ich auf der Straße nach Savannah, Tennessee, um bei meiner geliebten Tante zu sein, für die das letzte Kapitel ihres Lebens begann. Es war in der Weihnachtszeit und ich führte etliche Gespräche mit Menschen im Hospiz. Zur gleichen Zeit sah ich die Krippenspiele, in denen meine Enkel mitspielten. Beide Welten vermischten sich in meinem Kopf. Es war, als ob das Jesuskind, der Weihnachtsmann und der Sensenmann alle zusammen an meine Tür klopften. Und ich wollte diese ungleichen Gäste gleichermaßen gastfreundlich begrüßen.

Es war wie so häufig im Alter, wenn wir immer wieder mit Erfahrungen konfrontiert werden, die Trauer und Freude zugleich einschließen, wo das Leben von uns erwartet, dass wir die Sterbenden in Ehren halten und für die Lebenden sorgen.

Vielleicht ist das die Essenz dessen, was ich in diesem Buch zu sagen versuche. Diese Bühne des Lebens ist wie jede andere Bühne auch – eine Überraschungsvorstellung, voller unerwarteter Zutaten. Wenn wir uns ihrem Reichtum der Vielfalt ganz öffnen können, formt uns das zu einem Ganzen: zu vollständigen Menschen.

Danksagung

Niemand schreibt ein Buch alleine. Es bedarf eines ganzen „Dorfs" von Leuten, die sich einbringen und viele Stunden investieren, ohne dafür entlohnt zu werden (na ja, außer vielleicht mit einer Umarmung und einem Freiexemplar!). Mein Dorf schließt fünf Leser mit ein, die in Ohio und Mississippi wohnen, in Maryland oder Memphis. Sie haben über Formulierungen und Konzepten gebrütet und (teilweise) theologische Debatten geführt, um den Text auf eine solide Basis zu stellen.

Mein Dank geht an Gloria Folk mit ihrem skeptischen Blick und der Bereitschaft, alles zu hinterfragen, an Mary Ellen Culp für ihren einzigartigen Umgang mit Emotionen und intellektuellen Einwänden, an Craig Jordan für seinen scharfsinnigen Professorenverstand kombiniert mit einem hingebungsvollen Herzen, an meine Schwester Anita, eine unglaublich kreative Verseschmiedin, und an Wayne Young, Pfarrer, Arzt und Freund, für seine grammatikalische Leidenschaft, sein medizinisches Fachwissen und die ausgezeichneten theologischen Kenntnisse. Eure Beiträge waren wie silberne Speichen an einem Rad, alle auf dasselbe glänzende Ziel gerichtet – die Erstellung eines brauchbaren Manuskripts.

Besonderer Dank geht an das talentierte Team bei SkyLight Paths. Eure Expertise bei der Herausgabe, der Manuskriptbearbeitung, dem Design und der Veröffentlichung war unbezahlbar für mich. Ein Traum ist in Erfüllung gegangen.

Natürlich hätte es ohne die erleuchtenden Kommentare der Senioren, die sich für meine Interviews zur Verfügung gestellt haben, wenig zu berichten gegeben. Ich durfte mit meinen neugierigen Fragen ihre persönlichen Gedanken und verborgenen Ängste herauslocken. Ihre altersweisen und mutigen Antworten sind das Herz und die Seele dieses Buchs. Am liebsten würde ich meine Dankbarkeit in Noten fassen und in der Carnegie Hall vorsingen.

Linda Douty
Memphis, Tennessee

Anmerkungen

1. Cynthia Bourgeault, The Wisdom Way of Knowing (San Francisco: Jossey-Bass, 2003), 74–75.
2. Zitiert nach Joan Chittister, The Gift of Years (New York: Bluebridge Books, 2008), 197.
3. Tom Brokaw, Antrittsrede an der Emory University, Atlanta, Ga., 16 Mai 2005.
4. John Dainith und Anne Stibbs, Hrsg., Bloomsbury Treasury of Quotations (London: Bloomsbury, 1994), 13.
5. Judy Sorum Brown, The Sea Accepts All Rivers & Other Poems (Alexandria, Va.: Miles River Press, 2000), 17.
6. David Steindl-Rast, „A Good Day", Videoclip, www.grateflness.org/brotherdavid/a-good-day.htm.
7. Jack Riemer, „Perlman Makes His Music – The Hard Way", Houston Chronicle, 18. November 1995.
8. Pierre Teilhard de Chardin, The Phenomenon of Man (New York: Harper, 1959), 169.
9. Mark Nepo, The Book of Awakening (York Beach, Maine: Conari Press, 2000), 3.
10. Steve Garnaas-Holmes, „Realize the Moment", Unfolding Light (Blog), zuletzt aufgerufen am 13. August 2000, http://unfolding-light.blogspot.com.
11. James Hollis, Finding Meaning in the Second Half of Life (New York: Gotham Books, 2005), 31, 34.
12. Parker Palmer, A Hidden Wholeness (San Francisco: Jossey-Bass, 2005), 58.
13. Kathleen Norris, Acedia & Me (New York: Riverhead Books, 2008), 2–3.
14. Linda Douty, How Can I Let Go If I Don't Know I'm Holding On? (Harrisburg, Penn.: Morehouse Press, 2005), 36–37.

15. Linda Douty, „What If It Hadn't Rained?" in Compass Club Writers Memphis Collection (Nashville, Tenn.: Cold Tree Press, 2007), 123–124.

16. Judith Viorst, Necessary Losses (New York: Simon & Schuster, 1986), 269.

17. Barbara Brown Taylor, An Altar in the World (New York: HarperCollins, 2009), 157.

18. Ibid., 172.

19. Ibid., 158.

20. Douty, How Can I Let Go, 32.

21. Taylor, An Altar in the World, 159.

22. Juliana of Norwich, Revelations of Divine Love, übersetzt von Elizabeth Spearing (New York: Penguin, 1998), 22.

23. Eknath Easwaran, Words to Live By (Tomales, Calif.: Niligiri Press, 1999), 284.

24. Linda Douty, „It-Is-As-It-Is Prayer", in Praying in the Messiness of Life (Nashville, Tenn.: Upper Room Books, 2011), 84.

25. Oriah Mountain Dreamer, The Invitation (San Francisco: HarperOne, 1999), 1.

26. Douty, How Can I Let Go, 142.

27. Palmer, A Hidden Wholeness, 55.

28. Douty, Praying in the Messiness of Life, 84.

29. Robert Morris, „Listening for the Voice", Weavings: A Journal of the Christian Spiritual Life 25, no. 3 (August 2010): 10–11. www.weavings.org.

30. Marjorie Thompson, „The Pathway and the Pilgrimage" (Rede an der Academy for Spiritual Formation, Nashville, Tenn., October 16–22, 2010).

31. Siehe Douty, Praying in the Messiness of Life, dort finden

sich Dutzende Gebetsformen, die in diesem Text genannt und beschrieben werden.

32. Weitere Ideen hierzu in Douty, How Can I Let Go, 65–67, oder Cynthia Bourgeault, Centering Prayer and Inner Awakening (Cambridge, Mass.: Cowley, 2004), eine ausgezeichnete Informationsquelle über das stille Gebet.

33. Sue Monk Kidd, Firstlight (New York: Guideposts Books, 2006), 90.

34. Flora Wuellner, „When the Stars Begin to Fall", Weavings: A Journal of the Christian Spiritual Life 25, no. 4 (November 2010): 4, 42. www.weavings.org.

35. Frederick Buechner, Wishful Thinking (New York: HarperSanFrancisco, 1973), 2.

36. Chittister, The Gift of Years, 3.

37. Steve Garnaas-Holmes, „Repent", Unfolding Light (Blog), zuletzt aufgerufen am 3. März 2010, http://unfolding-light.blogspot.com.

38. Henri Nouwen, „All Is Grace", Weavings: A Journal of the Christian Spiritual Life 7, no. 6 (November 1992), 29–40. www.weavings.org.

39. John R. Claypool, God Is an Amateur (Cincinnati, Ohio: Forward Movement, 1994), 85–86.

40. Taylor, An Altar in the World, 172.

41. Buechner, Wishful Thinking, 119.

42. Parker Palmer, Let Your Life Speak (San Francisco: Jossey-Bass, 2000), 16–17.

43. Goodman, „Letting Go", 1. Januar 2010.

44. Steve Garnaas-Holmes, „Secret Power", Unfolding Light (Blog), zuletzt aufgerufen am 27. Mai 2010, http://unfolding-light.blogspot.com.

45. Joan Chittister, „To Live Life More Deeply", zu-

letzt aufgerufen am 6. Dezember 2010,
www.benetvision.org/Ideas_In_Passing/12_06_10.html.

46. „O Love That Wilt Not Let Me Go", United Methodist Hymnal (Nashville, Tenn.: United Methodist Publishing House, 1989), 480.

47. Chittister, „To Live Life More Deeply".

Vom Segen der späten Jahre

„Empfehlenswerte Lektüre,
nicht nur für Senioren."

Neues Leben

„Ich hätte nie geglaubt, dass ich jemals so alt werden würde."
Billy Graham nimmt seine Leser mit auf eine ganz persönliche
Reise: die Reise ins Alter. Der Autor, mittlerweile über 95
Jahre alt, blickt zurück auf sein erfülltes Leben – geprägt von
großen Zielen und Erfolgen, von Scheitern und Zerbruch, aber
auch von Wundern und einprägsamen Begegnungen. Dabei
klammert er heikle Themen nicht aus: Wie gehen wir damit um,
dass die Zeit verrinnt, die Kräfte nachlassen oder wir uns dem
Sterben stellen müssen? Und er richtet den Blick auf all das,
worauf wir dankbar zurückblicken dürfen. Wertvolles, das wir
anderen weitergeben können, und auf einen starken Gott.

Billy Graham • Vom Segen der späten Jahre
Gebunden • 256 Seiten • 978-3-86591-732-4

Verlagsgruppe Random House FSC®N001967
Das für dieses Buch verwendete FSC®-zertifizierte Papier *Munken Premium Cream*
liefert Arctic Paper Munkedals AB, Schweden.

Die amerikanische Originalausgabe erschien unter dem Titel
„How did I get to be 70 when I'm 35 inside? Spiritual surprises of later life".
Published by arrangement with Skylight Paths Publishing, P.O. Box 237,
Woodstock, VT 05091, USA.
© 2011 by Linda Douty
© 2015 der deutschen Ausgabe by Gerth Medien GmbH, Asslar,
in der Verlagsgruppe Random House GmbH, München.

Die Bibelzitate wurden, wenn nicht anders angegeben, folgender Übersetzung
entnommen: Hoffnung für alle®, Copyright © 1983, 1996, 2002 by Biblica Inc.®.
Verwendet mit freundlicher Genehmigung von 'fontis – Brunnen Basel.
Alle weiteren Rechte weltweit vorbehalten. Weiterhin wurde folgende
Bibelübersetzung verwendet: Lutherbibel, revidierter Text 1984, durchgesehene
Ausgabe, © 1999 Deutsche Bibelgesellschaft, Stuttgart (LÜ)

Die Namen in diesem Buch wurden geändert, aber die dargestellten
emotionalen wie altersbedingten Herausforderungen beruhen auf
Tatsachenberichten, die der Autorin in persönlichen Gesprächen, Briefen
oder E-Mails anvertraut wurden.

1. Auflage 2015
Bestell-Nr. 817034
ISBN 978-3-95734-034-4

Umschlaggestaltung: Gerth Medien GmbH
Umschlagfoto: Shutterstock
Satz: Vornehm Mediengestaltung GmbH, München
Druck und Verarbeitung: GGP Media GmbH, Pößneck
Printed in Germany